움직이는 국가, 거란
- 거란의 통치전략 연구 -

일러두기
- 이 책은 2019년도 동북아역사재단 기획연구 수행 결과물임(NAHF-2019-기획연구-23).

동북아역사재단
연구총서 109

움직이는 국가,
거란

거란의 통치전략 연구

김인희 편

■ 책머리에

북방 왕조를 해석하는 틀, 정복왕조론

1949년 미국 학자 비트포겔(Karl August Wittfogel)은 정복왕조론을 제기하였다. 그는 거란 이후 한족 지역에 북방 민족이 건립한 왕조를 '정복형 왕조'라 하고, 거란·금·원·청이 대표적이라 하였다. 정복형 왕조는 "아주 짧은 시간에 무력을 사용하는 방식으로 일부 혹은 전체 한족 지역을 자신의 판도로 만들었고, 내륙아시아 혹은 그 연장선인 조상의 근본이 있는 지역을 자기 정권의 영토를 구성하는 중요한 요소로 인식하였으며, 한족화를 보류하고 끝까지 자기 민족의 특징을 유지하고자 하였다"는 특징이 있다.

기존 관점에서는 "야만의 정복자는 그들이 정복한 발달한 문명에 의해 정복되어진다"는 모델로 북방 왕조를 보았다. 정복자인 북방 왕조는 중원의 정치제도를 비롯한 유학 사상을 수용하여 점점 한화되어 사라지고 말았는데, 그 원인은 한족 문명이 더 선진적이었기 때문이라는 것이다. 따라서 정복왕조론의 핵심은 북방 민족이 모두 한족에 동화되었다는 한족중심주의를 부정하는 것이라 할 수 있다.

포겔의 정복왕조론은 1936년 미국 인류학자 레드필드, 린튼, 허스코비츠(Redfield, Linton, Herskovits, 1936)가 제기한 문화변용(acculturation)을 이론적 배경으로 한다. 문화변용이란 "다른 문화적 배경을 가진 집단이 지속적이고 직접적인 접촉을 통해 한쪽 혹은 양쪽 문화가 변화되는 과정"을 말한다. 따라서 문화변용은 문화를 접촉, 수용하는 과정에서 새로 재구성되거나 새로운 의미로 창조되는 현상이다. 서로 이질적인 북방의 유목문화와 남방의 농경문화는 접촉과 교류를 통해 공생에 적응하는 방식으로 변형되는데, 이러한 과정에서 두 문화와는 다른 제3의 문화가 탄생하게 된다. 포겔은 거란 등 정복왕조는 농경과 유목 두 문명이 공생하는 제3 문화형태라 하였다.

일본의 정복왕조론은 연원이 깊다. 일본은 1930년대 중국 침략 후 만몽사, 요금원청사 연구를 강화하였는데, 이는 다분히 정치적인 의도가 있었다. 시라토니 구라키치[白鳥庫吉]는 '남북 대립론'과 '이민족 통치론'을 제기하였다. 그는 "동아시아 역사의 일반적인 형세는 남북 항쟁사로 남방 민족과 북방 민족이 대항하고 항쟁한 역사"라고 주장하였다. 이나바 이와키치[稻葉岩吉]도 역시 '이민족 통치 중국론'을 주장하였다. 그는 중국 동북 지역은 한족이 아닌 이민족이 통치한 지역이라고 하였다.

1949년 포겔의 글이 발표된 후 일본 학자들은 "포겔이 정복 주체인 북방 민족의 관점에서 정복왕조를 분석하지 않았다"고 비판하였다. 이들은 선대 학자들의 관점을 계승하여 중원의 한족 정권과 비한족 정권의 관계를 남북대립론, 이민족 통치 중국론으로 설명하였다. 총체적으로 볼 때 일본의 정복왕조론은 남북 지역의 차이와 한족과 비한족의 대립을 강조하였다는 특징이 있다.

중국 학계는 대체적으로 정복왕조론에 대하여 회피하고 부정하려는 경향을 보이고 있다. 일부 연구자는 정복왕조론은 중국의 분열을 조장하고 제국주의 침략 정책에 복무하는 이론이라고 강력하게 비판하였다.

중국 학계는 정복왕조론에 새로운 이론으로 대응하였다. 1986년 장보취안[張博泉]은 '중화일체론'을 주장하였고, 1988년 페이샤오퉁[費孝通]은 '중화민족 다원일체론'을 주장하였다. 전자가 역사학적 접근이고, 후자는 인류학적 접근이라는 차이점이 있지만, 이들 주장은 모두 "중국 내 56개 민족은 비록 다양한 기원을 가지고 있으나 교류를 통해 중화민족으로 일체화되었다"는 점을 강조하였다. 현재 중국 학계의 정복왕조에 대한 연구는 '중화민족 다원일체론'에 입각하여 진행하고 있으며, 정복왕조는 중화민족으로 일체화되는 과정일 뿐이라는 관점을 견지하고 있다. 북방 민족과 한족이 교류를 통해 "내 안에 네가 있고, 네 안에 내가 있는 상태", 즉 중화민족이 되었다는 것이다.

서구의 정복왕조론과 일본의 정복왕조론은 구체적인 내용에 있어서 차이가 난다. 포겔은 북방 민족 사회를 중국 정치체제에서 분리하지 않고, 거란·금·원·청은 모두 중국 군주제의 구성 부분이라 하였다. 일본의 정복왕조론은 남북대립론, 이민족 통치 중국론을 강조하여, 남방과 북방 지역의 차이, 한족과 비한족의 대립을 강조하였다는 특징이 있다. 서양 학계가 문화적 측면에서 북방문화와 한족문화의 변용에 관심을 가졌다면, 일본은 정치적 측면에서 북방과 한족의 민족적, 문화적 차이를 강조하려는 경향을 보였다. 중국 학계는 서양과 일본 학계의 정복왕조론에 대응하여 하나의 중국, 즉 중화민족이라는 개념으로 북방과 남방, 북방 민족과 한족을 포괄하려 하고 있다.

최초의 정복왕조, 거란

거란은 거란족과 한족, 여진족, 발해인 등으로 이루어진 다민족 국가였는데, 특히 한족은 거란족에 비해 인구가 많고 발달된 문화를 소유하였다. 소수의 지배집단이 다수의 피정복민을 장기간 다스렸다는 것은 지배집단이 정복민과 피정복민의 경계를 지키기 위하여 다양한 노력을 하였고 성공을 거두었음을 뜻한다. 거란이 광활한 지역의 다민족을 효과적으로 209년간 통치할 수 있었던 것은 중원 한족의 정치제도와 사상을 수용하는 능력과 동시에 자신의 고유한 정체성을 유지하려는 노력이 균형을 이루었기 때문이다.

거란 통치자에게 있어 통치 방법으로서 보편성(cosmopolitan)과 민족성(ethnic)은 매우 중요한 원칙이었다. 보편성이란 주자학적인 정치적·문화적 이상형을 지지하는 것이고, 민족성이란 호전적인 거란족의 기질을 보존하고 숭상하는 것을 강조하는 것이다. 한인 엘리트의 마음을 얻기 위해 보편성이 필요하였다면, 민족성은 거란족의 동화를 막고 정체성을 유지하기 위해 필요하였다. 한족지역에서 유학을 보급하고 과거제를 실시한 것이 보편성의 측면이라면, 다섯 개의 도성을 보유하였음에도 불구하고 거란 황제가 끝까지 날발을 유지한 것은 민족성의 특징이라 하겠다.

거란은 효과적인 한족 통치와 거란 정체성의 보존을 위해 이원적 통치체제인 인속이치(因俗而治) 정책을 실시하였다. 인속이치의 핵심은 "한족은 한족의 제도로 다스리고 거란인은 거란인의 제도로 다스린다"는 것이다. 이와 같은 방침은 국명에서도 나타난다. 거란은 자국민을 대상으로는 '거란'이란 국명을 사용하였고, 한족을 대상으로는 '요'라는 국명을 사용하였다. 거란 통치자는 인속이치 방침에 따라 이중적인 통치기구를 설치하여, 중앙에서 지방에 이르기까지 모두 이중 체계인 북면관(北面官)과 남면관(南面官)으로 구성하였다. 북면관의 장관은 거란 귀족이 맡았으며, 황족이 거주하는 궁궐이나 이동 시 머무는 장막을 관리하고 거란의 각 부족과 속국을 다스렸다. 남면관의 장관은 한족과 발해인 중 상위 계층이 맡았으며 한족이 거주하는 지역의 주현을 다스리고 세금과 군마를 관리하였다.

이 책의 제목인 『움직이는 국가, 거란』은 거란의 농경문화적 특징과 유목문화적 특징을 함축하고 있다. '움직인다'는 것은 유목민의 이동성을 강조한 것으로 거란은 비록 국가를 형성하였으나 농경민의 정착형 왕조와는 달랐다. 거란은 아직도 강한 유목민적 특징을 가지고 있었기 때문에 이 책의 이름을 『움직이는 국가, 거란』이라 하였다.

우리 연구팀은 거란의 대외정책, 언어와 문자 정책, 군정기구 운용, 유학 수용의 목적, 정통 논쟁에 대한 연구를 통하여 거란 사회를 단선적인 한화의 과정으로 이해할 수 없다는 결론을 내렸다. 다민족 국가인 거란은 다수를 차지하는 한족을 통치하기 위해 한족의 제도와 문화를 수용하였으나 끝까지 자민족의 정체성을 유지하였다. 거란은 국호, 정치제도, 군사제도, 언어, 문화, 종교에서 차별되는 이원(二元)적 체제를 시종일관 유지하였다. 그리고 북방 민족 정권 최초로 중국의 정통왕조임을 자처하였는데, 이는 이후 금을 거쳐 원, 청이 중국의 진정한 정복왕조가 되고 중국 유일의 정통왕조가 되는 데 초석을 다졌다는 점에서 의미가 깊다.

왜, 다시 정복왕조론인가

중국은 현재적 관점에서 중국 영토 안에서 이루어진 모든 역사는 중국사라는 관점을 가지고 있다. 중국 북방 지역 또한 예외는 아니어서 북방 민족이 건립한 국가의 역사를 모두 중국사로 편입하였다. 동북 지역의 경우 고조선, 고구려를 중국의 지방정권으로 기술하고 있으며, 최근에는 동북 지역 역사를 만주족을 중심으로 한 서술에서 한족 중심으로 대체하려는 의도를 보이고 있다. 따라서 중원 중심의 역사관을 극복하고 북방 민족의 독자적 민족사를 구성할 필요가 있다.

역사적으로 볼 때 서양과 일본은 북방 민족이나 중국 내륙의 변화에 직접적인 영향을 받지 않았다. 일본의 경우 중국의 오월 시기부터 교류가 있었다고 하나 중국 내륙의 변화가 직접적으로 일본 사회에 영향을 미치지는 않았다. 서양과 일본이 중국 그리고 북방 민족과 직접적인 교류를 하게 된 것은 근대의 일이라 할 수 있다. 그러나 한국 상황은 다르다. 역사적으로 한반도는 북방 민족과 국경을 접하고 있어 빈번한 접촉과 충돌이 있었으며, 중국의 역대 왕조는 한반도에 가장 큰 영향력을 행사하였다. 따라서 한반도는 북방과 중국 내륙의 국제질서의 변화에 직접적인 영향을 받았음을 알 수 있다.

그러나 현재까지 정복왕조론에 대한 논의는 주로 서양과 일본을 중심으로 진행되어 왔다. 동북아역사재단은 『10~18세기 북방 민족과 정복왕조 연구』(윤영인 외, 2009)와 『외국 학계의 정복왕조 연구 시각과 최근 동향』(윤영인 외, 2010)을 출판하였으나 이들 연구는 정복왕조론에 대한 연구동향과 연구사 정리에 머물렀다는 한계가 있다. 한국 학계의 연구도 주로 한국사적 관점에서 북방 민족과 관계사 연구에 집중되어 정복왕조에 대한 구체적인 연구는 부족한 상황이다. 특히, 거란과 금에 대한 연구는 절대 부족 상황이다.

현재 한국 학계는 정복왕조에 대한 본격적인 연구가 진행되지 않은 상황으로 당연히 정복왕조론에 대한 한국의 독자적인 관점도 정립되지 않았다. 따라서 한국적 관점의 정복왕조론을 정립하는 것은 시급한 문제라 할 수 있다. 이에 이번 연구에서는 한국적 관점의 정복왕조론 정립을 목적으로, 거란·금·원·청에 대한 연구를 4년간 진행하고, 마지막으로 이를 종합하는 이론서를 집필하고자 한다. 이 책은 그 첫 번째 단계라 할 수 있다. 이와 같은 연구를 통하여 서양이나 일본, 중국 학계와 차별되는 독자적인 한국형 정복왕조론을 제시할 수 있기를 기대해 본다.

2020년 7월
저자를 대표하여 김인희 씀

■ 차례

■ 책머리에_4

제1장_최초의 정복왕조, 거란·김인희_14

제2장_움직이는 국가, 거란·김인희_22
1. 거란인가, 요인가_25 l 2. 거란의 기원과 역사_29 l 3. 민족의 습속에 따라 다스린다_41 l 4. 다섯 개의 도성, 거란 5경_44 l 5. 움직이는 행궁, 날발_59 l 6. 유목민과 농경민 사이, 거란_69

제3장_거란의 대외정책과 동아시아 다원적 국제질서의 세력 균형·윤영인_82
1. 거란 제국의 발흥(9세기 말)_85 l 2. 거란의 중원 전략(오대 시기, 907~960)_88 l 3. 송과의 충돌과 타협: 전연의 맹약(10세기 말~11세기 초)_98 l 4. 송과 대하의 충돌과 거란의 정책

(11세기 초)_104 | 5. 거란과 고려의 관계(10~11세기)_110 | 6. 서역의 카라키타이와 동아시아 세력 균형(12세기)_114 | 7. '정복왕조' 거란 제국에 대한 편견을 넘어_119

제4장_거란의 정체성 유지와 언어·문자 정책 • 이성규 _ 122

1. 거란의 언어와 문자 정책 연구의 필요성_125 | 2. 거란어의 계통_128 | 3. 거란 이전 북방 민족의 언어와 문자 정책_133 | 4. 거란의 언어와 문자 정책_141 | 5. 거란 문자의 활용과 한계_162

제5장_거란의 한인 통치를 위한 군정기구 운용 • 이유표 _ 166

1. '정복왕조'의 등장, 거란_169 | 2. 거란의 북·남면관 제도와 민족 정책_172 | 3. 거란의 군정기구_180 | 4. 군정기구의 운용: 인적 구성을 중심으로_191 | 5. 거란, '정복왕조'의 디딤돌 _197

제6장_거란의 유학 수용 원인과 거란화 • 박지훈 _ 200

1. 거란의 유학 수용과 한화의 문제_203 | 2. 거란 통치자들의 유학 수용 원인_207 | 3. 거란의 유학 수용 과정_214 | 4. 거란 유학의 거란족적 특징_231 | 5. 유학을 통한 거란 제국 확립_237

제7장_북방 민족 최초의 정통왕조, 거란−황제(黃帝) 후예설을 중심으로 • 김인희 _ 240

1. 중국 학계의 거란 정통성에 대한 논란_243 | 2. 거란의 '중국관' 변화와 정통성_246 | 3. 문화 중국과 거란의 정통왕조 만들기_253 | 4. 황제 후예설과 거란의 정통왕조 만들기_258 | 5. 정통왕조가 되기 위한 거란의 선택_268

제8장_정복왕조의 길을 연, 거란•김인희, 윤영인_272

- 미주_280
- 찾아보기_306

제1장
최초의 정복왕조, 거란

김인희 · 동북아역사재단 연구위원

정복왕조론은 미국의 비트포겔(Karl August Wittfogel)이 1949년 출판한 『History of Chinese Society, Liao(907~1125)』[1] 서언에서 제기한 것이다. 그는 기원전 221년에서 1912년에 이르는 중국의 군주제 역사를 두 가지 유형으로 나누었다. 하나는 전형적인 중국 왕조로 진·한(기원전 221~220), 분열 시기 한족 왕조(220~581), 수·당(581~907), 송(906~1279), 명(1368~1644)이 해당한다. 다른 하나는 침투형 왕조(浸透型 王朝, Dynasties of Infiltration)와 정복형 왕조(征服型 王朝, Dynasties of Conquest)로 척발 위(魏, 386~556) 내지 기타 북방 민족이 건립한 왕조인 거란(907~1225), 금(1115~1234), 원(1206~1368), 청(1616~1912)이 있다.

　대표적인 침투형 왕조는 북위로, 이들은 한족 지역에 북방 민족과 한족을 아우르는 북방 민족 왕조를 건립하였으나 민족 특징을 잃고 한족화하여 결국 사라지고 말았다. 정복형 왕조는 거란 이후 한족 사회를 정복하고 한족 지역에 건립된 북방 민족 왕조로, 거란, 금, 원, 청이 있다. 이들은 아주 짧은 시간에 무력을 사용하여 한족 지역의 일부 또는 전체를 정복하였으며, 조상의 근본이 있는 북방 지역을 영토 구성에 있어 중요한 요소로 생각하였고, 정치체제를 설계함에 있어서도 자민족의 특징을 보존하는 것을 중시하였다. 이들 왕조는 침투되어 쉽게 한족 속으로 사라지지 않고 장기간 한족 지역을 효과적으로 통치하였다.

중국 학계는 대체로 정복왕조론에 부정적인 입장을 가지고 있다. 징아이[景愛]는 정복왕조론은 제국주의 침략 정책에 복무하는 것이라며 비판하였다.[2] 장보취안[張博泉]도 「중화일체의 역사궤적(中華一體的歷史軌迹)」[3]에서 '정복왕조론의 핵심은 남북대립론으로, 제국주의가 중국을 침략하기 위한 반동 이론으로 목적은 중국의 민족 분열이다'[4]라고 하였다.

중국 학계에서는 중화민족을 분열시키기 위한 제국주의 책동에 맞서기 위해 '중화일체론'과 '중화민족 다원일체론'을 주장하였다. 이 이론들은 모두 1980년대 출현하였으며, 현재 중화민족을 설명하는 가장 중요한 학문적 이론으로 사용되고 있다. 장보취안은 1986년 중화일체론[5]에서 '통일 시기이든 분열 시기이든 전체 중국은 분할할 수 있는 관계가 아니다'라고 주장하였다. 1988년 11월 페이샤오퉁[費孝通]은 홍콩 중원대학(中文大學)에서 「중화민족의 다원일체격국(中華民族的多元一體格局)」을 발표하였다. 이 강연에서 중화민족의 생존 공간, 기원의 다원성, 복잡한 역사 형성 과정, 다원(多元)과 일체(一體)의 관계에 대해 강연하였다. 중화민족의 다원일체론에 의하면 현재 중국은 장기간 발전한 결과로, 분산되어 있던 다원(多元)은 점점 일체(一體)로 결합되는 역사 과정을 거쳤으며, 이 과정에서 한족이 응집하는 데 핵심적인 작용을 하였다고 한다.

중화일체론이 역사학적 고찰이라면 중화민족 다원일체론은 인류학적 고찰이다. 중화일체론이 중화민족은 본래 통일되어 있었다는 주장인 데 반해 중화민족 다원일체론은 중국 내 각 민족은 각기 다른 기원을 가지고 있었으나 점점 중화민족으로 통일되었다는 것이다. 약간의 견해 차이는 있으나 두 글이 모두 강조하고자 한 것은 현재 중국 내 모든 민족은 중화민족이라는 것으로 이들의 주장은 정복왕조론에 대한 비판을 담고 있다. 정복왕조론은 중국 남부와 북부 지역의 민족적 차이를 강조하고, 한족의 비한족에 대한 영향을 약화하고 부정하는 경향이 있다. 위의 두 이론은 중국 내 모든 민족을 중화민족으로 일괄함으로써 이러한 논쟁 자체를 차단해 버렸다. 서양의 거란, 금, 원, 청에 대한 연구는 정복왕조론이 주류를 이루나 중국에서는 이를 회피하거나 부정하려는 경향이 있다.

취원쥔[屈文軍]은 위의 학자들과 달리 정복왕조론 중 수용할 만한 부분이 있다고 하였다. 그는 비트포겔의 정복왕조론은 북방 민족과 한족의 차이를 강조하기 때문에 중국 학자들이 좋아하지 않지만 합리성이 있다고 전제하고, "이전에 우리는 '야만스러운 정복자는 그들이 정복한 발달한 문명에 의해 재정복된다'라는 모델로 북방 왕조를 보았다. 그들은 모두 중원 왕조의 정치제도를 채용하였으며, 점점 한화하였는데 그 원인은 한족 문명이 더 선진적이기 때문이라고 하였다. 이러한 이론은 북위 등 침투형 왕조의 역사에는 유효하나 거란, 원 등의 정복왕조를 설명할 때는 결함이 있다. 이는 두 가지 근거에 따른다. 하나는 정복왕조는 침투형 왕조의 수준을 뛰어넘어 쉽게 한화되지 않는 정치제도를 설계하였다는 것이고, 다른 하나는 유목적 기반을 가진 자신들의 정치제도와 통치 방식으로는 한족 지역을 다스릴 수 없기 때문에 당연히 한족의 제도를 수입한 것으로 이를 기반으로 한화를 설명해서는 안 된다"[6]고 하였다.

　침투형 왕조와 정복형 왕조를 구분하는 가장 중요한 점은 한족화하여 사라졌는가, 아니면 자신의 정체성을 끝까지 유지하였는가가 핵심이라 할 수 있다. 서양 학계에서는 거란을 최초의 정복왕조라 하였고, 중국 학계에서는 현재의 중화민족이 형성되는 과정 중 하나로 보고 있다. 본서에서는 정복왕조론적 관점에서 거란의 대외관계, 문자 창제, 유학 수용, 군정기구, 정통 논쟁에 대해 살펴보도록 하겠다.

제2장
움직이는 국가, 거란

김인희 · 동북아역사재단 연구위원

1
거란(契丹)인가, 요(遼)인가

거란은 역사상 유일하게 여러 차례 국호를 바꾼 나라다. 건국 후 태조는 연호를 신책(神册)이라 하고, 국호를 거란이라 하였다.[1] 태종은 938년 후당(後唐)의 석경당(石敬瑭)으로부터 연운 16주를 획득한 후 국호를 대요(大遼)라 하였으며, 45년 후인 983년 성종은 다시 대거란(大契丹)으로 고쳤다. 도종은 1066년 다시 대요(大遼)라 바꿔 1125년 멸망할 때까지 사용하였다. 거란 역사 209년 동안 거란이라 칭한 것은 114년이고, 요라고 칭한 것은 104년이다. 따라서 거란 역사서를 남송의 엽융례(葉隆禮)는 『거란국지(契丹國志)』, 원의 탈탈(脫脫)은 『요사(遼史)』라는 이름으로 편찬하였다.

거란(契丹)은 한자로 표음표기한 것으로 문헌에는 해란(奚丹), 걸탑(乞塔), 적란(赤丹), 계달(契達), 필단(泌丹), 계달아(契達兒), 산단(山旦) 등으로도 나타난다. 『신당서』에 의하면 '북위에 이르러 스스로 거란이라 불렀다'[2]고 한다.

거란의 의미에 대해서는 여러 가지 설이 있는데 빈철설(鑌鐵說)이 가장 유력하며, 이외에도 대중국(大中國)설,³ 중앙(中央)설,⁴ 시라무룬하(西拉木倫河)설⁵ 등이 있다. 『금사』에 의하면 금의 시조 완안아골타(完顔阿骨打)는 즉위한 후 "요는 빈철(賓鐵)로 국호를 삼았는데 '견고하다'는 의미를 취한 것이다. 빈철은 견고하지만 결국은 변하여 없어져 버리고 오직 금(金)만이 변하지 않고 사라지지 않는다. 금의 색은 흰색으로 완안부(完顔部)는 흰색을 숭상하여 국호를 대금(大金)이라 하였다"⁶라고 하였다.

이에 대해 원의 한림학사 왕반(王磐)은 '거란은 그 나라에서 빈철이 생산되기 때문에 국호로 삼았으며, 여진은 금(金)으로 국호를 정해 거란을 이기고자 하였다'⁷라고 하였다. 펑자성[馮家升]과 일본 학자 시라토리[白鳥庫吉]는 『금사』의 '요'라는 말은 '거란'이란 의미도 포함하는 것으로 보고, 거란은 '빈철'이라는 의미라고 하였다.

"'빈철'은 '단련된 쇠'로 '아주 견고하다'라는 의미. 실제로 거란의 금속 매장량은 매우 풍부했으며, 그중 철광 매장량과 생산량이 가장 많았고, 금, 은, 동 등이 그 뒤를 따랐다. 철광 자원은 주로 동경도 남부와 남경도 북부, 중경도 지역 등에 집중되었으며, 나머지는 분산되어 있었다."⁸

실제 '거란'이란 국명은 송(宋)보다 넓은 곳에서 세력을 떨쳤다. 13세기 유럽인과 아랍인들은 중국을 송이 아니라 '키탄(Qitan)'이라 불렀다. 키탄은 거란을 뜻하는 '키타이(khitiy)'의 변형된 말이다. 거란은 북서부 지역에 위치하여 서양과 접할 기회가 많았고, 세력도 강했기 때문에 당시 사람들은 송을 알지 못하였으며 중국을 통칭하여 거란이라 불렀다. 지금도 러시아, 그리스, 이란 등에서는 중국이나 중국인을 키탄이라 부른다.

그런데 2000년대 이후 연구자들은 '거란'과 '요'라는 국호가 순차적으로 사용된 것이 아니라 병립하였다고 주장하고 있다. 자오즈웨이[趙志偉]⁹는 거란국 귀족 야율지선(耶律智先)의 묘지(墓志) 해석을 통해 "태종 야율덕광은 연운 16주를 할양받은 후 이곳에 사는 한족을 포섭하기 위하여 938년 연호를 회동(會同)으로 바꾸고, 국호도 민족적 색채가 짙은 '거란'에서 '대요(大遼)'로 바꾸었다. 그러나 거란 문자를 해석한 결과 국호를 '대요'라고 바꾼 후에도 한자로는 '대요'라고 쓰지만 거란어와 거란 문자에서는 계속 '거란'이라고 썼다. 이는 태종이 '거란국의 제도로 거란인을 다스리고, 한족의 제도로 한족을 다스린다(以國制治契丹, 以漢制待漢人)'는 일국양제(一國兩制)를 운용한 것과 관련이 있다. 법으로 정한 국호가 '요(遼)'일 때는 거란어로는 '거란'이라 쓴다. 법적 국호가 '거란'일 때는 한자와 거란 글자 모두 '거란'이라 쓴다"라고 하였다.

같은 해에 류푸장[劉浦江]¹⁰도 비슷한 견해를 주장하였다. "거란국의 국호가 복잡한 것은 이원정치체제(二元政治體制)와 관련이 있다. 태종 시기 '요(遼)'는 오직 연운 지역의 한족 사회에서만 사용한 국호이며, 장성 이북의 거란 본토에서는 여전히 '대거란(大契丹)'이란 국호를 사용하였다. 요(遼)라는 한문 국호는 한족과 일부 한화된 거란인을 위한 것이다. 한족 지역 통치의 필요에 따라 한문 국호는 몇 차례 변하는데, 대거란(大契丹) 또는 대요(大遼)라고 불렀으며 동시에 사용하기도 하였다. 거란 문자로 쓴 국호는 거란인과 북방 민족을 위한 것으로 거란인은 처음부터 끝까지 자신들의 국가를 합라거란(哈喇契丹)이라 불렀다." 합라거란은 거란어를 한자로 음차표기한 것으로, 원래 발음은 카라키탄 또는 카라키타이이다. 거란의 원래 발음은 키타이이다.

류푸장은 거란 국호의 변화와 사용 지역을 다음과 같이 정리하였다.

〈표 1〉 거란 국호의 변화[11]

연대	한문 국호	비한문 국호
916~937년	대거란(大契丹)	카라키타이(哈喇契丹) ※대거란, 거란국, 거란은 카라키타이의 약칭
938~982년	대요(大遼): 연운 16주의 한족 지역 대거란: 연운 16주 이외 거란 지역	
983~1065년	대거란	
1066~1125년	대요	

두 연구자는 모두 거란국의 국호가 자주 바뀐 이유에 대해 한족과 거란족을 구분하여 실시한 이원정치제체와 관련이 있다고 하였다. 즉, 거란의 국호 중 한자로 '요(遼)'라고 표기한 것은 한족들이 위화감을 갖지 않도록 하기 위한 것으로 거란의 국호는 계속 '거란'이었다는 것이다. 따라서 이 책에서는 거란인이 스스로 선택한 국호인 '거란'을 정식 명칭으로 사용하도록 하겠다.

2
거란의 기원과 역사

거란은 거란족이 916년 건국하여 1125년까지 209년간 지속한 나라다. 거란은 동호의 선비족에서 갈라져 나온 우문부(宇文部)의 후예로, 몽골어를 사용하는 실위(室韋), 고막해(庫莫奚)와 같은 종류로 알려져 있다.

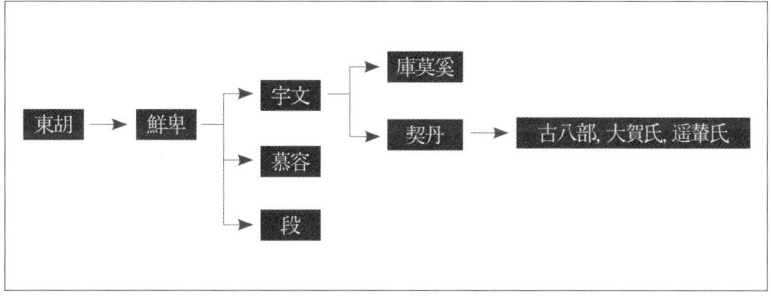

〈그림 1〉 거란족 발전 노선도
동호의 한 계통인 선비는 우문, 모용, 단 등으로 분리된다. 그중 우문에서 고막해와 거란이 나온다. 거란에는 고팔부(古八部), 대하씨(大賀氏), 요련씨(遥輦氏)와 같은 부족이 있었는데 야율아보기가 이를 통일하고 거란국을 건립한다.

문헌상 거란이란 말이 처음 보이는 것은 한국의 『삼국사기』로 '고구려 소수림왕 시기인 378년 거란이 고구려 북쪽 변경을 침범하여 8부락을 함락하였다'[12]는 기록이다. 중국 문헌 중에는 북제(北齊)가 554년 제작한 『위서(魏書)』에 '등국(登國, 386~395) 시기 북위 군대가 거란을 크게 격파하였는데 달아나 흩어져 거란과 고막해로 분리되었다'[13]라는 기록이 있다.

거란의 시조에 대해서는 『요사(遼史)』에 기록이 남아 있다.

'거란의 조상은 기수가한(奇首可汗)이라 하는데 8명의 아들을 낳았다. 그 후 종족이 점점 번성하여 여덟 부로 분화되어 송막(松漠)의 땅에 살았다. 지금 영주(永州) 목엽산(木葉山)에 거란 시조의 사당이 있는데 기수가한과 가돈(可敦) 그리고 아들 8명의 형상이 모셔져 있다. 황하(潢河)의 서쪽과 토하(土河)의 북쪽은 기수가한의 고향이다.'[14]

송막은 소나무가 많이 자라기 때문에 붙여진 이름으로 고대에는 평지송림(平地松林) 또는 천리송림(千里松林)이라고 하였다. 현재 시라무룬하 상류의 커스커텅기[克什克騰旗] 경내에 있다. 거란 조상의 사당이 있는 영주는 내몽골자치구 츠펑시[赤峰市] 웡뉴터기[翁牛特旗]로 츠펑시와 거란 상경이 위치한 바린좌기[巴林左旗] 중간에 위치한다.

황하와 토하는 지금의 내몽골의 시라무룬하와 라오하허[老哈河]로 거란족은 16국 시기부터 이 지역에서 생활하였다. 이 지역은 우리에게도 잘 알려진 홍산문화[紅山文化]에서 멀지 않은 지역으로, 거란이 건립되고 거란 상경(上京)이 위치한 곳으로 거란인의 활동 중심지였다.

당 태종은 거란인이 거주하는 지역에 송막도독부(松漠都督府)를 설치하였다. 하지만 중원은 당이 멸망한 후 오대 시기의 혼란으로 빠져들었고, 회골제국(回鶻帝國)도 와해되어 거란인이 일어날 수 있는 조건을 제공하

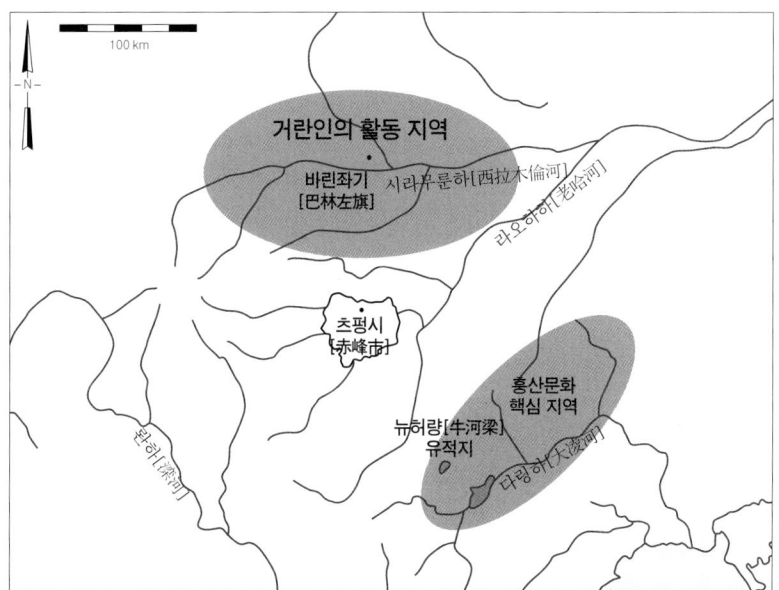

〈그림 2〉 거란국의 주요 활동 지역

시라무룬하와 라오하하 유역은 거란 조상의 사당이 있는 곳이다. 바린좌기는 거란 상경이 위치한 곳으로 거란의 중심지였다. 상경 아래쪽에는 홍산문화가 위치한다.

였다. 아울러 허베이[河北] 지역의 백성들이 대대적으로 거란에 귀순하게 됨에 따라 거란은 신속히 발전하여 중원 왕조와 병립할 수 있게 되었다.

질랄부(迭剌部)의 수령인 야율아보기(耶律阿保機)는 각 부족을 통일하고 흔덕근가한(痕德菫可汗)의 뒤를 이어 907년 2월 27일 가한에 올랐다. 아보기는 거란 귀족 내부의 반란을 진압하고 해(奚), 실위, 조복(阻卜) 등을 정복하고 내몽골 지역의 소금 생산 지역을 장악함으로써 군사적, 경제적으로 강성해졌다.[15]

916년 2월, 아보기는 지금의 내몽골 자오우다맹[昭烏達盟] 파셴퉁[八仙

제2장 움직이는 국가, 거란 31

簡]에서 스스로 황제라 칭하고, 연호를 신책(神册)으로 삼고, 국호를 거란이라 하였다. 그는 건국 이후 중원으로 진출하여 패주의 지위를 얻으려 하였으나 실패하였다. 이후 전략을 바꾸어 북방의 유목 부락과 동북 지역의 발해를 공격하여 후방을 안정시킨 후 중원을 다시 공략하기로 하였다.

925년 12월, 아보기는 몽골 초원 정벌에서 대승하고 돌아와 직접 발해 정벌에 나섰다. 926년 정월 발해를 멸망시킨 후 동단국(東丹國)을 세우고 태자 야율배(耶律倍)를 인황왕(人皇王)에 봉하여 다스리게 하였다. 동단국은 '동쪽의 거란국'이란 의미다. 이후 아보기는 926년 7월 귀국하던 중 지린성[吉林省] 눙안[農安]의 부여성에서 55세로 병사하고 말았다.

아보기의 무덤은 바린좌기[巴林左旗] 다푸라거산[大布拉格山]에 위치하며, 능역과 봉릉읍(奉陵邑)으로 구성되어 있다. 능역에는 매장하기 전 아보기의 시신을 모셨던 돌방과 공덕을 적은 기공비(紀功碑)와 능묘가 있다. 돌방 안에는 넓은 돌판이 있는데 아보기의 시신을 모셨던 곳이다. 거란 귀족들은 시신을 미라로 만드는 제포(帝靶)라는 습속을 따랐는데 아보기의 시신도 미라 상태로 보존하였을 것으로 여겨진다. 돌방과 아보기의 무덤으로 가는 길에는 하얀 색의 원관화(文冠花)가 심어져 있다. 기공비는 금군이 훼손한 것을 복원한 것으로, 지금은 모조품이 세워져 있다. 태조릉 입구에는 거대한 문이 있었다고 하는데 현재는 돌축대만 남아 있다. 산 귀퉁이를 깎아 조성한 태조릉은 아직 발굴되지 않았으나 나무가 죽어 붉은색을 띠기 때문에 뚜렷하게 구분된다.

〈그림 3〉 야율아보기의 시신을 안치했던 돌방 ⓒ김인희, 2019. 5

〈그림 4〉 야율아보기의 시신을 안치했던 돌판 ⓒ김인희, 2019. 5

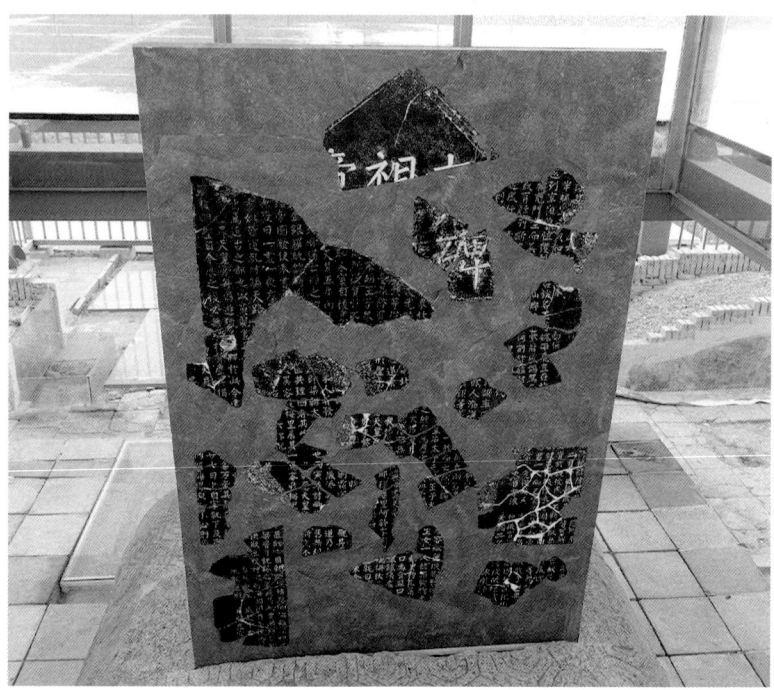

〈그림 5〉 태조릉의 야율아보기 기공비 ⓒ김인희, 2019. 5

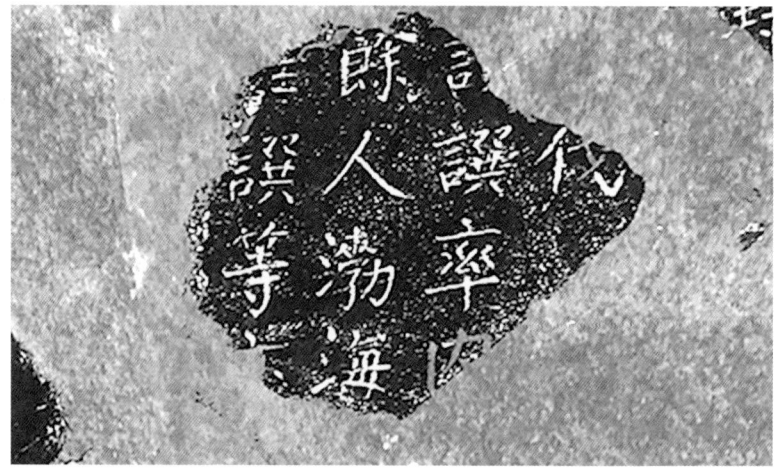

〈그림 6〉 야율아보기 기공비 중 '발해'라는 글자가 남아 있는 비문 ⓒ김인희, 2019. 5

〈그림 7〉 야율아보기 무덤(태조릉) 입구 ⓒ김인희, 2019. 5

〈그림 8〉 야율아보기 무덤 ⓒ김인희, 2019. 5
사진에서 검게 보이는 부분이 야율아보기의 무덤이다. 이 부분은 나무가 죽어 실제로 붉게 보인다.

제2장 움직이는 국가, 거란 35

아보기의 부인인 술율평(述律平)은 회골인으로 일반적으로는 소(蕭)황후라 부른다. 사실 거란의 황후는 모두 소씨 가문에서 나왔기 때문에 거란의 모든 황후는 소황후다. 소황후는 중원문화를 숭상하는 첫째 아들 야율배(耶律倍)가 황위에 오르면 거란인의 용맹한 문화가 사라지고 나약하게 될 것이라 생각해 못마땅하게 여겼다.

아보기가 사망한 이듬해인 927년 둘째 아들인 야율덕광(耶律德光)이 황위에 올랐다. 당시 섭정을 하던 황후는 아보기의 무덤에 함께 묻힐 순장자를 선정하는 기회를 이용하여 정적을 제거하려 하였다. 그런데 이때 유주 전투에서 투항한 한족 관원인 조사온(趙思溫)이 "황제와 가장 가까운 사람은 황후이니 황후가 먼저 순장되는 것이 마땅합니다"라고 하였다. 그러자 소황후는 "나는 자식이 어려 돌봐야 하니 황제를 따라갈 수 없다"라고 말하고 자신의 오른팔을 잘라 순장하도록 하였다. 당시 장자인 야율배는 28세였으며, 태종 야율덕광은 25세였으니 결코 어린 나이라 할 수 없었다.

936년, 후당에서 내란이 발생하자 하동(河東) 절도사인 석경당은 거란 태종에게 도움을 청하였다. 태종은 5만 기병을 직접 이끌고 후당을 물리쳐 후진(後晉)을 건국하였다. 이때 석경당은 연운 16주를 거란에 할양하고, 매년 비단 30만 필을 바치고, 자신보다 10여 세가 적은 야율덕광을 부황제(父皇帝)라 부르는 대가로 후진의 황제가 되었다. 이후 태종은 947년 후진을 멸망시키고 국호를 대요(大遼)라 히였다.

1004년 9월, 성종 야율융서(耶律隆緖)와 그의 어머니 승천소태후는 북송을 공격하기 위해 20만의 대군을 이끌고 남하하였다. 북송의 진종은 거란이 공격해오자 남쪽으로 도망가려 하였으나 신하들의 반대로 전주

(澶州)에서 전쟁을 독려하게 되었다. 이때 송군은 거란군의 배후 도시와 읍을 지키면서 지금의 허난성[河南省] 푸양시[濮阳市]에 위치한 전주성(澶州城)에서 거란군과 맞섰다.

예상과 달리 전쟁이 장기간 이어지자 거란은 왕계충(王繼忠)을 보내 북송에 화해를 청하였고, 진종도 동의하였다. 1005년 1월 진종은 조이용(曹利用)을 보내 '송과 거란은 형제의 관계를 맺으며, 송은 매년 거란에 은 10만 냥과 비단 20만 필을 보내고, 백구하(白溝河)를 두 나라의 경계로 삼는다'는 것에 합의하였다.

합의 내용을 보면 북송의 진종이 형이고, 거란의 성종이 동생이며, 진종은 성종의 어머니인 소태후를 숙모라 불러야 했다. 진종이 형이 된 것은 당시 36세로 32세인 성종보다 나이가 많았기 때문이며, 실제 두 나라의 상하관계를 반영한 것은 아니었다. 이 조약은 전연지맹(澶淵之盟)이라 하였는데 당시 북송이 전주(澶州)를 전연군(澶淵郡)이라고도 불렀기 때문이다. 전연지맹을 체결한 후 성종과 소태후는 군대를 거느리고 초원으로 돌아갔으며, 북송과 거란은 이후 100년간 평화로운 시대를 보내게 된다.

성종 시기는 거란 왕조에서 최고의 전성기로 동쪽으로는 북해·동해·황해·발해에 이르고, 서쪽으로는 알타이산과 신장성[新疆省] 바이룽두이[白龍堆] 사막, 북으로는 커루룬하[克魯倫河]·어얼쿤하[鄂而昆河]·써렁거하[色楞格河] 유역, 동북으로는 와싱안령[外興安嶺] 남쪽, 남으로는 산시성[山西省] 북부·허베이성[河北省] 톈진시[天津市] 메이하[梅河]에 이르렀다. 국토 면적은 489만 평방킬로미터에 이르러, 북송을 멀리 추월하였다.

성종을 이어 황위에 오른 홍종 시기부터 거란은 쇠락하기 시작하였

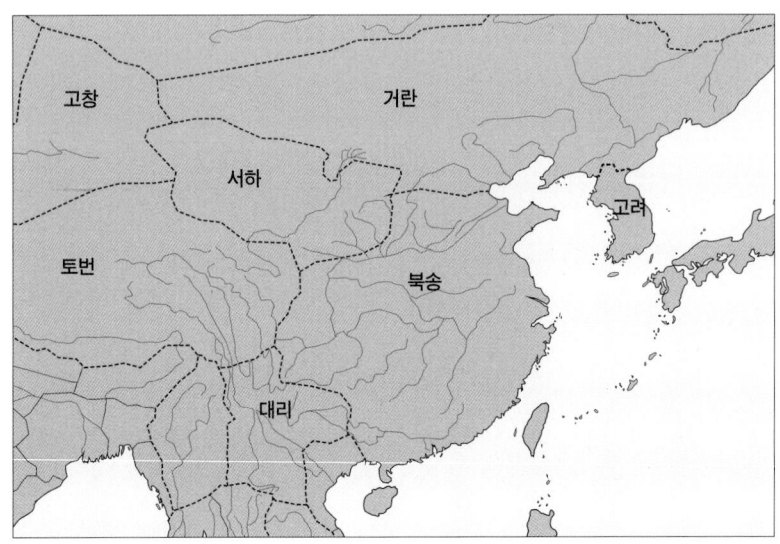

〈그림 9〉 거란의 전성기 영토

다. 흥종과 도종 시기 황위 다툼이 일어나고 정치가 부패하여 백성들의 생활은 곤란해지고 군대는 쇠약해졌다. 흥종은 불교에 지나치게 심취했으며, 사치도 심하여 국력이 쇠락하였으나 여러 차례 서하(西夏)를 정벌하였다.

마지막 황제인 천조제(天祚帝)는 1115년 여진의 위협을 제거하기 위해 친정에 나섰으나 패하였다. 동시에 거란 내부와 동단국에서 고영창(高永昌)의 반란이 일어났다.

이후 금군은 1115년 9월 지린성 창춘시[長春市] 눙안현[農安縣]에 있는 황룡부(黃龍府)를 점령하고, 1125년에는 금의 완안루실(完顏婁室)이 응주(應州)에서 천조제를 체포하여 지금의 헤이룽장성[黑龍江省] 아청구[阿城區] 바이청쯔[白城子]인 금의 상경(上京)으로 압송하였다. 금 태종은 천조제를 해

38 움직이는 국가, 거란

빈왕(海濱王)으로 강등시켰고, 천조제는 1128년 병으로 사망하였다.

거란이 멸망할 당시 일부 거란인들은 서쪽으로 이동하여 중앙아시아 지역에 서요(西遼)를 건립하였다. 서요는 야율아보기의 8세손인 야율대석(耶律大石)이 1124년 건립하여 일시적으로 강국을 이루기도 하였다. 야율대석은 1124년 스스로 왕에 오르고, 1132년에는 황제라 칭하고 연호를 연경(延慶)이라 하였다. 야율대석 사망 후 3명의 황제를 거친 후 야율직로고(耶律直魯古)에 이르러 장기간의 전쟁으로 국력이 쇠약해져 1218년 몽골에 의해 멸망하였다. 서요가 멸망한 후 지금의 이란 케르만(Kerman)에 쿠틀룩 칸(Qutlugh-Khan) 왕조를 건립하였으나 이슬람화되고, 다른 민족에 융합되며 이 지역의 거란은 사라졌다.

중국에서는 동북 지역의 다워얼족[達斡爾族]과 윈난성[雲南省] 서남 지역에 거주하는 번런[本人]이 거란의 후예라는 주장이 제기된 바 있다.

다워얼족의 거란 후예설이 처음 제기된 것은 청의 관방 문건인 『요금원 삼사 어해(遼金元 三史 語解)』와 일부 조사 보고서에 의해서다.[16] 민국 시기 궈커싱[郭克興]과 천훙모[陳洪漠] 등 연구자와 일부 지방지에서도 같은 주장을 하였다.[17] 1950년대 천수[陳述]는 다워얼족의 역사 전설과 언어, 고지명, 생산 기술, 조직과 제도 등 12개 측면에서 연구하여 거란의 후예임을 증명하였다.[18] 1980년대 선후이[沈滙], 류펑웡[劉風翁], 멍즈둥[孟志東] 등은 거란 소자(小字)의 음과 의미 분석을 통해 거란 후예설을 주장하였다.[19]

그러나 최근 분자인류학 연구 방법을 통해 다워얼족의 부계족원을 연구한 결과에 따르면 다워얼족은 몽골어족과 기원이 같을 뿐만 아니라 전체 몽골어족 조상들의 가장 오래된 분파의 직계 후손이라고 한다.[20] 이러한 연구 결과는 다워얼족이 거란의 후예가 아니라 몽골족의 후예라는 것으로 앞으로 심도 있는 연구가 필요하다.

윈난성 바오산[保山]과 스뎬[施甸] 일대에 거주하는 아(阿), 망(莽), 장(蔣) 등의 성씨를 쓰는 '번런'은 스스로 거란의 후예라 주장한다. 이들은 몽골군이 윈난 지역을 정복할 때 따라온 병사들의 후예로 '쿠빌라이를 따라 왔다는 설'[21]과 '망고(忙古)를 따라왔다는 설'[22]이 있다.

"현재 번런은 윈난의 서남 지역인 바오산, 시솽반나[西雙版納], 더훙[德宏], 린창[臨滄], 다리[大理] 등에 10만 명 넘게 거주하고 있다."[23] 번런이 거란의 후예임을 주장하는 것은 유전자 연구를 기반으로 한다.

"거란 귀족인 야율우지(耶律羽之)의 가족 무덤에서 1992년 출토된 인골과 치아, 쓰촨성[四川省] 러산[樂山] 무덤에서 발견된 거란 여인의 손목뼈에서 채취한 DNA와 윈난 바오산과 스뎬 번런, 다워얼인을 비교하였다. 그 결과 거란족과 다워얼족은 가장 가까운 유전관계에 있으므로 다워얼족을 거란인의 후예로 볼 수 있다. 윈난 번런은 다워얼족과 유사한 부계 기원을 가지고 있어 역시 거란족의 후예라 할 수 있다."[24]

그러나 위에서 살펴본 바와 같이 최근의 분자인류학 연구 결과에 따르면 다워얼족은 몽골족에 속하기 때문에 윈난 번런도 거란의 후예가 아니라 몽골의 후예일 가능성이 있다. DNA 검사가 부정된 상황이기 때문에 윈난 번런의 거란 후예설도 재고할 필요가 있다.

3

민족의 습속에 따라 다스린다(因俗而治)

　태조 야율아보기가 발해를 멸망시킴으로써 동북 지역에서 농경과 어렵, 수렵에 종사하던 예맥계와 숙신계 민족은 거란의 구성원이 되었다. 태종 시기 후당으로부터 연운 16주를 할양받게 되자 베이징과 허베이 일대의 한족 농경민과 수공업에 종사하는 이들도 거란의 구성원이 되었다. 태조와 태종 시기 영토 확장으로 인하여 거란의 민족 구성은 다양해졌을 뿐만 아니라 생산경제 방식도 지역에 따라 다양해졌다. 특히, 태종이 연운 16주를 획득한 후 거란 구성원과 생업경제의 특징은 확연히 둘로 구분되었다.

　거란은 거란족, 한족, 해족(奚族), 발해족 등으로 이루어졌는데, 그중 가장 큰 비중을 차지한 것은 한족이었다. 한족은 연운 16주에 거주하는 이들뿐만 아니라 거란이 남진하며 잡아간 이들, 스스로 귀순한 이들도 있었는데 잡혀온 한족 중에는 거란 통치자를 배척하고 도망하는 이도 있었다. 한족들은 화이 관념의 영향으로 거란 통치자를 인정하지 않았다.

　민족 구성뿐만 아니라 생산경제도 지역에 따라 큰 차이를 보였다. 거란족이 주로 거주하는 북방의 초원 지역은 목축, 베이징·허베이성[河北省]·산시성[山西省] 일대의 한족과 동북부의 발해인이 거주하는 지역은 농경, 범위가 넓지는 않지만 헤이룽강[黑龍江]과 시라무런하, 라오하하 일대는 어렵, 유주의 중심지인 베이징과 발해인이 거주하는 랴오양[遼陽]은 수공업이 발달했다.

　거란 통치자들은 농업문명을 경험한 적이 없었다. 태조는 생산 방식이나 사회 습속이 서로 다름을 인식하고, 민족에 따라 다른 통치제도를 채용해야 함을 직감하였다. 태조는 발해를 멸망시키고 동단국을 세운 후 원주민인 한족과 발해인의 제도·풍속을 부정하지 않고 인속이치(因俗而治)를 실시하였다. 즉 '한의 제도로 한족을 다스리고(以漢制待漢人), 각 민족의 습속에 따라 다스리는(因其俗而治)' 방침을 확립하였다.

　태종 대에 이르러서는 더 명확히 하여 남쪽과 북쪽의 관리 방식을 분리하고 거란은 거란의 제도로 통치하고, 한의 제도로 한족을 다스리도록 하였다. 『요사』에 의하면 '태종 시기 중원 지역도 통치하게 되어 남북을 나누어 관리하였는데 거란의 제도로 거란을 다스리고, 한족의 제도로 한족을 다스리도록 하였다'[25]고 한다.

　거란 통치의 핵심은 '인속이치'로 '민족의 습속에 따라 그 민족을 다스리는 것'을 말한다. 즉, 거란은 거란의 제도로 다스리고, 한족은 한족의 제도로 다스린다는 뜻이다. 이에 따라 중앙에서 지방에 이르기까지 모두 이중 체계인 북면관(北面官)과 남면관(南面官)으로 구성하였다. 『요사』에 따르면 '거란의 국가 관제는 북원(北院)과 남원(南院)으로 구분하였다. 북면(北面)은 황족이 거주하는 궁궐이나 이동 시 머무는 장막, 거란의 각 부족, 거란의 속국을 다스리고, 남면(南面)은 한족이 거주하는 지역의 주현, 세금, 군마를 다스렸다'[26]고 하였다.

북면관은 거란 각 부족과 기타 유목 부족, 어렵 부족을 담당하였으며, 속국과 군사 관련 업무도 맡았다. 북면관의 장관은 거란 귀족이 맡았다. 남면관은 한족과 발해인에 관련된 업무를 담당하여 한족 지역의 주현, 세금, 군마를 관할하였다. 남면관의 장관은 한족 또는 발해의 상위 계층이 맡았다.

중국 학계에서는 인속이치 제도에 대해 '거란 본국의 정체성을 지키고, 한족의 이탈을 막는 통치 방식'이라 평가하고 있다. 그러나 실제로는 거란이 강력한 중앙집권적 통치를 할 만큼 충분한 역량을 갖추지 못한 것도 주요 원인으로 보인다.

4

다섯 개의 도성,
거란 5경

거란은 인속이치 정책에 따라 각기 다른 민족을 통치하는 5개의 도성을 설치하였는데 이를 거란 5경(五京)이라 한다. 상경(上京)·중경(中京)은 거란족과 한족 제도를 겸용하였으며, 동경(東京)은 발해의 제도를 이용하였고, 남경(南京)·서경(西京)은 한족 제도를 이용하여 통치하였다. 가장 먼저 상경을 설치하고, 그다음 영토 확장과 정치·군사 목적에 따라 동경, 남경, 중경, 서경 등을 설치하였다.

상경 임황부(臨潢府)는 지금의 네이멍구[內蒙古] 바린좌기[巴林左旗] 린둥진[林東鎭]에 위치한다. 바린[巴林]은 명대 몽골족의 부족명으로 군사상의 진지, 요새, 초소라는 의미를 가지고 있다. 상경은 거란인의 본영으로 거란 5경 중 가장 중요한 위치를 차지한다.

태조는 918년 한인의 도성을 모방하여 도성을 건설하고 황도(皇都)라 불렀으며, 연운 16주를 획득한 938년에는 개혁을 단행하고 상경이라 불

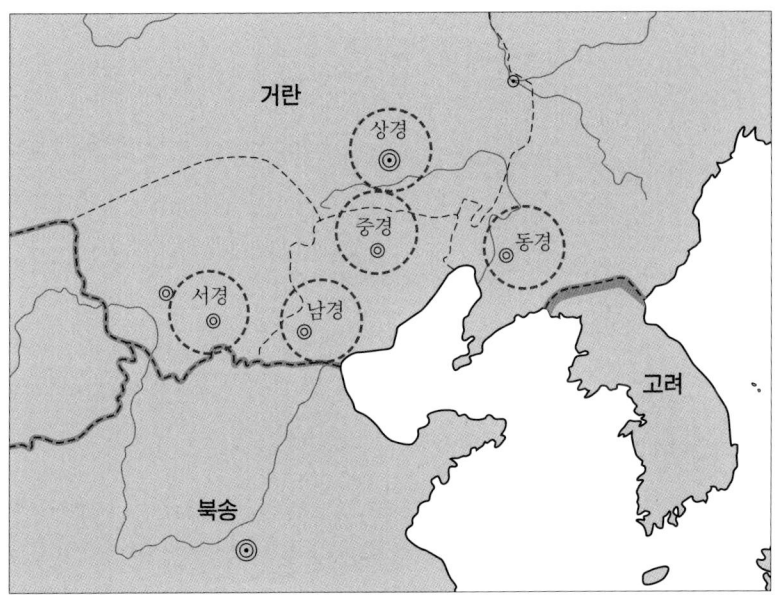

<그림 10> 거란 5경의 위치

렀다. 상경성은 두 개의 성이 '日'자로 연결되어 있으며, 두 성 사이에는 성벽을 두고 성문을 통해 출입했다. 상경성 북쪽은 황성(皇城)으로 거란족 황제가 거주했다. 남쪽에 위치한 한성(漢城)은 황성보다 규모가 작고, 거란인, 한인 등 여러 민족의 거주지로 상업, 수공업 지역이었다. 동남쪽에는 회흘(回紇) 상인들이 거주했다. 현재 상경성 내에는 낙타 먹이인 뤄퉈펑[駱駝蓬]이 대량으로 자생하는데 성 밖에서는 발견되지 않아 회흘 상인들이 끌고 온 낙타의 배설물과 관련이 있는 것으로 보고 있다.[27]

『요사』 「지리지」에 의하면 상경에는 36,500호가 살았다고 한다. 일반적으로 고대 시기 인구는 1호를 5명으로 계산한다. 따라서 상경 인구는 약 20만 명으로, 상경은 초원의 신흥도시로서 대단한 규모를 갖췄음을

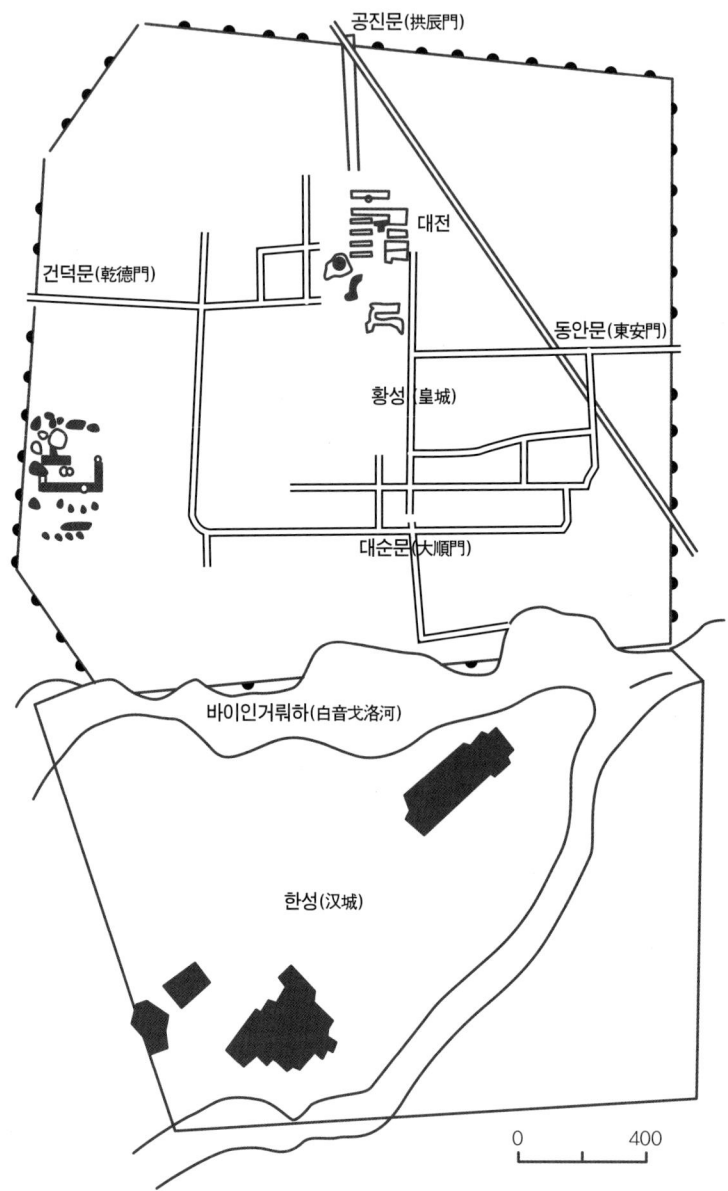

〈그림 11〉 거란 상경성 평면도

〈그림 12〉 상경성으로 들어가는 문이 있던 자리 ⓒ김인희, 2019. 5

〈그림 13〉 상경성의 한성 상업 지역에서 물건을 사고파는 각 민족을 그린 그림

거란족 남자가 한족에게 물건을 사고 있다. 찻집도 보이고, 서역인이 끌고 온 낙타도 보인다. 츠펑박물관(赤峰博物館) 소장

<그림 14> 상경성 내에 서식하는 뤄퉈펑 ⓒ김인희, 2019. 5

<그림 15> 상경성이 있던 자리 ⓒ김인희, 2019. 5

〈그림 16〉 거북 머리가 잘려 있는 거란 태조비의 좌대 ⓒ 김인희, 2019. 5

알 수 있다. 현재 세계문화유산에 등록하기 위해 정비하고 있는 상경성에는 옹성, 돈대, 성벽, 궁성터, 절터 등이 남아 있다. 거란 태조비는 금군이 훼손하였는데 현재 잘려진 비석 좌대의 거북 머리가 남아 있다.

동경 요양부(遼陽府)는 랴오닝성[遼寧省] 랴오양시[遼陽市]에 위치한다.

926년 태조는 발해를 멸망시키고 동단국을 세워 태자 야율배를 동단왕으로 임명하였다. 동단국은 발해의 수도인 상경 용천부, 지금의 헤이룽장성[黑龍江省] 닝안현[寧安縣]에 있었다.

태종은 형인 야율배가 황권을 빼앗을 것을 의심하여 928년 지금의 랴오양시인 동평군(東平郡)에 남경(南京)을 설치하고 이주시켰다. 이후 938년에 새로 획득한 유주를 남경이라 칭하고 원래의 남경은 동경이라 하였다. 현재 동경성의 흔적은 찾을 수 없으나 성 서북쪽에 바이탑[白塔]이 있

<그림 17> 봉국사 대웅전 ⓒ김인희, 2019. 5

<그림 18> 요왕정(遼王井). 거란 황제가 물을 마셨다는 우물로 봉국사 경내에 있다. ⓒ김인희, 2019. 5

고, 성 동쪽에 관음사가 있었다고 한 것으로 보아 대체적인 위치는 알 수 있다.

동경성은 한족의 성을 모방하여 지었으며, 상경과 같이 황성과 한성으로 구성되었다. 궁성은 성의 동북 귀퉁이에 있었으며, 남시(南市)와 북시(北市)가 있었고, 거주민은 대부분 발해인과 한족이었다. 동경성의 전략상 주요 임무는 고려를 방어하는 것이었다. 거란이 고려와 전쟁할 때 동경성은 총지휘를 하였으며, 거란 군대가 출발하는 곳이기도 하였다.

『요사』「지리지」에 의하면 동경에는 46,400호가 거주하였다고 하며, 당시 인구는 약 23만 명으로 추산할 수 있다. 동경은 거란이 지배한 200년 동안 농업, 상업, 채광제련업, 도자기 제조, 기타 수공업이 발달하였다.

진저우[錦州] 이현[義縣] 봉국사(奉國寺)는 송 이전에 지어진 사찰 중 가장 규모가 크고 가장 완전한 형태로 남아 있는 건축물인 대웅전은 중국 최대 규모다. 성종은 1020년 어머니의 고향인 이곳에 봉국사를 세웠다. 봉국사는 황가의 사찰로 황족과 황제의 친척, 외척, 신하들이 기도를 드리던 곳으로 거란국의 황제와 대신이 이우뤼산[醫巫閭山]을 참배할 때 반드시 들르는 곳이었다.

중경 대정부(大定府)는 네이멍구[內蒙古] 닝청현[寧城縣]에 위치한다. 닝청현은 군사적 요충지로서 서주에서 전국에 이르는 시기에는 산융과 동호가 거주하였고, 동한 이후에는 오환·선비가, 북위 이후에는 거란이 해족과 함께 거주하였다. 이곳은 토지가 비옥하고, 기후가 적당하여 농경에 적합하며, 중원과 가까워 송과 교류하기 편했다.

중경성은 성종의 어머니인 소연연(蕭燕燕) 태후가 전연지맹 후 돌아오

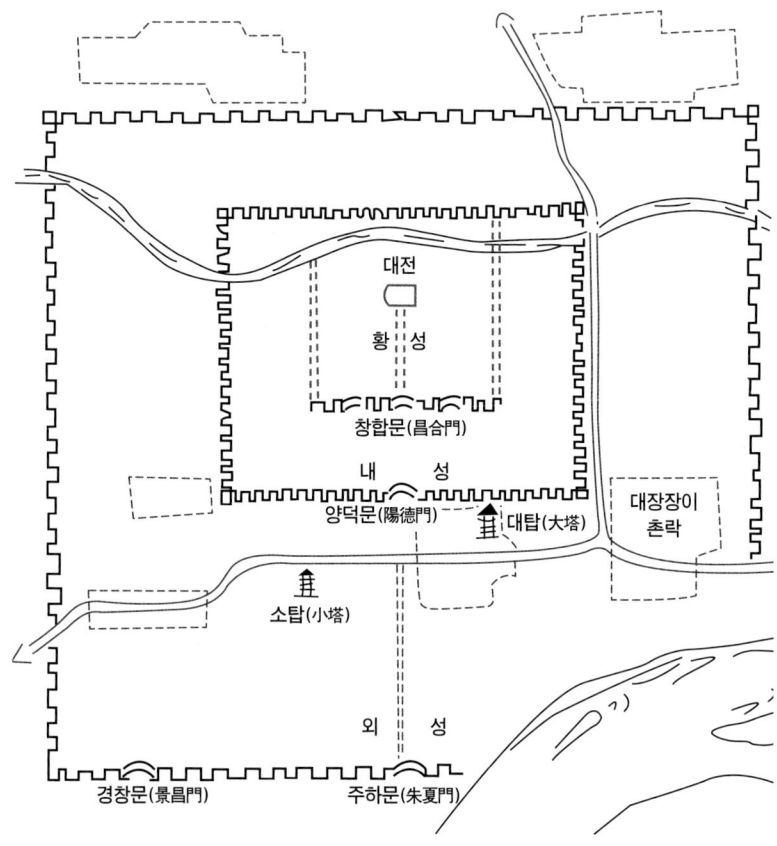

〈그림 19〉 중경성 복원도

는 길에 건립을 결정하였다. 중경성은 1007년 건립하기 시작하여 5~6년 만에 규모를 갖추고, 흥종 원년에 다시 확장하여 총 건축 기간만 20년이 걸렸다.

중경성은 북송의 도성인 변량성(汴梁城)을 모방한 것으로 전체 공정은 한족 기술자가 맡았다. 중경의 규모는 외성의 둘레가 15킬로미터, 동서

〈그림 20〉 중경성의 외성 성벽 ⓒ김인희, 2019. 5

직선거리는 4.2킬로미터, 남북 직선거리는 3.5킬로미터다. 중경성은 외성과 내성, 황성의 3중 구조로 보안에 철저하며, 외성 남쪽의 주하문(朱夏門)으로 진입하면 양쪽으로 상업지구와 백성들의 거주지가 있고, 내성 가운데에 황제가 거주하는 황성이 있다. 내성 주변에는 해자를 만들어 방어 기능을 강화하였고, 군대를 배치하여 황제를 보위했다.

중경은 상경을 제외한 도성 중 규모가 가장 큰 북방 초원의 최대 도시로 성종 대 이후 정치·경제·문화의 중심지가 되었다. 중경을 건립한 이유에 대해서는 송 사신 접대설, 거란 후기 새로운 도읍설, 해족 제어설 등이 있다.

현재 중경성에는 전탑인 대탑(大塔)과 반제탑(半截塔)이 남아 있다. 높이 80미터, 기좌 둘레 112미터, 8각 13층 밀첨식 전탑인 대탑은 중경성 중

〈그림 21〉 중경성의 대탑 ⓒ김인희, 2019. 5   〈그림 22〉 주하문의 위치를 알려 주는 표지석
ⓒ김인희, 2019. 5

앙에 있으며 현존하는 거란 탑 중 규모가 가장 크다. 높이 14미터, 직경 13미터, 팔각 밀첨식 실심 전탑인 반제탑은 지진으로 무너져 현재 기좌만 남아 있다. 일제 때 도굴을 당하여 탑 안에 있던 유물은 일본인이 가져갔다고 한다.

남경 유도부(幽都府)는 지금의 베이징시 자금성 서남쪽에 위치한다.

태종은 938년 당의 유주성(幽州城)을 중수하여 남경성을 건립하고, 유주(幽州)를 남경으로 승격시켜 유도부라 하였다. 이는 중국에서 처음으로 북방 민족이 베이징에 도성을 건립한 역사적인 사건이었다. 이후 남경은 1012년 석진부(析津府)로 이름이 바뀌었다.

당대 유주성은 북방 민족의 침입을 막는 거점으로 전략상 매우 중요한 위치에 있었다. 석경당이 유주를 거란에 바친 사건은 중국 역사에 커다란 전환점이 되었다. 베이징이 북방 민족의 손에 들어가게 됨에 따라 만리장성은 더 이상 병풍 역할을 하지 못하게 되었다. 이후 중국 역사는 북방 민족과 중원의 대립에서 북방 민족의 우세로 기울기 시작했다.

거란 이후 베이징은 북방 민족 정권의 행정 중심지가 되었다. 금은 거란의 남경에 규모가 조금 더 큰 중도성(中都城)을 건립하였고, 원은 지금의 자금성 자리에 대도성(大都城)을 건립하였다. 명·청대에는 현재의 규모를 갖춘 북경성(北京城)이 건립되었다.

남경성은 외성과 내성으로 구성되었으며, 외성 동쪽에는 안동문(安東門)과 영춘문(迎春門), 서쪽에는 현서문(顯西門)과 청진문(淸晉門), 남쪽에는 개양문(開陽門)과 단봉문(丹鳳門), 북쪽에는 통천문(通天門)과 공신문(拱晨門) 등 8개의 출입문이 있었다. 내성에는 단봉(丹鳳), 현서(顯西), 아북(衙北) 문이 있었다. 그리고 성 밖에는 해자를 팠다.

남경은 북송을 제어하고, 한족을 다스리기 위한 도성이었다.『요사』「지리지」에 의하면 남경성에 거주하는 인구는 거란 5경 중에 가장 많은 30만 명이었다고 한다. 한족, 거란, 해족, 발해, 여진 등이 거주했던 남경은 남북 교통의 요충지로 5경 중 상업과 무역이 가장 번성한 도시였으나 정치적인 입지는 상경, 중경보다 낮았다.

남경성은 자금성과 베이징 기차역 중간쯤에 위치하는데 현재는 빌딩 숲으로 변하여 흔적을 찾기 힘들다. 다만 곳곳에 남경성의 개양문, 현서문, 안동문 등의 위치를 알려 주는 표지석이 남아 있어 크기를 가늠할

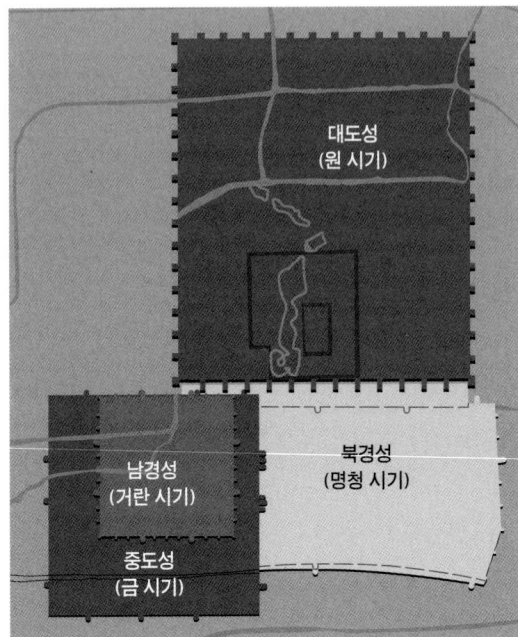

〈그림 23〉 거란의 남경성, 금의 중도성(中都城), 원의 대도성(大都城), 명·청의 북경성(北京城) 위치

수 있다. 하지만 남경성을 둘러싼 해자는 잘 정비되어 지금까지 이어지고 있다.

서경은 산시성[山西省] 다퉁시[大同市]에 위치한다. 다퉁시 일대는 석경당이 연운 16주를 거란에 바친 후 거란에 속하게 되었으며, 거란 초기에는 경제 수준이 낮고 인구도 많지 않아 그리 중시되지 않았다. 그러나 흥종 대에 이르러 서하와 관계가 악화되고 경제 발전으로 인구가 증가하자 1044년 서경으로 승격되었다.

서경을 설립한 목적은 서하에 대응하기 위한 것으로 군사적인 의미가 강했다. 다퉁 지역 북쪽은 평원이어서 북방 민족이 진입하기 쉽지만, 남

〈그림 24〉 남경성 북쪽의 해자 ⓒ김인희, 2019. 5

〈그림 25〉 안동문의 위치를 알려 주는 표지판 ⓒ김인희, 2019. 5

쪽은 높은 산이 둘러싸고 있어 중원 왕조가 공격하기 불리하다. 거란은 다퉁에 서경을 건립하여 초원과 중원 정권을 방어하고자 하였다. 서경성은 북위의 평성(平城)과 당의 대동군(大同軍) 고성터에 건축되었으며, 성 둘레는 10킬로미터이고, 방어시설과 영춘(迎春)·조양(朝陽)·정서(定西)·공극(拱極) 4개의 문이 설치되었다.

서경에서는 거란 관련 유물이 많이 출토되지 않았으며, 출토된 일부는 현재 다퉁박물관 3층 요금서경(遼金西京) 전시관에 전시되어 있다.

거란은 918년 태조가 상경을 건립한 이후 120년이란 시간이 흐른 1044년 흥종이 서경을 건립함으로써 5경을 완비하였다.

5

움직이는 행궁, 날발(捺鉢)

거란인은 원래 광활한 몽골 초원에서 물과 풀을 따라 이동하는 유목 생활을 하였다. 그러다가 농경 지역에 진입하고, 농경민을 통치하게 되면서 농경민을 학습하여, 궁궐을 짓고, 성곽을 건립하였는데 그것이 바로 거란 5경이다.

하지만 거란 황제는 1년 중 어느 도성에도 상주하지 않고 가끔 순행하였을 뿐이다. 이는 중원의 황제가 도성인 황궁에 상주하는 것과 뚜렷한 차이가 있다.

'태종이 즉위한 927년에서 1125년 천조제 때 멸망할 때까지 198년간 거란 황제가 5경에 간 횟수는 100회로 근 2년에 한 번 경성(京城)에 갔을 뿐이다. 그리고 『요사』에 거란 황제가 5경에 도달했음을 표현한 용어로 볼 때 거란 황제는 우연히 도성에 도달한 것이지 상주하지 않았음을 알 수 있다. 태종부터 천조제에 이르는 8명의 황제 중 상경에 간 것

은 17회이고, 심지어 어떤 황제는 한 차례도 없다. 5경 중 어떠한 도성도 정치 중심지가 아니었다.'²⁸

거란 황제들은 여전히 자신들의 전통적인 생활방식 대로 이동생활을 하며 통치하였는데 이를 날발(捺鉢)이라 한다. 유목민족인 거란은 행국(行國) 전통을 유지하였기 때문에 진정한 의미의 중앙정부 소재지는 없었다. 비록 다섯 개 도성을 가지고 있었지만 황제는 궁성에 머무르지 않았다. 거란 황제는 중앙의 대신과 궁궐의 병사 내지 거란 경내의 부족 등을 이끌고 계절에 따라 이동하며 날발을 하였다. 많은 수의 거란 황제들은 날발 과정에서 사망하였다. 거란의 정치 중심과 정책 결정 기구는 고정된 것이 아니라 날발 장소에 따라 바뀌었다.

거란의 정치 중심에 대한 연구자들의 견해는 크게 경성설(京城說)과 날발설로 나뉜다. 경성설은 거란의 정치 중심이 도성이라는 것으로 초기 중심은 상경, 후기 중심은 중경이라고 한다. 날발설은 황제가 사계절 날발을 하는 장소에 따라 정치 중심이 바뀐다는 것이다. 이와 같이 두 가지 설이 등장한 이유는 유목민족과 농경민족의 전통이 거란에 혼재했기 때문이다. 거란은 순수한 초원 유목민족 정권의 행국(行國)도 아니고 순수한 중원 농경민족의 성국(城國)도 아닌 둘을 겸용한 정권으로 유목 정권의 특징이 더 강했다.

"날발의 최초 의미는 '수렵', '포위하여 사냥하다'였으나 이후 거란족이 발전하고 세력이 강해짐에 따라 계속 확대되어 거란 황제의 '제도화된 수렵 활동뿐만 아니라 수렵과 무관한 모든 활동'을 지칭하게 되었다."²⁹

날발은 보통 행궁(行宮) 혹은 행영(行營)으로 번역한다. 황제가 있는 곳이 곧 국가의 중심으로 날발은 일반적인 순행과는 차원이 다른 것이었다. 따라서 날발에는 황제와 황실 구성원, 중앙정부의 관원, 부족 수령, 각지의 관원이 참여하였다.

날발은 보통 정월 상순에 춘날발 지역으로 출발하는 것으로부터 시작되며, 계절마다 3개월 정도 머문다. 거란 초기에는 계절에 따른 날발 지역에 변화가 많았다. 그러나 성종 시기에 제도가 정비되면서 매년 고정된 장소와 시기에 반복하였다.

〈표 2〉 사계절 날발 지역과 주요 활동

시기	날발 지역	주요 활동
춘날발	• 압자하(鴨子河): 훈퉁강[混同江]을 말한다. • 달노하(撻魯河): 창춘하[長春河]를 말한다. • 어아락(魚兒濼): 창춘하 부근에 위치 • 원앙락(鴛鴦濼): 지닝시[集寧市] 동남쪽 황치하이[黃旗海]를 말한다.	• 황제가 얼음을 깨고 첫 번째 물고기를 잡아 두어연(頭魚宴)을 연다. • 황제가 매사냥을 하여 백조를 잡아 두아연(頭鵝宴)을 연다. • 속국이나 부족 수령의 신복을 약속 받는다.
하날발	• 토아산(吐兒山): 퉈구례산[拖古列山]을 말한다. • 영안산(永安山): 우주무비기[烏珠穆泌旗] 동쪽을 말한다. • 탄산(炭山): 구위안현[沽源縣] 헤이룽산[黑龍山] 일대를 말한다.	• 더위를 피한다. • 황제는 북면관과 남면관 대신들과 국사를 논의한다.
추날발	• 복호림(伏虎林): 바린우기[巴林右旗] 서북쪽의 차하무룬하[查哈木倫河] 바이타쯔[白塔子] 지역을 말한다.	• 사슴과 호랑이 사냥을 한다.
동날발	• 광평정(廣平淀): 시라무룬하와 라오하하가 만나는 지점이다.	• 추위를 피한다. • 황제는 북면관과 남면관 대신들과 함께 국사를 논한다. • 수렵을 하고 무예를 연마한다. • 북송과 여러 속국에서 바치는 예물을 받는다.

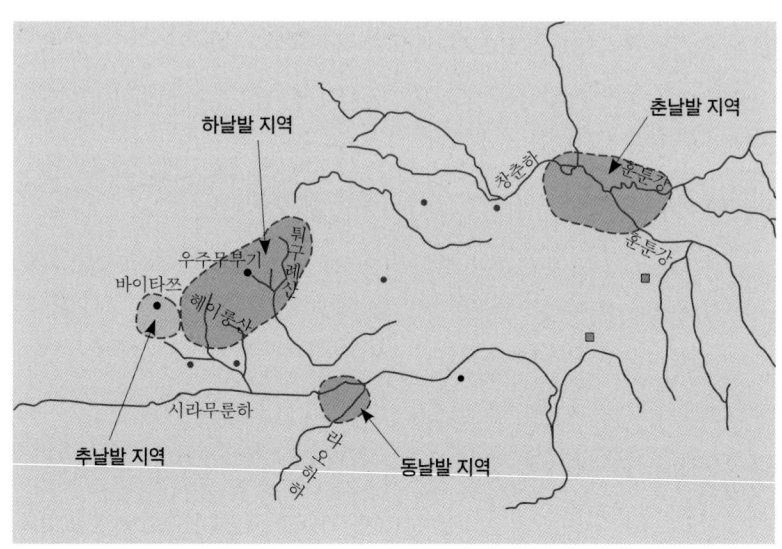

〈그림 26〉 사계절 낟발 지역

    정월 상순 황제와 대신, 시종들은 상경을 출발하여 춘날발을 하는 지역으로 이동한다. 춘날발은 일반적으로 훈퉁강[混同江]과 창춘하[長春河] 일대에서 이루어지는데 현재의 지린성 차간호[査干湖]와 다안시[大安市] 일대다. 성종 이후 천조제까지 이곳에서 춘날발을 하였다.

    춘날발의 규모는 대단했다. 4천 명이 황제를 호위하는데 말과 낙타, 수렵을 위한 매와 개, 마차와 천막 등 그 수를 헤아릴 수 없었다. 춘날발을 할 때 '황제의 주둔지는 4천 명의 거란 병사가 매일 4교대로 1천 명씩 돌아가며 경계 근무를 선다. 낮에는 창으로 방책을 세우고, 밤에는 창을 뽑은 병사들이 침전 밖을 둘러싸고 지킨다. 침전 주위는 나무 골조에 창을 끼워 밖으로 향하게 하여 방책을 친다. 밖에는 경비 초소를 세워 밤에 숙직을 하는 이가 방울을 울려 신호를 보낸다.'[30]

<그림 27> 춘날발 행렬도. 랴오닝성박물관 날발 소개 영상 자료. ⓒ김인희, 2019. 5

 춘날발은 물고기 잡이와 백조 사냥이 주요 활동이다. 만약 백조가 아직 돌아오지 않았으면 얼음 위에 행영을 차리고 물고기를 잡는다. 황제가 얼음을 깨고 직접 작살로 물고기를 잡는데 이는 황제가 처음으로 생산활동을 시작함으로써 한 해의 노동이 시작되었음을 알리기 위함이다. 사실 춘날발의 핵심 활동은 물고기 잡이가 아니라 백조 사냥이다. 『요사』「영위지(營衛志)」의 춘날발에 대한 기록을 보면 '백조가 아직 돌아오지 않았기 때문에 빙판 위에 천막을 치고 얼음을 깨고 물고기를 잡는다'[31]라고 하였다. 이로 미루어 물고기를 잡는 것은 부차적인 것이고, 핵심은 백조를 잡는 것임을 알 수 있다.

 『요사』에는 날발 시 황제가 첫 번째 백조를 잡는 장면이 묘사되어 있다. '황제가 봄에 수렵을 할 때면 호위병들은 모두 검푸른 색의 옷을 입고 연추(連鎚), 매 먹이, 자아추(刺鵝錐) 등을 들고 물가에 나열하는데 서로 다섯에서 일곱 걸음 거리를 둔다. 바람이 불면 북을 쳐 백조가 놀라 물가를 떠나게 한다. 황제는 직접 해동청을 놓아주어 백조를 사로잡게 한다. 백조가 추락하면 매의 힘이 백조를 감당하지 못하기 때문에 서 있는 자들이 차고 있던 송곳으로 재빠르게 백조의 머리를 찌르고 머리를 잘라 매에게 먹인다. 첫 번째 백조를 잡은 자에게는 관례에 따라 흰 비단을 상으로 내린다.'32

〈그림 28〉〈비응출렵도(臂鷹出獵圖)〉
해동청을 들고 매사냥에 나가는 모습. 내몽골 츠펑[赤峰] 아오한기[敖漢旗] 베이자[北家] 3호 거란 무덤

〈그림 29〉〈응격천하도(鷹擊天鵝圖)〉

명대 은해(殷偕)가 그린 작품으로 난징박물원에 소장되어 있다. 백조에 비해 몸집이 작은 해동청이 백조의 머리를 타고 공격하는 모습을 묘사하였다.

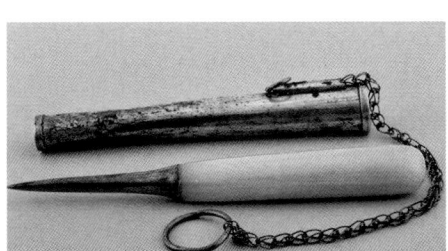
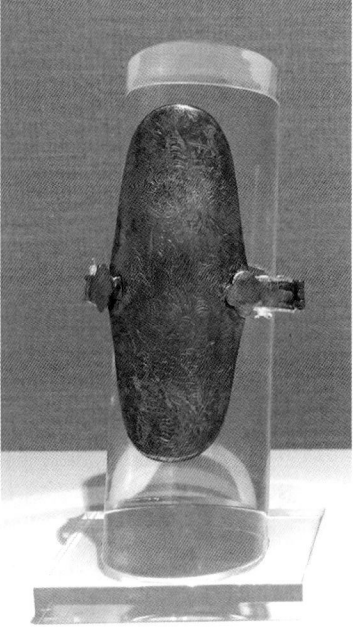

〈그림 30〉 자아추(刺鵝錐)와 박구(臂鞲) ⓒ김인희, 2019. 5

자아추는 백조의 머리를 찔를 때 사용하는 송곳으로 진국공주(陳國公主)와 부마 소소구(蕭紹矩)의 합장묘에서 출토되었다. 박구는 해동청을 팔에 앉힐 때 팔을 보호하는 장비로 장우[彰武] 차오양거우[朝陽溝] 2호묘에서 출토되었다. 랴오닝성박물관 전시.

황제는 백조를 잡는 데 공을 세운 신하에게는 큰 상을 주지만 실패한 자에게는 엄한 형벌을 내렸다. 목종 대 기록에 의하면 '우인(虞人) 관직에 있던 사라질(沙刺迭)은 백조를 탐색하였는데 때를 놓쳐 포락(炮烙)과 철소(鐵梳)형을 당하여 사망하였다'33고 한다. 포락형은 달군 쇠로 지지는 것이며, 철소형은 쇠빗으로 뼈가 보일 때까지 살을 벗겨내는 형벌이다. 이들 형벌은 고통이 심하기 때문에 형벌 중에 고통을 참지 못하고 사망하는 예가 많았다.

이와 같이 황제가 백조 사냥을 중시한 이유는 새해 '첫 백조[頭鵝]'를 잡는 것이 단순한 수렵활동이 아니기 때문이었다. 『요사』에 의하면 태조는 '오고산(烏孤山)에 올라 백조를 하늘에 바치고 제사를 지냈다'34고 한다. 또 '황제는 첫 번째 백조를 잡은 후에 (조상의) 사당에 바쳤다. 군신들은 술과 과일을 바치고 악기를 연주하였다'35는 기록도 있다. 이로 보아 백조는 거란 황실이 천제를 지내는 데 중요한 제물이었음을 알 수 있다.

'첫 물고기[頭魚]'와 '첫 백조[頭鵝]'를 잡은 후에는 속국이나 부족 수령을 초대하여 두어연(頭魚宴)과 두아연(頭鵝宴)을 열었다. 이때 주변 1천 리 이내의 속국이나 부족 수령은 참가하여 황제를 조견하고 신복할 것을 표했다. 고려도 예외는 아니어서 '통화 14년(996) 3월 임인일에 고려왕은 서신을 보내 거란과 혼인 맺기를 청하였고, 성종은 부마 소항덕(蕭恒德)의 딸을 시집보내겠다고 답하였다. 경술일에 고려는 또 어린이 10명을 거란에 파견하여 거란어를 공부하도록 하였다'36고 한다. 금을 세운 아골타가 두아연에서 춤을 추라는 거란 황제의 명을 거부한 일은 유명하다. 춘날발은 속국과 부족들을 통제하고 감시하는 정치적 기능도 있었다.

일반적으로 4월 중순경에는 하날발 장소인 대싱안령(大興安嶺)의 고산 지역인 경주(慶州), 회주(懷州) 등지로 이동한다. 경주와 회주는 지금의 내몽골 바린우기[巴林右旗] 북쪽 차첸무룬하[査千木倫河] 상류 지역이다. 하지만 초기에는 '정해진 장소가 없어 대부분 토아산(吐兒山)에서 하날발을 하였다'[37]으나 성종 대 이후부터는 지금의 우주무비기[烏珠穆泌旗] 동쪽인 영안산(永安山)이나 구위안현[沽源縣] 헤이룽산[黑龍山] 일대의 탄산(炭山)에서 했다.

하날발은 시원한 산속에서 더위를 피하는 것도 중요한 목적이었으나 관료들의 첫 번째 정치회의가 열리는 기간이기도 했다. 기록에 의하면 '북면관과 남면관 신료들이 모여 회의를 하고 쉴 때는 수렵을 하였다'[38]고 한다.

'추날발은 복호림(伏虎林)이라 한다. 7월 중순 하날발을 하던 곳에서 천막을 걷어 산으로 들어가 사슴이나 호랑이를 잡는다.'[39]

추날발을 하는 복호림은 바린우기 서북쪽의 차하무룬하[査哈木倫河] 바이타쯔[白塔子] 지역이다. 이곳은 시라무룬하 상류의 평지송림(平地松林) 지역으로 식생이 다양하고 초목이 무성해 야생동물이 많아 수렵하기에 적당하였다.

'동날발은 광평정(廣平淀)이라 하며, 영주(永州) 동남쪽 30리에 있다.… 남면관과 북면관 대신들이 모여 국사를 논하고, 때때로 수렵을 가르치고 무술을 익히며, 북송과 여러 나라에서 진공한 예물을 받는다.'[40]

동날발은 광평정에 주둔하기 때문에 광평정이라고 한다. 광평정은 시라무룬하와 라오하하가 만나는 지점으로 남북 10여 리, 동서 20여 리로 면적이 넓고 지형이 편평하다. 주변에 나무가 우거져 바람과 눈을 피하기에 좋고 목재가 많아 난방을 하기에 편하다. 이곳에서 두 번째 관료회의를 개최하여 주요 정책을 결정한다. 한가할 때 수렵을 하고, 무예를 연마하고 병사들을 훈련시킨다. 그리고 대신들과 국사를 논하고 조공을 바치러 온 사신들을 맞는다.

 거란국 황제들은 날발 기간에 중요한 국가 대사를 논하고 결정하였다. 특히 춘날발은 종교적·정치적·군사적·경제적으로 중요한 의미를 지니고 있다. 따라서 거란은 날발을 하며 국가의 중요 정책을 결정하기 때문에 '움직이는 국가[行國]'라 할 수 있다. 날발은 유목민족인 거란이 전통 습속을 유지하며 농경민을 통치하는 독특한 통치 방식이라 할 수 있다.

6

유목민과 농경민 사이,
거란

 거란은 유목민과 농경민의 문화가 다양한 형태로 뒤섞여 있었다. 거란 황제는 초원 유목국가의 가한(可汗)이면서 중원 전제주의 중앙정권의 황제로 거란 경내 여러 민족의 주인이었다. 거란, 고막해, 실위, 여진, 오고(烏古) 등 수렵·유목·어렵민족은 거란 황제를 가한이라 불렀고, 한족이나 발해 등 농경민족은 황제라 불렀다.

 거란인은 계절에 따라 초원의 물과 풀을 따라 이동하는 생활을 하였기 때문에 마차와 게르를 집으로 삼았다. 거란인의 게르를 궁려(穹廬)라 하는데 현재 몽골인들의 파오와 유사하였다. 이에 반하여 한족들은 농경에 종사하며 정착생활을 하였다. 따라서 이들은 정착형 주거 형식을 가지고 있었다. 정착생활을 하는 거란인들도 늘어남에 따라 한족식 가옥에 거주하게 되었다.

 거란족의 복식은 동물 가죽을 주재료로 하며, 추운 날씨로 인하여 특히 방한에 신경을 썼다. 좁은 소매의 상의는 차가운 바람이 들어오는 것을 막아 주었다. 라운드넥과 앞트임이 없는 장포 역시 바람을 막아 주는 데 적합하였다. 북방 민족은 상의를 입을 때 위 섶이 왼쪽으로 가는 좌임을 하는데 이는 한족이 우임을 하는 것과 차이가 있다. 하의도 추위를 막기 위해 몸에 끼는 긴 바지를 입고 바지를 장화에 넣어 입었다.

한족의 유입에 따라 한족 복식도 유행하였다. 우임의 장포, 상하가 구분되는 복식을 입었으며, 여성들은 치마를 입기 시작하였다.

〈그림 31〉 문리도(門吏圖)
곤발을 하고, 좁은 소매와 라운드넥 장포에 허리띠를 매고, 통이 좁은 바지와 장화를 신은 거란인의 모습을 잘 보여 준다. 쉬안화(宣化) 거란 무덤 벽화

거란의 습속 중 가장 특이한 것은 장례문화다. 거란인은 원래 관을 쓰거나 무덤을 만들지 않고 수장(樹葬)을 하였다. 『북사』에 의하면 거란인은 "부모가 사망했을 때 비통하게 우는 것은 용감하지 않다고 생각한다. 시신을 산의 나무 위에 올려놓고 3년이 지난 후에 뼈를 수습하여 화장한다. 술을 뿌리며 제사를 지내는데 이때 '겨울철에 햇빛이 비추고 먹을 것이 많은 곳으로 향하게 해 주십시오. 사냥을 할 때 돼지와 사슴을 많이 잡게 해 주십시오'라고 기도한다"[41]고 한다.

'수장'은 나무 위에 시신을 올려놓고 자연스럽게 풍화되도록 하는 방법을 말한다. 이와 같이 시신을 훼손하는 습속은 이동을 하는 유목민이나 수렵민의 특징이다. 정착생활을 하는 농경민은 시신을 보존하는 매장을 선호하는 반면에, 이동 생활을 하는 민족들은 시신을 돌볼 수 없기 때문에 시신을 훼손하는 방식을 택한다. 수장은 얼마 전까지 북방 수렵민인 어룬춘족, 어원커족 사이에 남아 있었다. 거란은 건국 후 중원 한족 장례 습속의 영향을 받아 토장을 하고 관을 쓰는 것이 주류를 이루게 되었다.

그러나 황족이나 귀족들의 장례는 다른 북방 민족에서 찾아볼 수 없는 매우 독특한 형태였다. 시신을 미라로 만들어 금속 망사로 감싼 후에 얼굴에 금속 가면을 씌웠다.

'북방 민족의 상장의례는 각각 다르다.… 오직 거란만이 특별히 다른 점이 있다. 부유한 귀족 집안에서는 사람이 죽으면 칼로 복부를 갈라 내장과 위를 꺼내 씻고, 향초, 약초, 소금, 백반 등을 채우고 오색 실로 시신을 봉합한다. 뾰족한 갈대 대롱으로 피부를 찔러 피와 고름이 방울방울

떨어져 모두 빠져나오도록 한다. 금이나 은으로 가면을 만들고, 구리철사로 손과 발을 싸맨다. 야율덕광이 죽었을 때 이 방법을 사용하였다. 당시 사람들이 제포(帝豝)를 보았으니 믿을 만하다.'[42]

'태종은 후진을 공격하고 돌아오는 길에 횡사하였다. 거란인들은 태종의 복부를 가르고 소금 여러 말을 채운 후에 싣고 북으로 갔는데, 진나라 사람들은 이를 제포라 하였다.'[43]

'오랑캐가 보낸 사신 야율적(耶律迪)은 활주(滑州)에서 사망하였다. 하인들은 시신을 거꾸로 매달아 더러운 것들을 코로 빼내고 갈대 대롱으로 피부를 찔러 물이 나오게 한 후에 백반을 시신에 발라 말린 후 시신을 들고 고향으로 돌아갔다.'[44]

'제포(帝豝)'는 '황제의 시신을 말린다'는 의미로 황제의 미라를 말한다. 특별히 야율덕광의 미라를 지칭하기도 한다. 만드는 방법은 배를 갈라 장기를 꺼내 세척하고, 시신을 거꾸로 매달아 오물을 코로 빼내고, 피부에 구멍을 내 몸속의 수분을 제거한 후 배 속에 각종 방부제를 넣고 시신을 봉합하면 된다. 이와 같이 미라로 만드는 첫 번째 이유는 시신의 부패를 막기 위한 것이다. 야율덕광과 야율적의 예에서 볼 수 있듯이 시신을 고향으로 옮기는 동안 부패하는 것을 막을 수 있다. 다른 이유는 긴 장례 기간 동안 시신을 보존하기 위함이며, 망자의 영생을 기리기 위해서도 제포를 한다. 저승에서 재생하기 위해서는 온전한 육체가 필요한데 이를 위해 미라를 만드는 것이다.

송나라 사람이 기록한 거란의 장례 습속을 보면 '금과 은으로 가면을 만들고, 구리줄로 손과 발을 감싼다'[45]라고 하였다. 이와 같이 거란 무덤에서는 금속망으로 감싼 미라가 발견되는데 시신의 뼈가 흩어지지 않게 온전히 보호하여 망자의 영생을 기원하기 위함이었다. 이때 사용된 금속은 구리가 가장 많으며 금이나 은도 있다. 금속망은 금속 줄을 꼬아 망 형태로 만들며, 손과 발만 감싼 경우도 있고 전신을 감싼 경우도 있다.

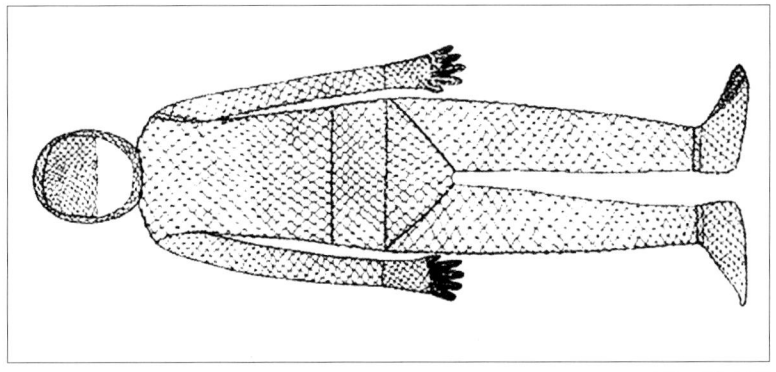

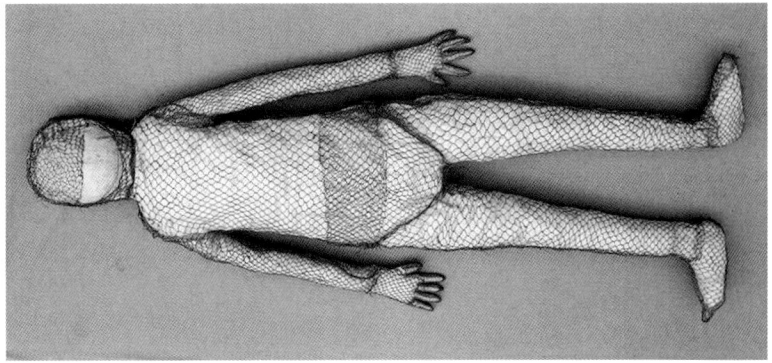

〈그림 32〉 은실로 짠 망사 형태의 수의[46]

〈그림 33〉 진국공주와 부마의 합장[47]

진국공주와 부마는 금속망으로 몸을 감쌌고, 황금 가면을 썼다. 머리에는 황금관을 썼으며, 거란 전통 복식을 입고 은제 장화를 신었다.

〈그림 34〉 금속 가면. 푸신민주(阜新民主) 댐 거란 무덤 출토(랴오닝성박물관 소장) 링위안(凌源) 거란 무덤 출토(랴오닝성박물관 소장)

〈그림 34〉와 같이 금속 가면은 금, 은, 동, 알루미늄, 유금은(鎏金銀), 유금동(鎏金銅) 등 6가지 재료로 만들었으며 현재 서른 개 무덤에서 50개가 출토되었다.

북방 지역에서 시신의 얼굴에 가면을 씌우는 습속은 샤자뎬[夏家店] 상층문화에서 처음 보인다. 내몽골 아오한기[敖漢旗] 저우자디[周家地] 샤자뎬[夏家店] 상층문화 45호묘 주인의 얼굴에는 '구리로 만든 물방울 모양의 동포[銅泡]'와 녹송석(綠松石)을 마포(麻布)에 꿰맨 복면이 덮여 있었다. 그 위에는 다시 거대한 조개껍데기가 덮여 있었다. 〈그림 35〉에서 볼 수 있는 바와 같이 조개껍데기는 얼굴 전체를 덮고 있어 가면과 같은 기능을 한다. 같은 유적 2호묘 주인의 얼굴에는 마포는 없고 거대한 조개껍데기만 덮여 있었다.

샤자뎬 상층문화에서는 소형 인면(人面) 청동패식(青銅牌飾)이 자주 발견되는데 츠펑시 홍산허우[紅山後] 유적과 닝청[寧城] 뎬쯔향[甸子鄉] 샤오헤이

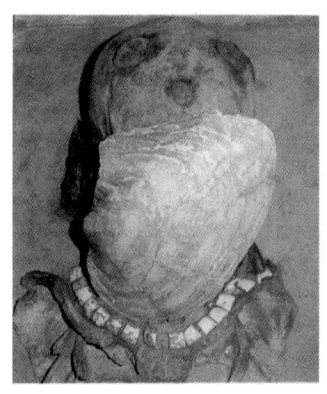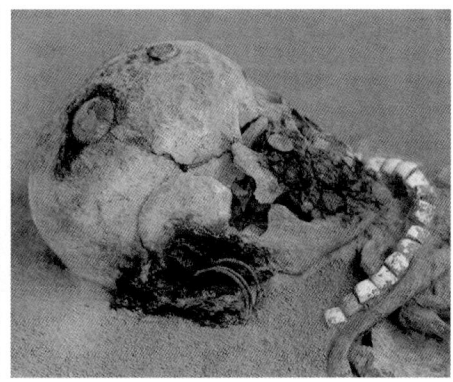

〈그림 35〉 조개껍데기 가면을 쓴 샤자뎬 45호묘 주인
눈에는 골촉(骨鏃)이 들어 있으며, 머리는 땋았고, 귀걸이를 했다.[48] 왼쪽은 조개껍데기 가면을 쓴 모습이고, 오른쪽은 가면을 벗긴 모습이다.

스거우[小黑石沟] BIM1에서 출토된 것들이다. 이러한 패식은 길이 5센티미터 정도로 작지만 눈·코·입이 있고, 얼굴 모양이 거란의 금속 가면과 비슷하다.[49] 연구자 중에는 '샤자뎬 상층문화의 복면과 가면을 하는 습속이 거란 금속 가면의 기원'[50]이라고 주장하기도 한다. '많은 연구자들은 샤자뎬 상층문화에서 출토된 문물이나 풍속, 사료로 볼 때 동호족 문화라고 한다.'[51]

그러나 샤자뎬 상층문화의 동호족 문화설을 부정하는 이들도 있다. 현재 중국 학계에는 샤자뎬 상층문화를 산융(山戎)의 문화로 보는 경우도 있다.[52] 그리고 '샤자뎬 상층문화와 거란족의 체질을 비교한 결과를 바탕으로 샤자뎬 상층문화가 동호족의 문화가 아니다'[53]라는 주장도 제기되었다. 현재 샤자뎬 상층문화와 거란의 관계를 부정하는 연구가 발표되어 거란의 금속 가면의 역사를 샤자뎬 상층문화로 소급하는 것은 무리가 따른다고 할 수 있다. 그러나 가면 문화가 북방 지역에서 오랜 역사를 가지고 있었음은 확실하다.

북방 지역에서 출토된 금속 가면 중에는 지린시[吉林市] 마오얼산[帽兒

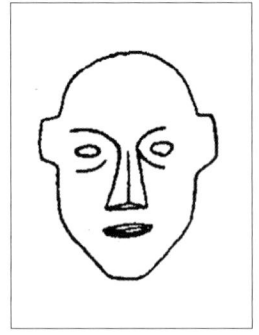

〈그림 36〉 훙산허우 유적의 인면 청동패식, 마오얼산에서 수집한 청동 가면, 발해의 석질 가면

山에서 수집한 청동 가면이 있다. 고고학을 좋아한 리원신(李文信)이란 교사가 해방 전 마오얼산 남쪽을 조사하다가 발견한 것이다. 가면은 청동모형에서 찍어냈으며, 황금칠이 돼 있었으며, 얼굴이 길고 상투가 있었으나 소실되었다.54 이 밖에도 부여국 도성 근처에서 4,000여 개의 무덤을 발굴하였는데 부여 귀족들의 장례에 사용된 것으로 보이는 가면들이 출토되었다. 러시아 연해주에서도 발해 시대의 석질 가면이 발견되었다. 이와 같이 북방 지역에서 가면이 출토되는 것으로 보아 망자의 얼굴에 가면을 씌우는 습속은 북방 민족들 사이에서 전승되었음을 알 수 있다.

시신에 금속 가면을 씌우는 이유는 현재 북방 민족에 남아 있는 샤머니즘을 통해 추측해 볼 수 있다. 샤먼은 굿을 할 때 구슬을 늘어뜨려 얼굴 앞쪽을 가리는데, 그 이유는 귀신으로부터 해를 당하는 것을 피하기 위해서다. 망자의 얼굴에 금속 가면을 씌우는 것도 망자의 영혼이 귀신들로부터 해를 당하지 않게 하려는 목적이었을 것으로 보인다.

장례 습속 이외에 눈에 띄는 거란인의 습속은 곤발(髡髮)이라는 머리모양이다. 『설문해자』에 의하면 "'곤(髡)'은 '깎는다'라는 뜻이다."55 거란인의 곤발은 오환, 선비 등의 습속을 계승한 것이다.56 거란인은 남녀노소를 불문하고 모두 곤발을 하였다. 〈그림 37〉을 보면 곤발은 깎는 정도와 부위에 따라 매우 다양한 형태를 보인다. 〈그림 38〉에 보이는 4명의 남자도 모두 다른 형태의 곤발을 하고 있다.

거란의 독특한 전통문화는 거란 중기를 지나면서 중원의 한족문화와 융합되는 양상을 보인다. 물론 한족문화도 거란문화와 융합되는 양상이 보인다. 이러한 특징은 벽화에 그려진 복식을 통해 뚜렷이 드러난

〈그림 37〉 다양한 형태의 곤발

〈그림 38〉 곤발. 양산(羊山) 3호묘 천정 그림

〈그림 39〉 비차도(備茶圖), 쉬안화[宣化] 장광정(張匡正) 묘 벽화

다. 거란인이 한족 복식을 수용하였을 뿐만 아니라 한족도 거란인의 복식을 입는 현상이 발생하였다. 〈그림 39〉를 보면 차를 끓이는 거란 남자 시종은 거란 전통 복식인 라운드넥 장포를 입고 있다. 이에 반해 아래쪽의 흰옷을 입은 거란 남자는 우임 장포를 입고 있다. 뒤쪽의 한족 시녀들은 도리어 좌임 저고리를 입고 있다. 전통적으로 좌임은 북방 민족의 특징이고, 우임은 한족 복식의 특징이다. 그런데 거란인이 우임 복식을, 한족이 좌임 복식을 입는 현상이 발생하였다.

거란은 중원을 통치한 기존의 북방 민족 정권과는 차이가 있었다. 거란 통치자들은 북위 정권처럼 한화되어 사라지는 것을 막기 위해 자신의 근본을 초원에 두고 전통과 정통성을 지키려 노력하였다. 그러나 백성의 2/3를 차지하는 한족문화도 부정하지 않았다. 거란 사회는 유목과 농경 그 사이 어디쯤에서 길을 모색하고 있었다.

제3장
거란의 대외정책과 동아시아 다원적 국제질서의 세력 균형

윤영인 · 영산대학교 성심교양대학 교수

1
거란 제국의 발흥
(9세기 말)

거란은 고대 동호(東胡) 혹은 선비(鮮卑)족의 한 부류로 몽골과 만주의 경계인 요하(遼河) 부근에서 기원하며 4세기부터 사료에 등장한다. 당 제국이 쇠퇴하던 9세기 말 뛰어난 기마병의 기동성과 궁술에 기반을 둔 강력한 군사력을 바탕으로 중원을 위협하는 존재로 부상하였다. 이후 1천여 년간 금, 몽골, 만주 제국 등으로 이어지는 북방 민족의 중원 정복과 통치의 서막이 시작되었다. 10세기 거란은 동으로는 고려, 동북으로는 여진, 남으로는 송, 서남으로는 하, 그리고 서북으로는 여러 유목민족들과 관계를 맺는다. 거란에 의해 중원의 한족 왕조와 서역의 육로가 차단되었기 때문에 유라시아 일부 지역에서는 '거란[Kitaia, Cathaia, 혹은 Cathay 등]'이 곧 '중국'을 지칭하는 대명사로 인식되었다.[1]

9세기 중반 거란은 위구르 세력으로부터 벗어나 당이 쇠락하는 국제 정세 속에서 제국으로 도약을 시작하였다.[2] 8세기 초까지 동아시아 국제질서의 중심이었던 당은 755년 안녹산의 난으로 여러 문제점이 드러났고, 763년 난이 평정된 후 변경 절도사들의 세력을 통제하지 못하면서 조정의 위상이 크게 하락하였다.[3] 당은 난을 극복하고 나아가 서남쪽의 티베트 제국과 충돌하면서 위구르와의 협력이 더욱 필요하게 되었다.[4] 위구르는 당을 돕는 대가로 해마다 비단을 '하사'받았으며, 변경에서의 마시(馬市) 무역을 통해 큰 이익을 획득하였다.[5] 거란은 위구르와 당의 관계를 통해 외부 세력이 중원의 물자를 획득하는 방법을 알게 되었다.

안녹산의 난을 극복한 당은 1세기 후인 875년 발생한 황소의 난으로 다시 급속히 쇠퇴하였고, 제국은 독자적인 군사력을 보유한 절도사들에 의해 분할되었으며, 890년대 이후 황제는 허수아비로 전락하고 말았다. 따라서 9세기 말 거란은 중원 왕조의 조정이 아니라 북방 변경의 실제 권력을 가진 지방 세력들과 교류해야 했다. 즉 서쪽으로는 태원(太原)을 중심으로 한 하동(河東)[6] 세력과 동쪽으로는 노룡(盧龍)[7] 세력과 마주하였는데, 특히 노룡 세력은 이미 1세기 반 동안 당 조정에 세금을 바치지 않고 중앙 관료를 거부한 독립 정권이었다.

노룡은 다른 지역에 비해 경제적으로 빈곤하였으나 북방 유목민족과 주변의 다른 군벌 세력과의 충돌에 대처하였다. 이들은 강력한 군사력을 유지하였으며 선제공격하여 거란의 목초지를 불태우고 가축을 약탈하는 등 적극적인 전략으로 대응하였다.[8] 이에 905년 아보기는 황소의 난을 평정하는 데 큰 공적을 세워 당 조정으로부터 하동절도사(河東節度使)와 진왕(晉王)에 봉해진 이극용(李克用, 856~908)과 의형제를 맺고 노룡군절도사(盧龍軍節度使) 유인공(劉仁恭)을 견제하고자 하였다.[9] 거란은 해마다 노룡을 침범하여 약탈하였지만 종종 거센 반격에 큰 타격을 입기도 하였다. 노룡의 공격으로 인한 거란의 피해가 매우 심각한 상태에 이르자, 901년 거란 칸의 자리에 오른 요련부(遙輦部)의 흔덕근(痕德堇)은 유인공의 공격에 적극 대응하는 대신 말을 제공하여 목초지를 보호하고자 하였다. 하지만 이러한 유화적인 정책에 불만을 가진 여러 부족장들이 907년 보다 강력한 대책을 내세운 아보기를 새로운 칸으로 선출했다.[10] 결국 9세기 말에서 10세기 초에 나타나는 거란 부족의 발흥은 당 중앙정권의 쇠퇴보다는 그 영향에서 벗어난 지방 절도사의 위협에 대응하는 과정에서 비롯된 것임을 알 수 있다.

2

거란의 중원 전략

(오대 시기, 907~960)

『요사』는 야율아보기가 907년에 황제에 즉위하였다고 기록하였지만 그가 연호를 선포한 것은 9년이 지난 916년이었다. 이를 두고 학자들은 아보기가 907년에 처음 거란 부족을 이끄는 칸이 되었고, 916년 다시 칸으로 선출되었을 때 한족 전통의 황제로 등극하면서 연호를 선포하며 새 왕조를 세운 것으로 해석하기도 한다. 아무튼 아보기는 907년에서 916년 사이 몽골과 만주의 여러 부족을 정복하였으며, 중원 정세에 직접 개입하면서 노룡절도사 유인공(劉仁恭)과 계속 충돌하였다.[11] 유인공의 뒤를 이은 유수광(劉守光)은 911년 8월 대연(大燕)을 세우고 황제를 자칭하였으나 얼마 지나지 않은 913년에 이극용(李克用)의 후계자인 이존욱(李存勖)[12]의 공격을 받고 멸망하였다. 이존욱이 거란과 마주하고 있는 중원의 변방 지역을 모두 통치하게 되면서 거란은 이전의 노룡절도사보다 더욱 강력한 상대와 대치하게 되었다. 하지만 이존욱은 오대 첫

왕조 후량(後梁)과 대립하고 있었고, 아보기 역시 911~913년 형제들과 친족들의 저항에 직면하고 있었기 때문에 양국 사이에는 불안정한 휴전이 지속되었다.

916년 아보기는 스스로 황제를 선포하고 연호를 정하면서 중원의 후량과 동등한 위상을 갖추었고, 918년에는 황도(상경)를 건설하여 제국의 틀을 세웠다. 916년과 917년에는 이존욱이 후량과 충돌하고 있는 상황에서 하북과 하동 북부를 침략하였으며, 917년에는 유주(幽州)[13]를 200일 동안 포위하고 공격하였지만 함락시키지는 못하였다.[14] 921~922년에 다시 하북을 공격하였고, 이듬해인 923년 이존욱은 후량을 멸망시키고 후당을 세웠다. 925년 후당은 서남 지역의 촉을 공격하고 있었고, 아보기는 북쪽과 동쪽의 여러 부족들에 대한 원정을 진행하였으며, 926년에는 발해를 멸망시켰다.

926년 아보기가 친히 군대를 이끌고 발해로 향하고 있을 때 후당의 이존욱이 암살당하여 그 뒤를 이어 이극용의 양자 이사원[李嗣源, 명종(明宗), 926~933]이 즉위한다. 이사원의 사신으로부터 이존욱의 사망과 이사원의 즉위를 전해 들은 아보기는 "진왕(晉王, 이극용)은 나와 맹약을 맺어 형제가 되었으니 하남(河南)의 천자는 곧 (나의) 아들이 된다. 앞서 중국에서 일어난 난리를 듣고 갑마(甲馬) 5만으로 내 아들을 돕고자 하였으나 발해(渤海)가 아직 제거되지 않아 뜻대로 이루어지지 않았다"라고 하였다.[15] 아보기는 이사원이 즉위하기 전에 '아들'의 도리로 자신의 생각을 물었어야 함을 질책한 것이었다. 아보기는 계속 회합하여 맹약을 맺을 것이며, 유주를 얻는다면 중원을 침략하지 않을 것이라고 하였다. 여기서 유주란 노룡 지역(연운 16주)을 말한다. 중원으로 통하는 길목에 놓인 전략적 요충지에 대한 아보기의 의도가 드러나는 것으로, 만일 이때 아보기가 급사하지 않았다면 거란은 연운 지역을 확보하기 위한 공격을 감행하였을 것이다.

아보기가 사망한 후 적장자이자 태자로 책봉되었던 야율배(耶律倍)가 응당 그 뒤를 이어야 했으나 모후인 응천태후의 신임을 받은 차자 야율덕광(耶律德光)이 칸에 오르니 바로 태종이다. 야율배는 칸의 지위를 양보했지만 태종에게 위협적인 존재로 남았고, 조정의 계속되는 견제를 피해 930년 후당으로 망명하게 된다. 이때 후당에서는 불안정한 정국이 계속되고 있었고, 이사원이 죽기 며칠 전에 정변이 일어나기도 하였다. 이사원의 아들 이종후(李從厚)는 단 5개월 만에 이사원의 양자 이종가(李從珂)에 의해 폐위된 후 살해되었는데 후당 조정에 머물던 야율배는 중원의 혼란을 보면서 934년 4월 동생 태종에게 서신을 보내 후당을 토벌할 것을 권하였다고 전해지기도 한다.[16]

936년 이종가는 이사원의 사위인 하동절도사 석경당[石敬瑭, 후진의 고조(高祖), 936~942]의 세력을 견제하기 위해 그의 관직을 산동(山東)으로 옮기고자 하였다. 이에 석경당은 바로 반란을 일으키면서 거란에 도움을 청하였고, 거란 태종이 직접 5만의 기병을 거느리고 참전하자 후당은 바로 무너지고 말았다. 중원의 어지러운 정세에서 거란의 군사력이 얼마나 결정적인 역할을 했는지 가늠할 수 있다. 거란 태종은 936년 11월 석경당을 '대진황제(大晉皇帝)'에 책봉하고, 자신이 석경당의 우위에 있음을 선포하였다.[17] 937년 석경당은 거란에 아부하고자 야율배를 살해하였고, 자신을 '아들 황제[兒皇帝]'라고 칭하였다. 이를 두고 몇몇 학자는 석경당을 거란의 꼭두각시(nothing more than a puppet of the Khitan)로 평가하기도 한다.[18]

석경당은 거란이 점령한 노룡(연운) 지역을 돌려받기 위해 거란에 매년 비단[帛] 30만 필의 세공을 제시하지만 거란이 거부하자 938년 11월 연운 16주를 정식으로 할양하였다.[19] 이로써 거란 태종은 부왕 아보기가 그토록 원하였던 연운 지역을 획득하였고, 중원 왕조의 황제보다 우월한 지위를 갖게 되었다. 연운 16주를 획득한 거란은 하북으로 통하는 전략적 관문을 모두 장악하여 변경의 안정을 확보하고 비옥한 농지를 획득하였다.[20] 아울러 이 지역의 많은 한족을 효율적으로 통치하기 위해 이곳에 남경을 설치하였다. 연운 16주는 14세기 말 명 이전까지 500여 년 동안 북방 민족이 세운 정복왕조의 통치를 벗어나지 못하였다.

거란은 북중국의 여러 세력은 물론 남중국에 위치한 남당과 오월 등과 교류하면서 북중국의 오대 정권들을 견제하였다. 남당은 거란에 북방 정권에 대한 정보를 제공하였으며, 군사동맹과 협공을 제안하기도 하였다. 남당의 군주는 거란의 칸과 '형제' 관계를 맺었기에 '부자' 관계였던 후진에 대해 보다 우월한 지위를 주장할 명분이 있었다. 후진과 대치한 남당과 거란의 교류에 대해 석경당은 항의하지 못했을 뿐만 아니라 후진을 통해 남중국으로 가는 거란의 사행길을 허용해야만 했다. 937년 8월 태종은 후진과 남당, 그리고 태원(太原)의 독자적 세력인 유지원(劉知遠, 10년 후 후한 건국)이 보낸 사신들을 동시에 접견하는데 이를 통해 세력의 각축장이었던 중원의 복잡한 정세에서 거란의 위상과 중요성을 볼 수 있다.[21]

그런데 942년 6월 석경당의 뒤를 이은 석중귀(石重貴, 942~946)가 거란과의 굴욕적인 관계를 청산하고자 하였다. 942년 7월 후진이 더 이상 신하의 예로 섬기기를 거부하자 거란 태종은 바로 남벌을 결정하여,

943년 12월 남경에서 정벌을 의논하고, 다음 달인 944년 정월에 후진을 공격했다.²² 이후 양국의 전쟁은 3년간 지속되었는데, 거란은 947년 변경(汴京)²³을 점령하고 후진을 멸망시킨다. 북쪽 변방에서 성장하여 중원의 중심부를 정복하는 위업을 달성한 거란의 태종은 국호를 '요',²⁴ 연호를 '대동(大同)'이라 선포하였다.²⁵

그러나 거란은 후진이 통치했던 1,090,118호(戶)에 이르는 한족들의 격렬한 저항을 전혀 예측하지 못한 듯하다.²⁶ 더욱이 태원에서 독자적인 세력을 구축하고 있던 유지원이 거란을 거부하고 한족 세력을 규합하면서 절대다수의 한족에게 포위되어 퇴로가 차단될 위기에 놓였다. 거란은 후진의 수도에 입성한 지 3개월이 채 되기도 전에 다시 북으로 철수하였다. 거란군은 철군 과정에서 적지 않은 피해를 입었으며, 45세의 태종이 급사하면서 계승 분쟁마저 발생하였다.

태종의 뒤를 이은 세종은 태종의 아들이 아니라 조카인 야율배의 아들이었는데, 계승 과정이 순탄치 않았다. 이전에 장자 야율배를 배제하고 차자 태종을 세웠던 황태후를 중심으로 한 세력이 세종의 즉위에 반발하였다. 세종이 즉위한 이듬해에 칸을 시해하려는 음모가 발각되는 등 짧은 재위 기간에 불안정한 정국이 지속되었다.

947년 중원에 대한 직접 통치에 실패한 기억은 이후 거란의 대외 전략에 지대한 영향을 미친다. 거란은 유지원이 세운 후한과 대립하면서도 더 이상 중원 깊숙이 진격하지 않았고, 단지 949~950년에 하북 지역에 대한 소규모 약탈만 행했다.

그런데 951년 후한이 4년만에 멸망하고 장군 곽위[郭威, 후주의 태조(太祖), 951~954]가 새 왕조 후주를 창건하였다. 이때 태원에 남아 있던 후한 황실의 일원인 유숭(劉崇)이 독립 왕조인 북한(北漢)을 선포하면서 거란은 다시 2개의 중원 왕조와 국경을 마주하게 되었다. 후주가 북한에 대한 정복전쟁을 시작하자 거란은 952년과 954년 북한을 지원하여 후주를 격퇴하였다. 왕조의 생존에 거란의 군사 지원이 절박하였던 북한의 '황제' 유숭은 후진의 석경당처럼 거란 황제의 '조카[姪子]'를 자칭하고, 거란으로부터 '대한신무황제(大漢神武皇帝)' 책봉을 받는다.[27] 즉 거란은 947년 유지원이 세운 후한과 충돌하였지만 불과 4년이 지나지 않아 이번에는 후한의 정통성을 계승한 북한을 지원하면서 후주를 견제한 것이다.

951년 거란 세종이 시해되자 태종의 아들이 즉위하였는데 난폭한 성격의 폭군으로 기록된 목종이다. 목종은 음주와 사냥에 몰두하며 국정에 소홀하였고, 조정은 중원의 정세에 더욱 소극적으로 대처하였다. 나아가 954년 후주에서는 곽위가 죽고 양자인 시영[柴榮, 후주의 세종(世宗), 954~959]이 즉위하였다. 시영은 5년의 짧은 재위 기간에도 불구하고 개혁 정책을 실시하면서 많은 업적을 남긴 오대의 명군으로 꼽힌다.

959년 후주는 거란을 공격하여 연운 16주 중 남쪽의 영주(瀛州)와 막주(莫州)를 탈환하였는데 관남(關南)으로 불리는 이 지역은 이후 거란과 중원 왕조 간 분쟁의 중심에 놓이게 된다.[28] 후주가 기세를 몰아 남경을 위협하자 그제야 목종이 군대를 이끌고 출전하였는데 시영이 갑자기 37세의 나이로 병사하면서 양국은 전장에서 철수하였다. 후주의 불안정한 정국은 거란이 관남을 다시 회복할 수 있는 절호의 기회일 수도 있었으나 목종은 소극적인 정책으로 일관하였다. 이듬해 후주는 장군 조광윤이 황위를 찬탈하면서 망하였고, 새 왕조 송은 후주의 정책을 이어 다시 북한을 공격하지만 거란의 개입으로 성공하지 못하였다. 963~964년 거란은 다시 북한을 지원하여 송을 격퇴하였는데 거란과 송의 충돌은 북한이라는 완충지대에서 일어났다.

969년 39세의 목종이 시해되고 칸의 지위는 다시 세종의 아들에게 돌아가니 그가 바로 경종이다. 경종이 즉위한 시기 중원의 정세는 이전과 매우 달랐다. 거란이 송의 공격으로부터 북한을 지원하는 것 외에 중원에 거의 개입하지 않는 소극적인 정책을 펴는 동안 송태조는 중원 서남부에 위치한 다른 독립 정권들을 하나씩 정복하였다. 963년에는 양자강 중류 지역의 북초[北楚, 혹은 형남(荊南)]를, 965년에는 쓰촨[四川] 지역의 후촉(後蜀)을, 971년에는 광둥[廣東]·광시[廣西] 지역의 남한(南漢)을, 그리고 975년에는 장쑤[江蘇]·장시[江西]·안후이[安徽] 지역의 남당(南唐)을 차례로 정복하여, 976년 태조를 이어 태종이 즉위하였을 때는 저장[浙江]의 오월과 산서[山西]의 북한만이 독립을 유지하고 있었다. 북한은 영토, 인구, 경제 규모가 송에 비해 매우 작았기 때문에 951년 왕조 수립 이래 거란의 도움 없이 독립을 유지하기 어려웠다. 968년 즉위한 북한의 유계원(劉繼元)은 거란의 책봉을 받는 수직적 관계를 수용하면서 송의 공격을 막아내고 있었다.[29]

975년 1월 송은 거란에 첫 사신을 파견하여 신년을 축하하고,[30] 이듬해 정월에 다시 하정사(賀正使)를 파견하지만 같은 해 9월 북한을 공격하자 거란이 즉시 개입하였다. 거란도 같은 해 11월에 조광윤이 사망하자 조문사를, 12월에는 태종의 즉위를 축하하는 사절들을 파견하였다.[31] 당시 거란과 송은 북한을 두고 서로를 견제하면서도 직접적인 충돌은 피하고 있었다. 977년 2월 송은 전 황제 태조의 유물을 보냈고, 7월에 다시 사신을 파견하였다. 그러나 그해 겨울 송이 북한을 공격하자 거란은 바로 북한을 지원하여 송을 격퇴하였다. 결국, 거란과 송은 북한이라는 완충지대를 놓고 한 치의 양보 없이 대립하였는데, 북한은 연운 16주에 대한 송의 군사적 위협을 견제하는 거란의 핵심 전략이었다.

978년 남중국의 오월마저 정복한 송은 북한에 대한 대규모 공격을 준비한다. 979년 정월 거란이 사신을 보내 송이 북한을 공격한 이유를 추궁하자 송은 '북조[거란]가 만일 (북한을) 돕지 않는다면 예전과 같은 평화를 약속하나 그렇지 않다면 곧바로 전쟁을 할 것이다'라고 위협적인 답장을 보낸다.[32] 979년 3월 송군이 북한으로 진격하여 거란군과 산시성[山西省] 양추엔시[陽泉市] 경내의 백마령(白馬嶺)에서 결전이 이루어졌다. 이 전투에서 거란은 대다수의 장수와 군사를 잃는 건국 이래 최대의 참패를 당하였다.[33] 더 이상 거란의 지원이 없자 북한은 3개월 후 항복하였고, 송은 중원을 통합하는 대업을 완성하였다.

연이은 승리에 자신을 얻은 송태종은 북한 정복에 만족하지 않고 바로 군대를 동으로 돌려 거란을 공격하였다. 목표는 연운 16주 수복이었다. 송군은 빠르게 진격하여 거란 남경을 포위했지만 7월에 남경 남쪽 고량하(高梁河)에서 크게 패하여 태종만 당나귀가 끄는 수레를 타고 전장을 간신히 빠져나갔다고 한다.[34] 979년 3월에서 7월까지 불과 5개월 동안 발생한 사건들, 즉 북한의 멸망, 백마령 패배, 그리고 고량하 대승 등은 거란과 송의 관계를 바꾸어 놓았다. 양국은 황하 상류에서 황해에 이르는 긴 국경을 마주하게 되었고, 거란은 연운 16주에 대한 송의 위협을 절실하게 경험하였다. 결국, 연운 16주에 대한 합의 없이는 양국의 충돌은 언제든지 재개될 수 있었다. 980~982년에 거란은 다시 송을 공격하지만 큰 성과를 얻지 못하였고, 양국 관계는 교착 상태에 놓였다.

〈그림 1〉 고량교 표지석 ⓒ김인희, 2019. 5

〈그림 2〉 고량하 ⓒ김인희, 2019. 5
베이징 시즈먼[西直門] 밖에 있으며, 지금은 창하[長河]라고 부른다. 원대에 고량교를 건설하였고, 현재는 차도가 놓였다.

982년 가을 거란의 경종이 사냥 중에 갑자기 병을 얻어 죽자 그의 적장자가 즉위하니 바로 성종이다. 거란은 947년 이래 세종과 목종이 30대에 시해되고, 경종도 35세에 급사하면서 발생한 계승 분쟁과 불안한 정세로 인해 중원에 개입할 여력이 없었다. 새로 즉위한 성종도 아직 12세의 어린 나이였기에 모후인 승천황태후[承天皇太后, 혹은 예지황후(睿智皇后)] 소(蕭)씨가 섭정하면서 정국을 안정시키고 조정을 이끌었다. 위구르 출신인 소씨는 황족 야율씨와 더불어 거란에서 가장 강력한 가문으로 두 가문은 대를 이어 혼인을 맺었고, 소씨 황후들은 직접 군대를 통솔하며 국정에 적극 참여하였다.[35] 승천황태후 역시 예외가 아니었다. '황태후'라는 칭호가 무색하게도 그의 나이는 30세였으며 1009년 57세로 병사할 때까지 거란 제국을 이끌었다. 『요사』는 '성종을 거란 최고 군주라 할 수 있는데 대부분 모후의 교훈에서 비롯되었다'고 기록하였다.[36]

3

송과의 충돌과 타협: 전연의 맹약
(10세기 말~11세기 초)

    송은 979년의 굴욕적인 패배를 설욕하고 연운 16주 수복을 위해 거란에서 귀부한 귀명인(歸明人)들을 적극 유치하고 군사력을 증강하였다.[37] 나아가 985년에 송태종은 '오래도록 중원의 풍속을 사모한' 고려왕에게 '문명'을 지키고자 거란에 대한 협공을 제안하기도 했다.[38] 이러한 송의 정책은 거란이 가장 중시한 제국의 핵심 지역인 연운 16주에 대한[39] 직접적인 위협이었다. 947년 이후 중원에 개입하지 않았던 거란이지만 제국의 안정을 위해 연운 16주에 대한 송의 위협을 완전히 제거하고 나아가 관남을 되찾고자 하였다. 송이 연운 16주의 영유권 주장을 포기하지 않는 한 양국의 충돌은 피할 수 없기에 975년 이후 전연(澶淵)의 맹약이 체결된 1005년까지 30년 동안 변경에서의 전쟁이 끊이지 않았다. 송은 979년과 986년 선제공격에 나섰지만 참패하였고, 이후 거란이 주도권을 잡으면서 999년에서 1003년까지 송은 큰 성과를 거두지

못하였다.[40]

1004년 윤 9월 늦가을 거란의 승천황태후와 성종은 친히 20만 기병을 거느리고 '남벌(南伐)'에 나선다. 이보다 앞서 거란 조정은 7월 대하 군주를 책봉하였고, 9월에는 고려에 '남벌' 계획을 통지하면서 송과의 일전을 준비하였다.[41] 거란의 본진은 송의 주력 부대가 주둔한 정주(定州)를 우회하여 빠르게 남으로 진격하였고,[42] 따로 한 갈래의 부대가 관남의 중심인 영주를 공격하지만 두 달이 넘도록 함락하지 못하고 철수하여 남쪽의 본진에 합류하면서 바로 송의 수도를 위협했다. 거란은 보통 습기와 무더위로 활시위의 탄성이 떨어지고 땅이 진흙으로 변해 버리는 봄·여름을 피해 기마병의 장점인 기동성을 적극 활용할 수 있는 겨울, 즉 10월부터 1월까지 4개월 동안 전쟁을 진행하였다. 거란 군대가 무더운 날씨에 전투를 진행하기 어려웠던 반면 송군은 혹한에 취약했기 때문에 북방 정복왕조는 대부분 겨울에 중원을 공략하였다.[43] 하지만 거란은 송의 주요 요충지를 단기간에 점령하지 못하자 1월 이전까지 마무리해야 하는 부담과 퇴로의 차단이라는 위험을 무릅쓰고 우회 전술을 사용하였던 것이다.

11월에 이르자 거란은 전연(澶淵)까지 진군하여 당시 얼어붙은 황하를 넘을 기세로 100여 킬로미터 거리에 있는 송의 수도 개봉마저 위협하였다.[44] 어쩌면 양국의 운명을 바꿀 수도 있는 대격전을 앞두고 송이 평화협정을 요청하였다. 송진종은 송태종의 셋째 아들로 997년 황제에 오르며 전근대 태평성세 중 하나로 꼽히는 함평지치(咸平之治)를 열었지만 전장에서 군대를 이끈 경험이 전혀 없었을 뿐 아니라 송대에 가장 소극적인 성격의 군주로 알려져 있다. 거란이 수도에 가깝게 접근하자 진종은 남쪽으로 피난하고자 하였으나 재상들의 강력한 반대로 전장에 나서게 되었다. 거란은 연운 16주 영유권 보장과 관남 반환을 요구하였지만 송은 거란에 일정한 양의 물자를 제공하는 세폐를 제시하면서도 관남 할양은 완강히 거부하였다. 비트포겔은 이 시기 거란과 송의 군사력을 '그 어느 쪽도 상대를 정복할 만큼 강하지 못하였던 세력 균형의 적대관계'[45]로 묘사하였는데 매우 적절한 평가이다. 당시 거란은 변경의 요충지 정주와 영주를 우회하여 중원 깊숙이 진격하였으나 아마도 947년 후진 멸망 후 중원 통치 실패가 연상되었을 것이다. 결국 전쟁을 계속해서 얻을 수 있는 이익보다는 위험 요소가 컸기에 타협을 이룰 수 있었다.[46] 그 내용은 1004년 12월 7일(양력 1005년 1월 17일) 송진종이 보낸 〈송진종서서(宋眞宗誓書)〉와 5일 후 거란이 회답한 〈성종회송서서(聖宗回宋誓書)〉에서 확인할 수 있다.

〈송진종서서(宋眞宗誓書)〉

때는 [송진종] 경덕(景德) 원년, 해로는 갑진년(1004) 12월 경진달 병술 7일에 대송 황제가 삼가 거란 황제폐하께 서서(맹약의 서신)를 보냅니다. 서로 정성된 믿음으로 받들어 좋은 맹약을 굳게 지키며, 풍토(송)의 자원으로 [거란의] 군사비용을 돕기 위해 매년 비단 20만 필과 은 10만 냥을 보내겠습니다. 또 북조에 [세폐를] 전달하기 위해 사신을 파견하지 않으며 다만 삼사에 명하여 사람을 보내 웅주(雄州)까지 운반하여 전달하겠습니다. 변경 지역에 접한 주(州)와 군(軍)은 각각 변경을 지키며 양측 사람들은 서로 침범하면 안 됩니다. 혹 도적이 [다른 쪽으로] 도주한다면 그들이 체류하는 것을 허락하거나 숨겨 주면 안 됩니다. [변경 지역] 농토에서 [작물을] 심고

수확하는데 남조와 북조는 소란을 피우는 것을 허용하지 않습니다. 양쪽의 모든 성곽과 해자는 이전처럼 유지할 수 있으며, 해자 준설과 수리는 모두 [이전] 일반적 사례를 따릅니다. 성곽과 해자를 새로 축조하거나 하천의 길을 파는 것은 불가합니다. 서서에 [명시된 내용] 외에 각국은 [다른] 요구를 하지 않으며 반드시 협조하여 오래 지켜야 합니다.[47]

맹약에 의거하여 송은 매년 비단 20만 필(匹)과 은(銀) 10만 냥(兩)의 세폐를 제공하는 대신 거란은 변경의 평화를 약속하였다. 슈어츠-쉴링(Schwarz-Schilling)은 거란 조정이 송의 세폐를 관남에서 징수할 수 있는 토지세에 대한 보상으로 인식하였다고 보았다.[48] 송의 입장에서는 세폐로 보낸 비단의 액수가 일개 군(郡)의 생산량에 불과하였고, 그 총액도 전시 비용의 1~2% 혹은 송나라 1년 예산의 0.5%에도 미치지 않았고,[49] 그마저도 거란과의 교역을 통한 흑자로 충분히 상쇄할 수 있었다.[50] 실제 진종은 거란과 협상한 세폐 총액을 300만으로 잘못 전해 듣고 너무 과하다며 탄식하면서도 이내 수용하는 듯하였는데, 실제 액수가 30만임을 알고는 크게 기뻐하여 협상을 담당한 조이용(曹利用)에게 상과 승진의 특혜를 내렸다고 한다.[51]

맹약에는 양국이 서로 변경을 지키며, 국경을 넘은 도망자를 받아들이지 않고, 변경의 농업활동을 방해하지 않으며, 성곽과 해자 등의 군사시설 신축과 확장을 금지하는 조항들이 있는데 모두 연운 16주의 안보를 보장하고 거란의 우려를 해소하는 조치였다.[52] 전연의 맹약을 통해 획정된 거란과 송의 국경은 문화적·언어적, 혹은 생태적 경계가 아니라 상대방의 영토를 공식적으로 인정하는 정치·군사적 경계선이었다. 결

〈그림 3〉 전연의 맹약을 맺는 거란과 송의 모습을 형상화한 그림. 랴오상징박물관[遼上京博物館] 소장 ⓒ김인희, 2019. 5

국 송은 관남을 지킬 수 있었지만 세폐를 제공하였고, 거란은 연운 지역의 영유권을 인정받으면서 관남을 포기하는 대신 세폐로 보상을 받았으니 결과적으로 거란의 승리였다. 송은 평화를 보장받기 위해 물자를 제공하는 굴욕을 감추기 위해 맹약에 명시된 세폐를 단지 삼사의 하위 관료가 웅주에서 '[거란의] 군사비용을 돕기 위해' 전달하는 단순한 물자 거래로 포장했다.

전연의 맹약 이후 거란과 송은 서로를 '북조(北朝)'와 '남조(南朝)'로 칭하였고, 성종과 진종은 '형제' 관계를 맺었다. 이러한 가상의 친족관계는 양국 황실에 확대 적용되어 송 황제는 거란의 황태후를 '숙모'로 호칭하였다. 이 시기 기록에 송 황제가 종종 거란 칸의 '형(兄)'으로 나오는 것은 송이 거란보다 조금이나마 우위에 있었다는 것을 의미하지 않는다. 양국의 군주가 상대를 부르는 호칭은 실제 나이와 세대에 따라 결정되었기에 백부 혹은 숙부와 조카의 관계[叔(伯)姪]도 존재하였으며, 반세기 동안 재위한 거란의 도종(道宗, 1055~1101)은 송철종(哲宗, 1085~1100)의 '작은 할아버지[叔祖]'가 되었다. 거란과 송은 신년과 황제의 생일, 황실의 부음과 황제의 즉위에 지속적으로 사신을 파견하면서 평화를 유지하고자 노력하였다. 이러한 다원적 국제질서는 11세기 동아시아 경제적·문화적 발전의 기반을 마련해 주었다.[53] 맹약체제 성립 이후 거란은 더 이상 송을 침략하지 않았으며, 중원에 대한 야심을 보이지 않았다.

4

송과 대하의 충돌과 거란의 정책

(11세기 초)

다원적 국제질서에서 거란은 주변 국가들과 대립하고 있었는데, 『요사』는 거란이 처한 상황을 아래와 같이 묘사하였다.

> 거란의 경계는 동으로 고려와 접하고, 남으로 양(梁)·당(唐)·진(晉)·한(漢)·주(周)·송(宋)의 여섯 왕조와 대적하고 있었으며, 북으로 조복(阻卜)과 출불고(朮不姑) 등 10여 개 큰 나라와 이웃하고, 서로는 서하(西夏)·당항(党項)·토혼(吐渾)·회골(回鶻) 등을 제압하였다.… 사방으로 전쟁에 처한 그 중간에 요가 호랑이처럼 웅크리고 있자 아무도 감히 다가가지 못하였다.[54]

적대 세력에 의해 포위된 현실에서 거란은 세력을 팽창하기보다는 변경 안정을 유지하고자 하였고, 이러한 모습은 거란-대하-송의 삼각관계에서 명확하게 드러난다. 송과 거란의 서쪽에 위치한 대하는 영토와 인구 규모에서 거란이나 송보다 작았지만 외명원호(嵬名元昊)가 황제를 칭하고, 연호를 재선포한 1038년 이후 근 2세기 동안 독립을 유지한 동아시아 세력 균형의 중요한 축이었다. 『송사』는 '대하가 신복한 적이 없었다'[55]고 하였으며, 『요사』 역시 "거란에 대한 고려와 서하의 '조공'은 형식에 불과하였다"고 하였다.

『요사』에서 논하기를 '고려와 서하는 요를 섬겨 일찍이 혼인을 요청하여 요에서 [공주를] 결혼시켰지만 어찌 그들의 변치 않는 마음(충성심)을 얻을 수 있었겠는가? 삼한(三韓, 고려)은 국경을 접하고 있기에 언행을 바꾸는 것을 쉽게 알 수 있지만, 양주(涼州, 대하)는 멀리 있음을 믿고서 [요를] 배반한 사람을 받아들이고 국경을 침입하여 틈만 있으면 [군사를] 출동시켰으며, 공물을 바치는 사신들이 돌아가자마자 바로 분쟁이 일어났다'고 하였다.[56]

10세기 말 송은 서역으로 통하는 무역로를 장악하고 소금 등 풍부한 자원을 보유한 전략적 요충지인 오르도스 지역[57]을 차지하기 위해 대하를 공격한다. 오르도스 지역은 현재 간쑤성[甘肅省] 일대를 말한다. 엄청난 인구와 경제력의 우세로 대하를 쉽게 굴복시킬 수 있을 것이란 송의 기대는 기병으로 조직된 탕구트 군대에 거듭 패배하면서 좌절되었다.[58] 나아가 송은 항상 거란과 대하의 협공 가능성에 대비해야 하였기에[59] 대하와의 전투에 모든 군사력을 투입할 수 없었고, 조공체제 명분으로 인해 대하와의 관계에 유연하게 대처하기도 어려웠다. 반면 명목상 '조공' 관계를 맺은 거란과 대하는 형식에 얽매이지 않았고, 양국 황실이 혼인을 맺으면서 원만한 관계를 유지하였다.[60]

전연의 맹약 이듬해인 1006년 송은 대하와도 유사한 형식의 관계를 수립하였다. 송이 대하의 군주를 서평왕(西平王)으로 책봉하고, 매년 은 1만 냥, 비단 1만 필, 전(錢) 3만 관(貫), 차 2만 근 등의 세사(歲賜)를 제공하며, 변경에서 소금무역을 허용하는 대신, 대하가 송을 명목적 '책봉국'으로 우위를 인정하는 것이었다. 이는 송의 변경을 침략하지 않겠다는 약속이기도 하였다.[61] 여기서 송이 대하에 제공한 세사는 거란에 대한 세폐 액수에 비하면 적었지만 거란과 대하의 위상과 국력을 감안할 때 본질적으로 동일했다. 즉, 10세기 동아시아 국제질서는 북방 왕조의 군사력과 송의 물자 제공을 통해 세력 균형의 현실을 재확인하는 과정을 통해 형성·유지되었음을 알 수 있다.

그런데 1038년 대하의 군주 원호(元昊)는 송이 하사한 '조'씨를 버리고 탕구트식 성씨인 '외명(嵬名)'을 왕실의 성으로 선포하고 대하황제(大夏皇帝)를 자칭하면서 대하를 거란과 동일하게 대우할 것을 송에 요구하였다.[62] 여기서 흥미로운 사실은 『요사』에는 대하가 거란에 동등한 관계를 주장한 기록이 없으며, 거란은 대하의 '참월'에 별다른 반응을 보이지 않았지만 송은 강경하게 대응하였다는 점이다. 대하에 물자를 제공하면서 형식적인 우월을 유지하였던 송은 '황제국'으로서 명분을 지키기 위해 대하의 요구를 거부하였다. 송은 이듬해인 1039년에 대하의 군주에게 부여하였던 작위와 송 황실의 조(趙)씨 성을 삭탈하고, 세사를 중단하며, 산시[陝西]와 하동[河東]의 호시(互市)와 보안군(保安軍)[63]에 위치한 각장(榷場)을 폐지하여 대하에 경제적인 타격을 가하고자 하였다.[64] 각장은 변경 지역에 설치된 공식 무역장을 말하는데, 송은 대하에 이전처럼 송을 형식적으로 '섬기면서' 물자를 제공받을 것인가, 아니면 실리를 포기하면서까지 '동등한 관계'를 고집할 것인가를 선택하도록 압박한 것이다.

송의 조치에 대하는 변경을 침략하였고, 양국은 1039~1044년까지 5년 간 전쟁을 지속하였다.[65] 이때 송은 대하와 거란의 협공을 우려하였고, 종종 거란에 사신을 보내 대하에 대한 공격 계획을 미리 통보하면서 거란의 개입을 사전에 차단하고자 하였다. 거란은 대하와 동맹을 맺고 송을 공격하지 않았지만 세력 균형을 이루는 제3자라는 유리한 위치를 적극 활용하였다. 전연의 맹약 이후 30여 년 동안 송과 거란의 변경에서는 아무런 분쟁 없이 평화로웠지만 1041년 2월 송이 대하에 참패한 소식을 접한 흥종이 변경 지역에 군대를 배치하자[66] 송은 그해 겨울 거란과의 접경지대인 하북로(河北路)의 성벽과 해자를 정비하였다.[67]

1042년 봄 거란은 소특묵(蕭特黙)을 보내 송이 대하를 공격하는 이유를 묻고 맹약 조항을 어기면서 하북의 방어시설을 구축한 것에 대한 해명을 추궁하였다. 그러면서 와교관(瓦橋關) 이남의 10개 현(縣), 즉 관남 지역 반환을 요구하였다. 송은 거란의 요구를 거부하고 5월 하북로(河北路) 대명부(大名府)[68]를 북경(北京)으로 선포하며 군사 훈련을 진행하였지만[69] 동시에 거란과 타협을 모색하였다. 여름에 송의 사신 부필(富弼)은 거란이 관남 요구를 철회하는 조건으로 은 10만 냥과 비단 10만 필 증액을 제시하였고, 거란은 이를 수용하면서 은 20만 냥과 30만 필의 세폐를 받게 되었다.[70] 맹약 이후 평화로운 관계가 계속되면서 관남은 더 이상 거란의 위협을 느끼지 않았으며, 거란도 중원의 영토를 고집하지 않고 단지 추가 이익에 만족하였다. 물론 거란에 유리한 국제정세가 그대로 세폐의 증액에 반영되었던 것으로 『요사』의 「흥종본기」와 유육부(劉六符)의 전기에는 송의 세폐를 '공(貢)'으로 기록하였고,[71] 현대의 한 학자는 이를 '역(逆)조공(tribute in reverse)'으로 묘사하기도 하였다.[72]

대하는 오랜 전쟁으로 경제적 상황이 악화되자 1043년 초 송과 타협을 시도하였다.[73] 송은 대하가 신하의 예를 갖춘다면 군주 책봉과 매년 비단 10만 필과 차 3만 근의 세사를 제공할 것을 제시하는데,[74] 1044년 5월 대하의 군주가 송의 제안을 수용하면서 전쟁은 막을 내리게 되었다.[75] 그런데 송과 대하의 타협이 마무리되던 그 시기에 대하와 거란이 충돌하였다. 1044년 5월 거란군이 조정에 반기를 들었던 부족을 쫓아 대하의 영토로 추격하자 양국의 충돌은 시작되었다. 하지만 10월에 대하가 표를 올려 사죄하면서 일단락되는 듯하였으나 갈등은 해소되지 않았다.[76] 어쩌면 대하는 송과의 전쟁에서 여러 번 승리를 거두고도 실질적인 이득을 거란이 모두 차지한 것에 대해 크게 불만을 가지고 있었을지도 모른다.

대하와 거란이 충돌하면서 대하는 송과의 신속한 타협을 원하였으나 거란은 송에 대하와 타협하지 말 것을 요구한다.[77] 송 조정은 섣불리 결정을 내리지 못하고 있다가 거란이 패했다는 소식을 접하고 대하에 '서조(誓詔)'[78]를 내려 원호를 하국(夏國)의 '주(主)'로[79] 책봉하였다. 그러면서 이전에 제시한 액수보다 많은 비단 15만 3천 필, 차 3만 근, 은 7만 2천 냥의 세사(歲賜)를 약속하였는데, 이는 거란과 대하의 충돌을 격화시키고자 한 것이었다.[80] 거란과 대하의 전쟁에서 대하는 거란의 핵심 병력을 피하면서 간혹 반격하였는데 거란은 대하 영토로 진격하였지만 점령하려는 시도는 없었다. 1049년 7월 거란 흥종이 친정에 나섰으나 패하였고, 이듬해 3월에 승리를 거두면서 어느 쪽도 확실한 우위를 차지하지는 못하였다.[81] 결국 거란은 대하 영토에 대한 야심이 없었고, 대하는 송처럼 세폐를 제공할 경제적 능력이 없었기에 거란은 전쟁을 통해 얻을 수 있는 이익이 없었다. 그럼에도 대하와 거란의 충돌이 수년간 지속되었던 요인은 양국 모두에게 물자를 제공한 송의 역할 때문이었다. 송이 보낸 세폐와 세사의 물자는 바로 대하와 거란이 충돌하였던 목표이자 수단으로 작용하였던 것이다. 세력 균형의 국제관계에서 대하와 거란의 전쟁이 계속될수록 송의 입지만 강화되자, 거란과 대하는 단지 이전 관계를 재확인하며 타협을 이루게 되었다.

5
거란과 고려의 관계
(10~11세기)

10세기 초 건국한 거란과 고려의 초기 관계에 대한 기록은 매우 소략하다. 거란은 고려 건국 4년째 되던 922년 2월 사신을 파견하여 낙타와 모직물 등 초원의 물품을 보냈는데,[82] 이에 대한 고려의 반응은 전해지지 않는다. 926년 거란이 발해를 정복한 후에도 양국 사이에는 여진 부족들이 완충지대를 형성하고 있었기에 직접적인 교류나 충돌이 없었다. 하지만 942년 20년 만에 다시 고려에 온 거란의 두 번째 사절에 대한 고려의 반응은 매우 적대적이어서, 고려 태조는 거란 사신 30명을 섬으로 유배 보내고 선물로 받은 낙타 50마리를 개경의 다리 아래서 굶겨 죽였다.[83] 그 이후 40여 년간 양국 사이에는 아무런 교류의 기록이 보이지 않는다.

고려 태조는 재위 초기부터 고구려의 옛 영토를 회복하겠다는 의지를 표명하여 평양을 서경(西京)으로 삼고 변경 통치를 강화하는 체계적인 북진정책을 실시하여 943년 고려의 북방 경계는 청천강 유역에 이르게 되었다.[84] 태조의 뒤를 이은 정종(945~949)은 30만에 이르는 광군(光軍)을 조직하고 고구려의 수도인 평양으로 천도를 시도하였고, 광종(949~975)은 압록강 유역으로 세력을 확장하였다.[85] 나아가 발해 유민들이 세운 후발해(後渤海)와 정안국(定安國)이 발해의 계승자를 자처하면서 송과 고려와 연계하여 반거란 동맹을 추진하였다. 이에 거란은 980년대에 지속적으로 이 지역에 대한 정벌을 시작하고 고려를 경계하였는데, 985년 압록강 유역 여진 부족에 대한 원정의 원래 목표는 고려였다고 전해진다.[86]

10세기 말 거란은 송과 대치하는 상황이었기 때문에 고려와의 충돌은 피하고자 하였다. 986년 거란과 송은 전쟁을 앞두고 각각 고려에 사신을 파견하였는데 송의 사신이 동맹을 제의한 반면 거란은 단지 고려의 중립을 보장받고자 하였다. 고려는 거란의 제안을 거부하고 송을 돕고자 하였다고 하지만 실제 전쟁에는 개입하지 않았다.[87] 하지만 거란 입장에서는 고려를 위협으로 인식하였고, 993년 거란의 소손녕(蕭遜寧)은 80만 대군(실제로 약 6만~15만으로 추정)을 이끌고 압록강을 넘어 고려를 공격하였다.[88] 송과의 전쟁을 앞두고 있던 거란의 목표는 고려의 개입을 사전에 차단하고자 한 것이었기 때문에 고려가 '조공'을 약속하자 바로 철군하였다. 나아가 거란은 외교사절의 안전을 확보한다는 명분 아래 청천강과 압록강 사이의 영토를 편입하고자 한 고려의 요청에 동의하여 고려는 994~995년에 여진족을 몰아내고 이 지역을 장악하였다.[89] 이는 거란의 고려 침략이 영토나 물자 획득이 아니었음을 보여 주는 대목이다. 결국 거란과 고려의 '조공과 책봉' 관계는 국가 간의 상호 승인과 영토 보장의 의례적 행위였다고 할 수 있다.⁹⁰ 고려는 994년 2월에 거란의 연호를 시행하고, 995년까지 세 차례에 걸쳐 사신을 파견하였으며, 10명의 소년을 보내 거란 언어를 학습하도록 하였다.⁹¹ 이에 거란은 995년 고려의 혼인동맹 제의에 거란의 '공주(거란 칸의 딸이 아니라 소항덕과 월국공주(越國公主)의 소생)'⁹²를 고려 성종(成宗)에 하가시켰다.⁹³

전연의 맹약으로 송과 평화로운 관계를 수립한 거란은 강동 6주를 점령한 고려와 압록강 유역의 여러 여진 부족의 관계에 주목하였다. 1009년 고려의 강조가 목종을 시해하고 현종을 세우는 정변이 발생하자 성종은 직접 죄를 묻는다는 명분을 내세워 친히 40만의 군대를 이끌고 고려를 침략하였다.⁹⁴ 강조는 30만의 군사로 맞서 처음에는 승리를 거두었지만 11월에 패하면서 생포되어 처형당한다.⁹⁵ 거란군이 남으로 진격하여 1011년 정월 고려 수도를 점령하자 현종은 남으로 피신하였다. 그러나 거란은 개경을 점령한 지 10여 일 만인 정월 11일 개경을 떠나 28일에 압록강을 넘어 만주로 철수하였다. 이 과정에서 많은 손실을 입었다.⁹⁶ 거란은 변경 지역의 강력한 고려군을 우회하여 수도로 진격하여 1월까지 전쟁을 마무리하고자 하였는데, 이는 1004년 겨울 송과의 전쟁에서 보여 준 전략과 동일하다.

1018년 거란은 다시 10만 대군을 이끌고 고려를 침략하는데 역시 북방의 요새들을 함락시키지 못하고 우회하면서 수도 개경으로 진격하는 전략을 다시 사용한다.⁹⁷ 하지만 고려의 반격에 직면하자 후퇴하여 구주에서 강감찬이 이끄는 고려군에 완전히 괴멸되어 살아 돌아간 자가 수천에 불과하였다.⁹⁸ 하지만 거란의 여진 통치가 공고해지면서 양국은 서로에게 더 이상 큰 위협이 되지 않자 고려는 1020년 6년 동안 억류하였던 거란의 사신을 돌려보내고, 거란은 1022년 현종을 정식으로 책봉하면서 관계 정상화가 시작되었다. 1033년과 1037년에 소규모의 충돌이 있었으나 대규모 침공으로 비화하지는 않았으며, 1039년 이후에는 타협을 통해 평화로운 관계를 수립하였으며, 12세기 초 거란이 멸망할 때까지 '태평한 변방'을 공유하였다.[99]

6

서역의 카라키타이와
동아시아 세력 균형
(12세기)

　　1042년 이후 송의 세폐가 대폭 증가하지만 거란은 11세기 후반에 이르러 재정 위기를 맞게 된다. 1055~1101년까지 도종의 오랜 재위 기간 동안 변방은 비교적 평화로웠지만 자연재해와 황실 내부의 분란으로 국력이 약화되고 있었다. 특히 1065년부터 남쪽의 농경 지역에 국한되었던 자연재해가 1080년대와 1090년대에는 북방 지역에서도 발생하였고,[100] 기근까지 겹치면서 유랑민이 발생하였다. 당시 해당 지역에 대한 구휼이나 감세 조치 기록을 통해 거란 제국이 재정적으로 어려웠음을 가늠할 수 있다. 특히 1083년 4월의 혹한과 폭설로 말의 60~70%가 폐사했는데 이는 북방의 여러 부족들에게 매우 큰 시련이었다.[101] 거란은 송과 대하, 그리고 고려와 원만한 관계를 지속했지만 북방의 여러 부족들을 통제하는 데는 어려움을 겪었다. 특히 조복(阻卜)[102]과의 분쟁을 평정하는 데 무려 10여 년(1092~1102)이 소요되었다.

1101년 도종이 죽자 그의 손자 천조제(天祚帝)가 칸으로 등극하였는데 바로 거란의 마지막 군주이다. 그런데 천조제의 제국을 무너뜨린 것은 송이 아니라 거란의 간접 통치를 받았던 만주 지역의 '생(生)여진'[103] 부족들이었다. 『요사』에 의하면 금을 세운 아골타가 추장에 오르기 전인 1112년 천조제가 베푼 연회에서 춤을 추라는 황제의 명령을 거부하였고, 1114년 반기를 들었다고 한다. 아골타는 거란의 직접 지배를 받는 '숙(熟)여진'과 요동의 발해인을 회유하였으며, 1115년 나라를 세워 국호를 대금(大金), 연호를 수국(收國)으로 선포하였다. 거란은 70만의 대군을 동원하여 금을 공격하지만 수적으로 열세였던 여진에 크게 패하였다. 그 후 1118~1120년까지 약 2년 동안 거란과 여진은 잠시 전쟁을 멈추고 협상을 진행하지만 거란 조정은 끝내 금을 동등한 대상으로 인정하는 것을 거부하였다. 하지만 전세는 거란에 매우 불리하게 전개되고 있었다. 금의 세력이 요동에 미치자 거란에 대한 복수심과 연운 16주 수복을 꿈꾼 송은 여진과 군사동맹을 맺어 1121년 공격에 참여하여 거란의 군사력을 분산시켰다. 금은 거란을 격파하고 파죽지세로 진격해 1120년 상경을, 1121년 말에는 중경을 함락시켰다. 그리고 금과 송은 1123년에 서서(誓書)를 교환하였는데, 금과 합동 전쟁에서 송이 연운 16주를 회복하면 거란에 보내던 세폐를 금에 제공한다는 것이었다.[104]

이러한 위기에서도 거란 조정 내부의 갈등은 계속되었다. 1122년 천조제는 여진의 공격을 피해 남경을 숙부인 야율순(淳)에게 맡기고 서경으로 피하였는데 천조제와 연락이 끊기자 남경의 관료들은 순을 옹립하고 천조제를 상음왕(湘陰王)으로 강봉하였다. 그러나 야율순이 3개월 만에 죽자 조정은 다시 혼란에 빠지고 남경의 일부 한족 관료와 변경의 한족 장수들이 송에 투항하기 시작하였다. 이러한 한족 관료들의 '불충'은 몰락하는 거란 제국에 더 이상 희망을 갖지 못하고 제각기 살길을 찾은 것이었지만 거란 제국의 한족 차별 정책에 대한 불만도 작용한 것으로 보인다. 예를 들면, 1064년 남경에서는 한족의 서책 간행, 비단(綵緞) 생산, 철 무역 심지어는 음주까지 제한하였다.[105] 1070년에는 한족의 사냥을 금지하였는데 평상시 이루어지는 사냥은 군사훈련과 유사한 성격이 있는 활동으로 거란 조정이 한족을 신뢰하지 못하고 있었음을 보여 준다.[106]

금의 군대가 남경을 위협하자 황실과 관료들은 남경을 포기하고 천조제가 머물고 있던 서경으로 피하였다. 1123년 여름 천조제는 대하와의 국경지대에 머물고 있었는데 금은 거란을 지원하는 대하에 경고를 보내며 동시에 황하 주변의 영토 할양을 제안하면서 회유하였다. 반면 천조제는 대하의 군주를 '황제'로 책봉하면서 대하의 지원을 확보하고자 하였는데, 대하는 실리에 따라 1124년 초 금에 신복할 것을 표명하였다.[107] 더 이상 대하의 도움을 기대할 수 없는 상황에서 천조제가 금과의 전면전을 계속 고집하자 황실의 일원이자 거란의 유능한 장수인 야율대석(耶律大石)이 이에 반발하여 추종자를 이끌고 몽골고원으로 이동하였다. 천조제는 1125년 2월 금과의 전투에서 패하여 생포된 후 3년간 포로생활을 한 후 생을 마감하였으며, 중원 지역의 적지 않은 거란인들이 금의 지배에 들어가게 되었다.

그러나 이것이 거란 제국의 마지막은 아니었다. 야율대석은 북방 초원에 주둔한 거란군의 지원을 받아 거란왕조를 재건하고 구르칸(Gur Khan 葛兒罕)을 자칭하였다. 야율대석은 금과의 전면전을 피하였고, 1130년경 다시 서쪽으로 이동하여 중앙아시아에 제국을 재건하였다. 사서에는 카라키타이(1124~1218) 혹은 서요(西遼)로 기록되어 있으며, 몽골에 의해 멸망할 때까지 90년간 존재하였다. 동아시아 국제질서를 중원 중심의 조공관계 시각에서만 접근하는 학자들은 카라키타이에 크게 관심을 보이지 않지만 대하의 서북에 위치한 카라키타이는 지정학적 질서에 매우 중요한 축이었다. 건국 초기인 1134년 3월 야율대석은 7만의 기병을 동원하여 금을 치고자 1만 리를 행군하였지만 성과 없이 회군하였다고 한다. 『요사』에서는 카라키타이가 더 이상 금을 공격하려는 의지가 없었다고 기록하였지만 1135년 혹은 1136년 겨울 카라키타이가 금과의 전투에서 승리하였다는 기록이 송의 문헌에 나타난다.[108] 이후 1143년 야율대석의 사망 소식을 전해 들은 금희종(熙宗)은 사신을 파견하여 회유하였으나 카라키타이는 이를 거부하고 사신을 처형하여[109] 금의 정통성을 정면으로 부정하였다.

　카라키타이는 서하를 중간에 두어 금과 국경을 마주하지 않았기 때문에 직접적인 충돌이 없었던 것으로 보인다. 하지만 1156년에 전투가 있었다고 하며,[110] 1161년에는 금에 반란을 일으킨 거란족 장수 살팔(撒八)이 카라키타이로 도피하였다고 한다.[111] 따라서 금은 카라키타이의 존재를 결코 무시할 수 없었으며, 특히 대하와 카라키타이의 동맹 가능성을 우려하였기에 1177년 대하를 압박하는 조치로 국경인 수덕(綏德) 지역의 각장(榷場)을 폐지하기도 하였다.[112] 더욱이 중원에서 거란 제국이 망한 지 50년이 지난 1185년에 카라키타이가 다시 대하와 동맹을 맺고 대하의 영토를 통하여 금을 공격하고자 시도하였다는 기록도 보인다.[113] 이때 금과 치열하게 대립하던 송은 카라키타이 원정군에게 길을 열어 주는 조건으로 '황제'의 칭호, 그리고 '동등한' 관계를 대하 군주에게 제시하였다.[114] 결국 송은 금을 견제하기 위해 거란을 계승한 카라키타이는 물론 대하와도 동맹을 맺고자 하였다. 이는 동아시아 국제질서의 세력 균형에서 카라키타이의 지정학적 중요성을 잘 보여 준다고 할 수 있다.

7
'정복왕조' 거란 제국에 대한 편견을 넘어

거란의 대외정책은 호전적인 유목민족이 세운 정복왕조의 침략자 이미지와는 다른 모습을 보여 준다.

거란은 한족 왕조에 비해 공격적이지 않았고, 맹약이라는 정치적 타협이 이루어진 후에는 평화를 유지하려고 노력하였다. 처음 제국을 세운 아보기의 전쟁은 영토 확장이 아니라 중원의 물자와 노동력 확보가 목표였다. 거란이 점령한 유일한 중원 지역인 연운 16주의 중요성은 무엇보다도 중원으로 통하는 관문이라는 전략적 가치에 있었다.

거란은 일찍이 노룡절도사의 공격에 노출되어 큰 피해를 입었기 때문에 남쪽에 위치한 중원 왕조의 위협에 대처하고자 이 지역을 장악하려 하였다. 거란은 947년 후주를 멸망시키고 중원 북부를 직접 통치하고자 했지만 3개월 만에 실패하였다. 이후 연운 16주를 지키는 데 만족하면서 더 이상 중원에 대한 정복전쟁을 진행하지 않았다. 결국 전연의 맹약으로 귀결된 송과의 치열한 전쟁도 연운 16주의 안보를 보장받고, 나아가 후주에 빼앗겼던 관남 지역을 수복하고자 한 것이었다. 거란이 송의 세폐를 받는 조건으로 관남에 대한 영유권을 포기할 수 있었던 것은 맹약이 변경의 안보를 보장한다고 인식했기 때문이었다.

982~1031년까지 반세기에 이르는 성종의 재위 기간은 거란과 동아시아 국제관계의 전환기였다. 성종이 즉위한 10세기 말 거란은 송과 여전히 충돌하고 있었고, 고려와는 교류가 거의 끊어졌으며, 만주와 초원의 여진과 여러 부족들을 완전히 제압하지 못했고, 대하와도 원만하지 못하였다. 그러나 이후 40여 년간 다원적 국제질서의 맹약체제를 구축하면서 1020년대 이후부터 12세기 초까지 1세기 동안 전쟁을 피하고 평화를 누렸다. 거란은 한족 중심의 조공체제와 천하관의 명분에 얽매이지 않고 송, 대하, 고려 등 이웃 국가들과 공존을 추구하였다. 이는 '황제국'의 명분을 세워 거란과 대하에 선제공격하고, 맹약 이후에도 여진을 끌어들여 거란을 협공한 소위 '문치주의' 송의 정책과는 크게 대조된다.

중국 학계는 중화인민공화국 영토 안에서 발생한, 그리고 중국을 구성하는 56개 민족의 모든 역사가 중국사에 귀속된다는 '현재주의'적 시각에서 출발하여 거란 제국을 '중국'으로 설정하고 있다. 그리하여 거란과 송의 전쟁과 대립을 '중국 경내의 분열 정권' 사이에서 일어난 '내전' 혹은 '중국' 내부의 '민족 관계'로 인식한다.[115] 그러나 거란 제국의 대외 정책은 이러한 시대착오적 해석을 정면으로 반박한다. 거란 제국과 주변 국가들 사이에 발생한 전쟁, 타협, 그리고 평화 관계는 조공체제의 형식이 아니라 당시 다원적 국제질서와 세력 균형의 틀에서 이해해야 하며, 거란의 역사적 정체성에 대한 연구는 '중국사에서의 요대'가 아닌 거란 중심적 시각에서의 접근을 요한다.

제4장
거란의 정체성 유지와 언어·문자 정책

이성규 · 단국대학교 몽골학과 교수

1
거란의 언어와
문자 정책 연구의 필요성

중국 북방에 제국을 건설한 북방 왕조들은 한족이 중심이 된 남방 왕조와는 여러 가지 측면에서 차이가 있었다. 언어학적으로 이들은 알타이어족 계열의 언어를 사용하였으며, 종교적으로는 샤머니즘 신앙을 가지고 있었다. 경제적으로는 유목과 수렵생활을 위주로 하였기 때문에 각 부족 간의 연대(連帶)가 느슨하였다. 그리고 이런 특징들이 꽤 오랫동안 유지되면서 중국 남방의 한족과는 다른 독자적인 문화를 창출하였다.

기후 조건에 절대적인 영향을 받는 유목경제를 기반으로 하는 북방 왕조는 만리장성 이남의 한족들과 교류를 통하여 필요한 물자를 조달하였다. 그러나 기후 조건이 열악해지면 남방 한인들의 의사와는 상관없이 장성 이남 지역을 약탈하여 수요를 충당하기도 하였다. 반대로 단위 생산력이 높은 농경체제의 남방 한인들은 자신들이 필요한 경우에만 북방 유목민들과 교류하고 그렇지 않으면 국경 봉쇄(封鎖)를 통하여 북방 민족을 통제하였다.

　이처럼 서로 다른 문화와 경제체제를 가진 남북 지역의 민족이 하나의 국가를 형성하여 더불어 산다는 것은 쉽지 않은 일이다. 더욱이 숫자가 절대적으로 적은 소수 민족이 다수 민족을 통치한다는 것은 더더욱 어려운 일이다. 일반적으로 언어는 숫자가 많은 사람들의 말을 소수가 따라가는 것이 보편적이다. 물론 지배층의 언어가 다수 언중의 언어를 지배할 때도 있지만 대개는 다수의 언어에 녹아 들어가는데 남흉노, 북위, 여진, 만주족의 경우가 여기에 해당한다.

　10세기 초엽부터 12세기 중엽까지 중국 북방에 제국을 건설한 거란(契丹)은 최초로 남과 북의 이질적인 문화와 경제체제의 결합을 시도하였다. 이 체제는 약 200년간 유지되었는데, 이 기간에 거란의 영역에서는 여러 개의 언어가 사용되었다. 북쪽의 거란 본토에서는 거란어가 중심이 되었고, 남쪽의 한인 지역에서는 한어가 사용되었다. 이외에 동북 지역에서는 여진어가 사용되었고, 서부 지역에서는 위구르어가 사용되었다. 거란 영역에 거주하는 민족의 18% 정도만 거란인이었고, 나머지는 거란인이 아니었다. 그러나 국가의 공용어는 거란어였으며, 다수를 차지하는 한인의 언어인 한어도 함께 사용되었다.

　수적으로 열세인 거란인들은 자신들의 정체성과 문화를 유지하기 위한 수단의 하나로 자신들의 언어를 보존하고 유지하는 것을 최우선 정책으로 하였다. 그것은 언어가 다른 어떤 수단보다 민족의 정체성을 유지하는 데 가장 효과적이고 대표적인 수단이기 때문이다. 라스크(Rask) 같은 학자들은 문자 기록이 있기 이전의 민족 역사는 오직 언어를 통하여 알 수 있다고 주장하였다. 종교나 관습, 법이나 제도를 비롯한 모든 것이 변화할 수 있지만 언어는 유지되며, 설혹 변화하더라도 수천 년이 지난 후에도 알아볼 수 있는 흔적이 남는다고 하였다.[1] 언어 보존이 민족의 혈통과 문화 보존에 상관관계가 있을 수도 있고 없을 수도 있지만, 언어의 보존만 이루어진다면 나머지 두 요소는 자동적으로 지속되어 '민족 보존'이 이루어졌다는 것이 보편적인 생각이다. 인류 역사상 한때 발흥하였다가 사라진 민족들은 대부분 혈통이 단절된 것이 아니라 자신들의 언어를 상실한 결과이기 때문이다. 거란이 개국하기 이전에 중국 북방에 존재하였던 흉노(匈奴), 선비(鮮卑), 유연(柔然) 등이 흔적도 없이 사라진 것은 민족의 혈통이 단절된 것이 아니라 언어를 잃어버렸기 때문이다.[2] 이처럼 언어가 사라지면 그 민족도 사라지는데 그것은 언어가 그 민족의 고유한 사고를 담고 있는 수단이기 때문이다. 따라서 언어가 사라진다는 것은 민족의 정체성을 보존할 가장 훌륭한 수단을 잃게 된다는 것을 의미한다.

한편 거란 통치자들은 민족의 동질성을 확인시켜 주는 강력한 도구인 언어를 보존하기 위한 문자 역시 거란족을 하나로 묶는 수단으로 인식하였다. 실제 거란 문자는 문자의 원리를 알고 있는 거란인들에게는 문자로 인식되었으나 거란 문자에 대한 지식이 없는 사람들, 특히 남쪽의 송나라 사람들에게는 암호와 같은 존재로 여겨졌다. 반면 거란 문자의 암호와 같은 배타성은 거란 왕조가 소멸하자 곧바로 사라지게 되는 원인이 되기도 하였다. 그러나 최근 중국 학자들은 거란의 정체성과 문화 연구에 관심을 기울이기보다는 거란의 한족화(漢族化)에 더 많은 관심을 보인다.[3] 이에 본 연구에서는 거란의 민족문화 보존 정책, 그중에서도 언어와 문자 정책의 양상과 목적에 대해 살펴보도록 하겠다.

2
거란어의 계통

907년부터 1125년까지 중국 북방과 몽골 초원, 만주 지역에 제국을 건설한 거란(契丹)은 북방사 연구뿐만 아니라 북방 언어와 문자 연구에서도 중요한 위치를 차지한다. 거란은 기원전부터 대싱안링[大興安嶺]산맥을 중심으로 활약하던 동호(東胡)의 후예로 선비(鮮卑)에서 갈라져 나온 이후 지금의 중국 내몽골 츠펑시[赤峰市] 부근의 시라무룬하[西拉木倫河] 유역을 중심으로 역사 무대에 등장했다.

거란이 역사 기록에 공식적으로 나타나는 것은 『삼국사기(三國史記)』다. 『삼국사기』 「고구려 본기」에는 고구려가 거란과 접촉한 사실이 기록되어 있다.

'거란이 북쪽 변경을 침범하여 8개 부락을 함락시켰다.'[4]

'9월에 북쪽으로 거란을 정벌하여 남녀 5백 명을 포로로 잡았으며, 또 본국에서 잡혀갔던 백성 1만 명을 불러서 타일러 이끌고 돌아왔다.'[5]

<그림 1> 윙니우터기(翁牛特旗) 우란지(烏蘭極) 거란 무덤 벽화
마차를 타고 이동하며 게르에서 거주하는 거란인의 삶을 묘사했다.

이처럼 우리 민족과 이른 시기부터 접촉한 거란은 현재까지 연구에 의하면 알타이어족에 속하는 언어를 사용한 것으로 알려져 있다. 최근 거란 문자 연구를 통하여 거란어가 알타이어족의 하나인 몽골어와 밀접한 관련이 있으며, 더 구체적으로는 몽골어의 조상어(祖上語)인 것으로 인정되고 있다.

중국 북부를 209년간 지배한 거란이 사용한 언어는 한어가 아닌 거란어가 주종을 이루며, 이러한 사실은 중국 문헌을 통해 확인할 수 있다.

'거란은 통역사를 두고 중국인 관련 업무를 담당하게 하였으며, 통역사는 중국인의 습관을 알고 말이 통하는 자로 하였다.'[6]

'신[張礪]은 원래 한인(漢人)입니다. 의복과 음식, 언어가 같지 않습니다.'[7]

또, 기록을 보면 거란어는 거란의 서쪽에 있으며 거란이 통치하기 이전까지 몽골 초원을 지배하였던 알타이어계 언어의 하나인 위구르어와

도 다른 것으로 나타난다.

"위구르에서 사신이 왔는데 그들과 말이 제대로 통하는 자가 없었다. 태후가 태조에게 여쭙기를 '질랄(迭剌)이 총민하니 맡겨볼 만합니다' 하여 그를 보내서 맞이하게 하였다. 함께 20여 일이 지나고 나자 그들의 말과 글을 터득하였다. 이것으로 인하여 거란 소자를 제정하였는데 글자의 수는 적지만 기록하기에 충분하였다."[8]

거란어는 거란이 오랫동안 지배한 여진어(女眞語)와도 다른 것으로 나타난다. 이것은 거란 이후 중국 북방에 왕조를 건설한 금(金) 관련 기록을 통해서도 확인할 수 있다.

'여진은 거란의 동북 변두리에 있는데… 거란과는 말이 통하지 않으며 문자가 없다.'[9]

'여진은 처음에 문자가 없었는데 거란을 물리친 후 거란인과 한인들을 잡아와 비로소 거란 글자와 한자가 소통되게 되었다. 이에 많은 학자가 모두 배웠다. 종웅(宗雄)은 두 달 만에 거란의 대자와 소자를 모두 통달하였다. 완안희윤(完顏希尹)은 거란 글자를 모방하여 여진 글자를 만들었다.'[10]

거란이 중국의 북방과 만주, 몽골 초원을 지배하고 있을 때 한반도의 고려에서는 고려어가 사용되고 있었는데 거란어와 다르다는 기록이 『고려사』에 나타난다.

'거란은 짐승과 같은 나라로 풍속이 같지 않고 말도 다르니 의관 제도를 삼가 본받지 말라.'[11]

'어린아이 10인을 거란(契丹)에 보내 거란어를 익히게 하였다.'[12]

이처럼 거란어는 이웃하고 있던 한어, 위구르어, 여진어, 고려어[한국어]

등과 달랐던 것으로 나타난다. 반면 거란과 밀접한 관련이 있고, 이후 거란에 복속되어 지배층이 된 해족과는 언어가 같았던 것으로 나타난다.

'거란과 해(奚)는 말이 서로 통하니 실은 한 나라이다.'[13]

또 거란은 태종 때 연운 16주(燕雲十六洲)를 얻고서도 여전히 자신들의 제도와 말을 바꾸지 않은 것으로 나타난다.

'거란이 처음 나라를 일으킨 곳이 해(奚)와 실위(室韋) 지역과 매우 가까이 붙어 있어 풍속이며 말이 대체로 속되고 천박하였다. 태조와 태종 시대에 이르러 삭방(朔方) 지역을 차지하고서 정치에 한인 법제를 참고하여 시행하였으나 그들의 앞 시대인 기수(奇首)와 요련(遙輦) 시대의 제도가 그대로 남아 있는 것들이 아직도 많았다. 그것을 자손들이 서로 이어가며 또한 그대로 준수하고 바꾸지 않았다. 그리하여 역사책에 기록된 관제(官制), 궁위(宮衛), 부족(部族), 지리(地理) 등은 모두 거란어 이름으로 불렸다.'[14]

한편 송대 홍매(洪邁)가 기록한 『이견지(夷堅志)』에는 거란어가 중국어와 말의 순서가 다르다는 기록이 있다.

"거란 아이들이 처음 책을 읽을 때 먼저 거란어로 한문 문장을 역순으로 배운다. 중국어 한 글자를 거란어 두세 글자로 쓴다. 금에 사신으로 갔을 때 접반부사 비서 소감 왕보(王補)가 매번 나에게 웃으면서 말하였다. '새가 못 가운데 나무에서 자고, 스님이 달빛 아래 문을 두드린다'라는 두 구절을 읽을 때는 '달이 밝으니 스님이 문을 두드리고, 물 가운데 나무 위에는 까마귀가 앉았다' 대개 이와 같다. 왕보는 금주(錦州) 사람으로 역시 거란인이다."[15]

홍매가 기록한 거란인들의 한문 학습에 관한 이 글은 비단 거란어 문장이 한어와 달랐음을 이야기하는 것 이외에 당시 한문 문장을 어떻게 읽었는지에 대한 중요한 정보를 제공하여 준다. 신라나 고려에서도 한문 문장을 읽을 때는 이두나 구결을 통하여 한문 문장을 뒤집어서 우리말 순서로 새겼는데 이러한 방법이 거란에서도 동일하게 사용되었다는 것을 알려 준다.

거란어는 중국어와 다른 알타이어족 언어에 속하며, 이웃한 알타이어족에 속하는 언어들과도 차이가 있었음을 알 수가 있다. 반면 해족과는 언어가 상통한 것으로 보아 두 언어는 방언적 차이를 가지고 있었던 것으로 보인다. 또 당시 몽골 초원에는 오고부(烏古部), 적열부(適烈部), 조복부(阻卜部) 같은 통치 구역이 설치되어 있었는데 이들 부족과는 의사소통에 문제가 없었던 것으로 나타난다. 특히 오고부, 적열부 등은 현재의 몽골국 동부 지역에 설치하였던 기관으로 몽골의 직계 조상이 거주하던 지역이다.

동호계의 하나인 선비어를 이은 거란어는 사어(死語)로 현재 사용되지 않는다. 거란어는 알타이어족 언어에 속하며, 지금도 사용되고 있는 몽골어의 조상어(祖上語)로 추정된다.

3
거란 이전 북방 민족의
언어와 문자 정책

    10~12세기까지 중국 북부와 만주, 몽골 초원에서는 거란어가 통용되었는데, 이 지역은 과거 흉노, 북위, 유연, 돌궐, 위구르 같은 북방 왕조들이 존재하였던 곳이다. 그리고 이들 왕조에서 시행되었던 언어와 문자 정책이 거란으로 이어졌을 것으로 추측되므로 거란 이전에 이 지역에서 시행되었던 언어와 문자 정책을 살펴보는 것은 의미가 있을 것으로 생각된다.

1) 북위의 언어와 문자 정책

    거란이 통치한 지역과 거란의 언어와 문자에 대한 정책은 밀접한 연관이 있다. 역사적으로 거란이 통치한 지역은 유목과 수렵이 중심이고,

농경도 제한적으로 이루어졌다. 이 지역에 역사 기록을 남긴 최초의 왕조는 흉노(匈奴) 제국이다. 기원전 220년 무렵부터 오르도스(Ordos) 지역과 몽골고원을 중심으로 제국을 건설한 흉노는 기원후 431년까지 존속하였는데 아직까지 흉노어가 어떤 계통의 언어인지 밝혀지지 않았다. 다만 기존의 역사-고고학계에서는 흉노어가 튀르크계 언어일 것으로 추측하고 있고, 언어학계에서는 몽골계 언어일 것으로 추정하고 있다. 그러나 흉노 시기의 문자 기록이 밝혀지지 않아 이 시기의 언어와 문자에 대한 정책은 파악하기가 어렵다.

흉노 이후 몽골고원과 동몽골 지역은 중국 동북방에 거주하던 선비족(鮮卑族)의 무대였다. 한(漢)과의 전쟁으로 흉노 세력이 약해지고, 기후 변화로 북방 지역에 사람이 거주하는 것이 불편해지자 중국 동북방에 거주하던 선비족은 몽골고원과 중국 북방으로 이동하여 자신들의 왕조를 수립하였다. 특히 내몽골 후허하오터[呼和浩特] 주변에 자리한 탁발(拓跋)선비는 기원후 386년에 북위(北魏)를 세웠으며, 이후 요서와 베이징 지역의 후연(後燕)을 병합한 후 현재의 산시성(山西省) 다퉁[大同]과 뤄양[洛陽]에 수도를 정하고 534년까지 중국 북방 왕조의 하나로 자리매김하였다.

중국 북방에 왕조를 건설한 북위는 자신들의 언어인 선비어와 피통치자의 언어인 한어를 동시에 사용하였는데, 통치의 효율성을 높이기 위하여 한어를 권장하였다. 그러나 통치 계급인 선비족 내부에서는 여전히 선비어를 사용하였고, 자신들의 편의를 위해 한자를 빌려 선비어를 기록한 것으로 보인다.

북위 초기에는 관청마다 통역관을 두어 피지배층인 한인들을 통치하였으며, 선비어를 잘하는 사람을 우대하였다.[16] 그런데 북위 후기, 즉 효문제 18년(494) 수도를 뤄양으로 천도한 이후에는 선비인들조차도 선비어를 사용하지 못하였다고 한다.[17] 그러나 북위가 망하고 북제(北齊)와 북주(北周)가 뒤를 잇자 다시 선비어를 부활시키는 정책을 폈다.[18] 530년경 안지추(顏之推)가 지은 것으로 알려진 『안씨가훈(顏氏家訓)』에는 다음과 같은 기사가 기록되어 있다.

"북제의 한 사대부가 일찍이 나에게 이렇게 말하였다. '내게 아들이 하나 있는데 이미 17세로 자못 서신에 밝기에 그에게 선비족의 말과 비파 연주를 가르쳐 점차 이해하도록 하고, 이런 재주로 공경대부를 모시면 총애하지 않는 사람이 없을 것이니 이 또한 중요한 일이지요.'"[19]

언어를 보존하기 위해서는 해당 언어를 기록할 문자가 있어야 한다. 북위가 선비어 표기를 위해 자신들의 고유 문자를 제정했는지는 알 수 없다. 다만 북위 태무제(太武帝) 탁발도(拓跋燾) 시광(始光) 2년(425)의 다음 기록을 통하여 당시 선비어를 기록하기 위한 수단이 강구되었음을 알 수 있다.

'새로운 글자 1천여 자를 처음으로 만들었다.… 지금 제정한 문자를 민간에서 사용하고 가까운 곳과 먼 곳에 반포하여 영구히 모범으로 하라.'[20]

북위 태무제가 새로 만든 1천여 자의 문자가 어떤 글자인지 확인되지 않는다. 다만 위 문장의 앞부분에 시간이 오래되어 한자의 모양과 뜻이 원래의 모습과 다르므로 이후 규칙을 새롭게 한다는 내용이 나오는 것과[21] 태무제 이전인 도무제(道武帝) 탁발규(拓跋珪)가 천흥(天興) 4년(401)에 4만여 자가 수록된 『중문경(衆文經)』을 만든 것으로 보아 민간에서 널리 유행하던 한자 1천여 자를 정리한 것으로 추측할 수 있다.[22]

이와 관련하여 『수서(隋書)』 권32 「경적지(經籍志)」에는 당시 선비어를 기록한 것으로 추측되는 서적명이 남아 있다.[23] 그리고 선비어에 대하여 '후위(북위)가 처음 중원에 자리를 잡았을 때 군대에서 사용한 호령은 모두 선비어였으나 후에 한인의 풍속에 물들어 대부분 통하지 못하게 되었다. 고로 원래의 말을 기록하여 서로 전달하고 가르치니 이를 일컬어 국어라고 한다'[24]라는 기록이 있다.

선비족이 세운 북위는 비록 한인 통치를 위하여 한어를 공식어로 사용했지만, 자신들의 언어와 문화를 보존하기 위한 별도의 문자를 제정하여 기록하고 보존한 것으로 보인다. 그러나 아쉽게도 현재 이들 자료가 전해지지 않아 그 내용을 알 수 없다.

2) 돌궐의 언어와 문자 정책

552년부터 745년까지 몽골고원에 존재하였던 돌궐(突厥)은 제1제국 시기와 제2제국 시기에 각기 다른 문자를 국가의 공식 문자로 사용한 것으로 보인다. 돌궐 제1제국 시기(552~630)에는 현재 남아 있는 기록으로 보아 소그드(Sogd) 문자를 공식 문자로 사용하였으며 브라흐미(Brahmi) 문자도 사용된 것으로 보인다.[25]

현재 돌궐 제1제국 시기의 비문으로 남아 있는 자료들은 소그드 문자로 기록된 서돌궐의 니리왕 비문(Niri qayan-u ongyon 비문, 599), 소그드 문자와 브라흐미 문자로 기록된 보고트 비문(Buyutu bičees/마한 테긴 비문, 571~582), 브라흐미 문자로 기록된 후이스 톨고이 비문(küis toluyai 비문 1과 2, 601~602)이 있다.

돌궐 제2제국 시기(682~745) 국가의 공식 문자는 룬(Run) 문자다. 현재 룬 문자는 자료가 다수 전해오고 있고, 자신들의 정체성에 관하여 기술하고 있어 당시 돌궐의 언어와 문자 정책에 대한 좋은 자료가 된다. 역사 기록에 돌궐인의 언어와 문자에 대한 정책이 구체적으로 기술된 것은 없지만 룬 문자 비문에 나타나는 기록만으로도 이를 확인할 수 있다.

현재 전해오는 룬 문자 비문은 퀼 초르 비문(722~723), 톤유쿠크 비문(726~727), 퀼테긴 비문(732), 빌게 카간 비문(735), 옹긴 비문(732) 등이 대표적이다. 630년 당 왕조에 망한 돌궐은 682년에 다시 부흥하였는데, 이 시기 중국과 자신을 구분하여 문화적 자존심을 내세우고, 민족의 정체성을 가장 잘 반영할 수 있는 도구인 문자를 제작하여 사용한 것으로 파악된다.[26] 이처럼 문자는 국가나 민족을 단결시키고 정체성을 확보하는 데 유용한 수단이었다.

돌궐인들이 당시 한족에 대하여 가진 생각을 비문에서 확인할 수 있는데, 특히 퀼 테긴 비문 남쪽 면 5항~9항에 잘 남아 있다.[27]

'중국 백성은 금은과 비단을 어려움 없이 우리에게 준다. 중국 백성의 말은 달콤하고 비단은 부드럽다고 한다. 그들은 달콤한 말과 부드러운 비단으로 속여 먼 곳에 사는 백성을 자기들에게 가까이 오게 한다고 한다. (우리 백성이) 가까이 자리 잡은 뒤에 (중국 백성은) 악의를 그때 생각한다고 한다. (그들은) 좋고 현명한 사람을, 좋고 용감한 사람을 나아가지 못하게 한다고 한다. (한편 그들은) 한 사람이 잘못하면, 그의 부족, 백성, 친척까지 후하게 대하지 않는다고 한다. 튀르크 백성아! 중국 백성의 달콤한 말과 부드러운 비단에 속아 너는 많은 죽임을 당했다. 튀르크 백성아! 너는 분명히 죽임을 당할 것이다.'

3) 위구르 언어와 문자 정책

744~840년까지 약 100년간 몽골고원을 지배한 위구르는 이전 왕조인 돌궐인들처럼 몽골고원의 외부에서 이동해 온 민족이 아닌 원래 거주자였다. 이들은 돌궐 제국이 성립되기 이전부터 독자적인 세력을 유지하고 있었지만 몽골고원에 들이닥친 돌궐의 영향으로 200년 가까이 숨죽여 지내다가 744년에 와서야 비로소 자신들만의 왕국을 건설하였다.

북방 민족의 정체성을 유지하고 있었던 위구르 역시 돌궐과 마찬가지로 돌궐 지배 시기에는 소그드 문자와 룬 문자를 동시에 사용한 것으로 파악된다. 특히 당시 중앙아시아의 상권을 쥐고 있던 소그드인의 문자를 주로 사용하였던 것으로 파악되며, 제2돌궐 제국 시대에 사용하던 룬 문자는 위구르의 3대 뵈기 카간 때부터 소그드 문자와 병용해서 사용한 것으로 파악된다.

위구르 시대 비문으로 현재 남아 있는 것은 〈테스 비문〉(750), 〈타리아트 비문〉(753), 〈모윤초르 비문(시네오스 비문)〉(759~760), 〈구성회골가한비문〉(820), 〈수지 비문〉(840) 등이 있다. 이들은 모두 몽골국 지역에 존재하는 비문으로 거란의 영역이기도 하다.[28]

위구르 시대의 비문 중에서 〈구성회골가한비문(九姓回鶻可汗碑文)〉은 소그드 문자, 룬 문자, 한자 등으로 기록되어 있는데, 룬 문자로 기록된 부분은 많이 파괴되어 해독이 어렵고, 한자로 기록된 부분이 그나마 일부가 남아 있어 해독할 수 있다.[29]

위구르 역시 이전 왕조인 돌궐과 마찬가지로 자신들의 정체성을 유지하기 위하여 문자를 사용하였고, 이후 소그드 문자를 변형하여 자신들만의 고유 문자인 위구르 문자를 창제하였다. 이후 위구르 문자는 북방 지역의 여러 문자에 큰 영향을 미쳤는데 1205년에 대몽골 제국은 위구르 문자를 공식 문자로 인정하였다. 몽골 문자로 자리를 굳힌 위구르 문자는 서부 몽골의 오이라트(Oirad)에서 토드(Tod) 문자로 변형되었고, 청(淸)에서는 만주 문자로 변형되어 각기 사용되었다.

4) 한반도의 언어와 문자 정책

일찍부터 선비족과 접촉하였던 고구려는 북위와 긴밀한 관계를 유지한 것으로 나타난다. 그리고 위에서 살펴본 것처럼 북위에서 한자를 이용하여 자신들의 고유 언어를 표기하였던 것처럼 고구려에서도 이러한 정책이 있었던 것으로 보인다.

현재 남아 있는 한문 자료를 살펴보면 〈광개토대왕비〉를 비롯한 다수의 자료에서 한자를 이용한 독자적인 표기 체계가 발견된다. 이것은 당시 북방 민족의 한자를 이용하여 자신들의 고유 언어를 표기하려는 노력의 하나로 분석되고, 이러한 노력이 발해로 이어진 것으로 보인다.

한편 건국 초기 고구려의 영향을 많이 받은 신라 역시 고구려와 백제에서 받아들인 한자 차자표기법(借字表記法)을 발전시켜 이두(吏讀), 구결(口訣), 향찰(鄕札) 등과 같은 고유 문자 체계를 성립시켰다. 현재 전해오는 한자를 이용한 우리말 표기 자료 일부를 도표로 보이면 아래와 같다.[30]

〈표 1〉 초기 한자 차용 표기 자료

연번	연도	명칭	국명과 왕명
1	396	영강명금동불상광배명(永康銘金銅佛像光背銘)	고구려 광개토왕 6
2	414	광개토왕릉비(廣開土王陵碑)	고구려 장수왕 3
3	503	영일냉수리신라비(迎日冷水里新羅碑)	신라 지증왕 4
4	520	무령왕릉출토은천명(武寧王陵出土銀釧銘)	백제 무령왕 20
5	524	울진봉평신라비(蔚珍鳳坪新羅碑)	신라 법흥왕 11
6	545	단양신라적성비(丹陽新羅赤城碑)	신라 진흥왕 6
7	551	명활산성작성비(明活山城作城碑)	신라 진흥왕 12

거란과 관련된 북방의 여러 민족은 자신들의 문화를 지키기 위하여 많은 노력을 하였음을 알 수 있다. 그중에서도 자신의 정체성 유지에 절대적으로 필요한 언어를 유지하고 보존하기 위하여 특별한 노력을 기울였다. 북위의 한자를 이용한 선비어 표기는 고구려·백제·신라의 한자 차용 표기와 궤를 같이하는 것으로, 발해를 거쳐 거란으로 이어진 것으로 추정된다. 또, 중국의 한자 이외에 중앙아시아에서 실크로드나 초원길을 통하여 들어온 문자들을 활용하여 자신들의 언어를 표기하였다. 돌궐의 소그드 문자와 브라흐미 문자 사용 및 룬 문자의 활용, 위구르가 소그드 문자를 위구르 문자로 제정한 것은 자신의 언어에 맞는 문자를 만들어 문화를 보존하려는 정책이었다.

4

거란의 언어와
문자 정책

1) 거란어와 거란 문자

거란어는 10세기 야율아보기가 거란국을 건립하기 이전부터 거란족들이 사용했다. 역사 기록에 거란이 4세기 말에 처음 나타나므로 이미 이 시기부터 사용되었다고 할 수 있다. 이후 중국 북방에서 12세기까지 사용되었으나 몽골이 중국 북방과 몽골고원을 통일한 이후 몽골어에 흡수된 것으로 파악된다.

거란어를 기록하기 위한 거란 문자는 거란 대자와 거란 소자, 두 종류가 있다. 거란 문자는 오른쪽에서 왼쪽으로 써 내려가며 위에서 아래로 기록한다. 그러나 거란 소자는 1~8개의 원자를 조합하여 기록하는데, 이 경우 왼쪽에서 오른쪽 순서로 원자를 조합한다. 또, 거란 문자는 띄어쓰기를 하지 않아 문법 형태를 모르면 어디에서 문장이나 단락이 끝나는지 이해하기 어렵다. 거란 문자의 글자 모양은 처음 제정할 때와 이후의 모양이 크게 변하지 않았으나 한 글자에 대한 이체자(異體字)가 많다. 특히, 거란 대자의 경우 한 글자가 여러 개의 이체자를 가지고 있다.

거란 대자는 한자 또는 한자의 부수를 빌려와 글자를 만들었는데 한자의 소리와 뜻을 이용하여 거란어를 표기하였다. 아직 거란 대자의 제자 원리가 밝혀지지 않아 어떤 규칙으로 만들었는지 알 수가 없지만 연구가 진척될수록 한자의 뜻을 빌려 만든 글자보다 한자의 소리를 이용하여 표기한 예들이 많이 나타나고 있다. 거란 대자는 원래 3,000자 정도가 있었던 것으로 보이나 현재까지 알려진 글자 수는 약 2,467여 자 정도다.

거란 대자는 공덕비(功德碑), 묘지명(墓誌銘), 인장(印章), 패(牌) 등에 주로 사용되었으며, 변관(邊款)이나 목독(木牘) 등에도 사용되었다. 변관은 그릇 가장자리에 새기는 글을 말하며, 목독은 나무 상자 위에 표시하는 글을 말한다. 또 최근에는 종이에 기록한 거란 대자 실록이 발견되기도 하였다.³¹ 현재 전해오는 거란 대자 자료 중에서 중심이 되는 자료는 묘지명인데, 지금까지 알려진 것은 17개 정도이지만 거란 대자 묘지명이 계속 발견되고 있어서 그 수는 늘어날 것으로 판단된다. 묘지명 다음으로는 암벽에 기록된 묵서(墨書)도 중요한데 몽골국 동부에서 집중적으로 발견되었으며, 최근에는 내몽골 동부에서도 발견되고 있다. 묵서는 먹으로 기록한 글자를 말한다.

현재 발견된 거란 대자 자료를 보면 민간에서는 거의 사용되지 않았으며, 주로 국가의 공식 문서나 기록에 사용되었음을 알 수 있다. 그 이유는 거란 대자는 한자를 잘 알고 있는 사람만이 사용할 수 있고, 학습에도 오랜 시간이 소요되기 때문이다. 현재 남아 있는 거란 대자 묘지명은 몇 사람이 쓴 것으로 거란 대자를 잘할 수 있는 사람은 많지 않았음을 알 수 있다.

거란 대자는 한자를 이용하여 만든 글자로 한 글자가 한 개의 음가를 가지기도 하고, 두세 개의 음가를 가지기도 한다. 한자를 이용한 거란 대자의 예는 아래 표와 같다.

〈표 2〉 한자를 이용한 거란 대자

	한자의 소리를 이용한 글자			한자의 뜻을 이용한 글자		
	한자	거란 대자	소리	한자	거란 대자	소리
1	太	太	tai	北	北	hoi
2	將	挦	siang	百	百	jau
3	皇	皇	hong	一	一	emu
4	帝	帝	di	五	五	tau
5	王	王	ong	弟	弟	deu
6	水	水	shui	氷	氷	mu
7	公	公	kung	国	国	kur
8	京	京	king	馬	馬	muri
9	守	守	shiu	月	月	sa
10	天	天	tun	二	二	jur

거란 대자는 한 글자가 하나 또는 그 이상의 소리를 가지므로 하나의 거란 대자가 한 개의 거란어를 나타낼 수도 있고, 한 개 이상의 거란 대자가 모여 하나의 단어를 나타낼 수도 있다. 다음은 거란 대자 야율기 묘지명(耶律祺墓志銘)의 16~17항의 내용이다.

忝正釆亦乑寺仁伇兆叐状浸卅寸兇지身乑呂司国沓罕夬臣杲己□□.

清寧 六 年 于 入仕 授 護衛 輔 該年 渤海國 之 近侍 敞史 成爲.

위 거란 대자 문장을 우리말로 풀이하면 '청녕 6년에 입사(入仕)하여 호위(護衛)가 되고, 그해에 발해국(渤海國) 근시(近侍) 창사(敞史)가 되었다'로 해석된다. 거란 대자에 해당하는 한자와 음가, 풀이를 도표로 나타내면 아래와 같다.

〈표 3〉 거란 대자 야율기묘지명의 16~17항 풀이

연번	거란 대자	한자	소리	풀이
1	忝正釆	清寧	-	거란 도종의 연호
2	亦	六	nir	육
3	乑	年	ai	년
4	寺	于	-du	-에
5	仁伇兆	入仕	kusuu	관직에 나가
6	叐	授	ol	받고
7	状浸卅寸	護衛	-	호위
8	兇	補	ol-	보임하-
9	지	副動詞	-i	-고
10	身	該	-	그(해당)
11	乑呂司	渤海	-	발해
12	国	國	gur	국
13	沓	之(屬格語尾)	-ən	-의
14	罕夬	近侍	-	근시(관직명)
15	臣杲	敞史	-	창사(관직명)
16	己□□	成	bo-	되었다.

거란 소자는 거란 대자를 제정한 이후 얼마 지나지 않아 거란 태조 야율아보기의 동생인 질랄(迭剌)이 위구르 문자를 익힌 다음 제정하였다고 한다. 거란 소자는 거란 대자와 달리 한자 부수를 주로 이용하였으며, 한자 자체를 이용한 경우는 드물다. 거란 대자가 한자의 훈과 음을 이용하여 거란어를 표기하였다면, 거란 소자는 위구르 문자와 마찬가지로 전형적인 음소문자(音素文字)다. 거란 소자의 문자 제정 원리 역시 거란 대자와 마찬가지로 알려지지 않았는데, 현재까지 알려진 거란 소자의 원자(原字)는 453여 자로, 320여 자의 소리가 밝혀졌다.[32] 거란 소자는 거란 대자와 달리 몇 개의 원자를 조합하여 단어를 나타내는데 알려진 바로는 최대 8자까지 조합하여 단어나 구절을 만들 수 있다고 한다.[33]

거란 대자 자료가 거란 건국 초기부터 나타나는 것에 비하여 거란 소자 자료는 100여 년이 지나서야 등장한다. 비록 거란 소자 자료는 늦게 나타나지만 거란 대자 자료보다 많은 수가 발견되었다. 구체적인 원인은 밝혀지지 않았지만 사용의 편리성 때문에 널리 사용된 것으로 보인다.

현재까지 알려진 거란 소자 자료 역시 거란 대자 자료와 마찬가지로 묘지명이 대부분이고, 동경(銅鏡), 어부(魚符), 묵서 등도 있다. 동경은 구리로 만든 거울을, 어부는 물고기 모양의 패를 말한다. 이 중에서 거란 소자로 쓴 묘지명은 거란 역사와 언어 연구에 핵심적인 자료로 약 44개가 남아 있다. 특히 1072년에 기록된 거란 소자 〈대요국 상부우월 송왕 묘지명(大遼國 尙父于越 宋王 墓志銘)〉은 글자 수가 무려 5,000여 자나 되어 현재까지 알려진 거란 소자 묘지명 중에서 가장 많은 글자를 포함하고 있다.[34]

거란 소자 역시 거란 대자와 마찬가지로 민간에서는 거의 사용되지

〈그림 2〉 거란 대자로 쓴 묘지명 파편(랴오상징박물관 소장) ⓒ김인희, 2019. 5

않은 것으로 보인다. 현재까지 알려진 자료들을 살펴보면 거란 왕족이나 귀족의 묘지명이 대부분이고, 묵서나 동경, 어부 등의 자료도 일반 민중과는 관련이 없는 것으로 보인다. 거란 소자의 글자 모양과 소리를 거란 대자, 한자 등과 비교하면 아래 표와 같다.

〈표 4〉 거란 소자와 관련된 한자, 거란 대자, 소리

	한자	거란 소자	거란 대자	소리	한자	거란 소자	거란 대자	소리
1	太	圣	太	tai	北	一	比	hoi
2	皇	主	皇	hong	百	弡	百	jau
3	帝	王	帝	di	一	毛	一	emu
4	王	朩	王	ong	五	毛	五	tau
5	山	灰	山	har	弟	旁	弟	deu
6	二	丁	圵	jur	氷	仐	氷	mu

거란 소자의 경우 아래 예문[35]에서 보는 바와 같이 몇 개의 글자를 조합하여 하나 또는 몇 개의 단어를 만들 수 있다.

위 거란 소자 문장을 우리말로 풀이하면 '중희 연간에 입사하여(부름을 받고) 낭군 자에 보임하였다' 정도가 된다. 거란 소자에 해당하는 한자와 음가, 풀이 등을 도표로 나타내면 아래와 같다.

〈표 5〉 거란 소자 야율적열태보 묘지명의 19~20행 풀이

연번	거란 소자	한자	소리	풀이
1		重熙	-	중희(거란 흥종 연호)
2		年間	aisaər	연간에
3		入仕	kusuu	부름을
4		授	ooi	받고
5		郎君	sari	랑군
6		子	b-qo	-
7		補	oli	보임하였다

거란 소자와 거란 대자는 만든 사람과 만든 시기가 다르다. 그리고 위에서 언급한 바와 같이 거란 대자가 한자의 원래 모양을 많이 활용하였다면, 거란 소자는 한자의 부수를 활용하였다. 또 두 개의 문자를 각각의 용도로 따로 사용하지 않고 때에 따라 거란 대자로 기록하기도 하고 거란 소자로 기록하기도 하였다.

거란어는 현대 몽골어의 조상어이지만 어법에서 상당한 차이가 있다. 즉, 현대 몽골어에는 단어에서 양성이나 음성의 구별이 없지만, 거란어에서는 성(性)에 따라 단어를 구별하여 표시하였다. 성에 따라 단어가 다르게 표기되는 거란 문자의 예를 수사(數詞)를 통해 비교해 보면 아래 표와 같다.[36]

〈표 6〉 거란 문자 수사 비교표

	1	2	3	4	5	6	7	8	9	10
거란 소자 양성	㝱	㝱	㝱	㝱	㝱	㝱	㝱	㝱	㝱	㝱
거란 소자 음성	㝱	㝱	㝱	㝱	㝱	㝱	㝱	㝱	㝱	㝱
거란 대자 양성	㝱	㝱	内	子	古	㝱	㝱	㝱	□	十㝱
거란 대자 음성	一	二	三	卅	五	本	岸	㝱	㝱	十

2) 거란 영역 내의 언어 사용 실태

거란은 건국 당시에는 지금의 내몽골 자치구의 츠펑시[赤峰市] 일대에서 시작하였지만 점차 영토를 확장하여 나갔다. 태조 시기에 지금의 몽골국 지역을 정벌하였으며, 말년에는 동쪽의 발해를 정복하였다. 이후 태조를 이은 태종 때 중국 북부의 연운 16주를 병합하면서 거란의 영토는 크게 확장되었고, 통치 대상인 주민도 늘어났다. 거란은 국가를 통치하기 위하여 자국어인 거란어를 국가의 공용어로 삼았다. 그러나 연운 16주를 비롯한 많은 지역에서 다수의 한인이 편입되자 거란 경내에서는 거란어와 한어가 중심적으로 사용되었으며, 거란과 교류하거나 거란의 지배를 받던 민족의 언어도 사용된 것으로 파악된다.[37]

거란 왕족을 비롯한 지배층은 자신들의 모국어인 거란어를 행정사무와 일상생활에서 사용하였다. 동시에 국가를 효율적으로 통치하기 위하여 한어도 능숙하게 구사할 수 있었다. '태조 야율아보기는 한어를 잘하였다(阿保機善漢語.)'는 기록이 있다. 또 거란 태조를 이어 왕위에 오른 태종 야율덕광(耶律德光)도 한어를 알았으며, 이후 거란 황제 대다수는 한어에 능통했다.[38]

거란 왕족을 비롯한 지배층은 학습을 통해 한어를 익혀 송과 교류하였지만 일반 민중은 대부분 한어를 몰라 번역관[通事]을 통해 한인들과 교류하였다. 당시 번역관들은 상당한 권력을 가지고 있었다고 한다.[39]

거란인이 중심인 지역 이외의 지역, 즉 여진이나 발해, 위구르 지역 등에서는 한어가 통용어로 사용된 것으로 보인다.『삼조북맹회편(三朝北盟會編)』에 의하면 과거 발해 땅이었다가 거란의 동쪽 변방이 된 황룡부(黃龍府)에서는 '대체로 여러 나라 사람들이 모임을 할 때면 각 나라의 말이 완전히 통하지 않기 때문에 한어로 표준을 삼은 후에야 비로소 구분할 수 있었다'[40]고 한다. 이로 보아 거란인이 거주하는 이외의 지역에서는 한어가 중심적인 역할을 하였음을 알 수 있다.[41]

거란 지배층이 한어에 능통하였다면 한인으로서 거란에 귀순하여 거란인이 된 사람들은 거란어에 능숙하였다. 특히 거란의 귀족 가문인 한연휘(韓延徽), 한지고(韓知古), 한덕양(韓德讓) 등은 자신들의 모어인 한어 이외에 거란어에도 정통했다.[42]

거란에 귀순한 한인뿐만 아니라 송나라 사람도 거란어에 능숙한 이들이 있었다. 거란에 사신으로 간 송나라의 여정(余靖)과 조약(刁約)은 거란어로 시를 지어 거란인들을 즐겁게 하였다고 한다.

"여정(余靖) 상서가 거란에 사신으로 가서 거란어로 시를 지으니 거란이 좋아하였다. 다시 사신으로 가니 더욱 친밀해졌다. 여정이 시로 말하기를… 황제가 큰 잔을 들고 여정에게 말하기를, '이처럼 거란어에 능통하니 내가 경을 위해 술을 마시겠다'라며 다시 술잔을 들었다. 황제가 크게 웃으며 잔으로 시에 갈음하였다."[43]

한편 거란이 중국 북부의 연운 16주를 지배하자 많은 한인이 거란의 통치를 받았고, 이들은 거란어에 점차 동화되어 갔다. 또, 이들 외에 거란의 여러 지역에 설치된 두하군주(斗下軍州)에 거주하던 한인들도 점차 거란에 동화되어 갔다. 두하군주는 거란 지배층이 사적으로 소유한 땅을 말한다.

3) 거란 문자 제정에 관심을 가진 지배층

거란이 역사 기록에 나타나는 것은 4세기부터이지만 독립 왕조를 건립한 10세기까지는 고유 문자를 갖지 못하였다. 여러 민족이 한자를 이용하여 자신들의 언어를 기록하였을 뿐만 아니라 다른 문자를 빌려 독자적인 문자 생활을 영위한 것으로 보아 거란도 한자를 비롯한 여러 문자를 이용하여 자신들의 언어를 기록한 것으로 추정되지만 아직 밝혀진 것은 없다. 다만 거란이 10세기 초에 독자적인 왕조를 건립한 것으로 보아 직전 왕조인 발해나 위구르 등과 유사한 방식으로 문자를 사용하였을 가능성은 충분히 있다.

'거란은 본래 문자와 기록이 없고, 단지 나무에 새겨서 믿음으로 삼았다. 한인으로 포로가 된 자들이 예서(隸書)의 절반을 나누고 보태어 오랑캐 문자[胡書: 거란 문자]를 만들었다.'[44]

'아보기 때 이르러 주변의 여러 작은 나라를 쳐서 복종시켰다. 한인을 많이 활용하였는데 한인이 예서의 반절을 나누고 보태서 가르쳐 주었다. 수천 개의 문자를 만들어서 나무에 새겨 약속하던 것을 대신하였다.'[45]

북방 민족의 전통을 계승한 거란은 자신들의 정체성과 문화를 유지하기 위하여 다양한 노력을 기울였다. 거란은 태조 때 한인과 발해인 포로의 대량 유입, 태종 때 연운 16주 획득을 통한 한인 유입 등으로 통치 영역에서 거란인보다 다른 민족이 더 많은 인구 구조를[46] 갖게 되었다. 거란으로서는 자신들의 언어를 보존하기 위한 특별한 정책이 필요하였고, 이에 우선하여 추진한 것이 문자 제정이었다. 문자를 제정한 후에는 새로 만든 문자를 다양하게 활용하였다.

거란이 거란어를 보존하기 위하여 얼마나 관심을 기울였는지는 다음의 기록이 잘 보여 준다.

"야율아보기가 일찍이 요곤(姚坤)에게 말하였다. '나는 한어(漢語)를 잘한다. 그러나 거란 사람들에게는 절대 한어로 말하지 않는다. 그 이유는 한인을 닮아 겁을 먹고 나약해지는 것이 두렵기 때문이다.'"[47]

거란 태조의 이 같은 의식은 이후 거란 왕조가 지속되는 동안 유지된 것으로 보인다. 거란은 태조의 이와 같은 의식의 발로로 개국하자마자 곧바로 문자를 제정하였다.

'신책 5년(920) 봄 정월 을축일에 처음으로 거란 대자를 만들었다. 9월

임인일에 대자를 완성하고 반포하여 시행하도록 하였다.'48

'천찬49 6년(921) 7월에… 발해를 이미 평정하고 이에 거란 문자 3천여 자를 만들었다.'50

"위구르에서 사신이 왔는데 그들과 말이 제대로 통하는 자가 없었다. 태후가 태조에게 여쭙기를 '질랄이 총민하니 맡겨볼 만합니다' 하여 그를 보내서 맞이하게 하였다. 함께 20여 일이 지나고 나자 그들의 말과 글을 터득하였다. 이것으로 인하여 거란 소자를 제정하였는데 글자의 수는 적지만 기록하기에 충분하였다."51

위의 기록에 의하면 920년 발해를 평정한 후 거란 대자 3,000여 자를 제정하였음을 알 수 있다. 그러나 현재 연구를 통해 밝혀진 거란 대자는 2,467여 자 정도이다. 아직 밝혀지지 않은 거란 대자를 고려하면 '3천여 자를 만들었다'는 기록은 믿을 만한 것으로 판단된다.

태조가 거란 대자를 제정할 때 거란 문자를 실질적으로 만든 사람들에 대한 기록이 있다.

'야율돌여불(突呂不)의 자는 탁곤(鐸袞)이다. 어려서 총명하고 민첩하며 공부하기를 즐겼다. 태조를 모셨는데 태조는 돌여불을 중요한 인재로 생각하였다. 거란 대자를 제정하는 일에 돌여불의 도움이 컸다. 얼마 되지 않아 문반(文班)의 임아(林牙)가 되어 국자박사(國子博士)와 지제고(知制誥)를 겸직하였다.'52

'야율로불고(耶律魯不古)의 자는 신녕(信寧)으로 태조의 5촌 조카다. 지난날 태조가 거란 글자를 제정할 때 이 일을 도운 공으로 임아감수국사(林牙監修國史)에 임명되었다.'53

야율돌여불은 거란 육원부(六院部) 포고지(蒲古只) 이리근(夷離菫)에 속한 사람으로 거란 문자와 관련이 깊은 사람들이 속한 곳이다. 야율로불고 역시 거란 태조의 5촌 조카로 야율돌여불과 마찬가지로 거란의 황족으로 이후 우월(于越), 북원대왕(北院大王) 같은 높은 벼슬을 하였다. 두 사람 모두 임아 벼슬을 하였는데, 이는 당시 한림학사(翰林學士)로 문반 최고 직위에 해당한다. 거란 대자를 제정하는 데 공을 세운 두 사람이 모두 거란의 황족이고 문반의 최고 직위에 있었던 것으로 보아 거란 조정의 상층부가 거란 대자 제작과 보급에 지대한 관심을 가졌음을 알 수 있다. 『요사』에 기록된 거란 상층부 중 거란어와 거란 문자를 잘 아는 이들을 정리하면 아래 표와 같다.54

〈표 7〉 거란 문자에 능숙한 거란 지배층

연번	출신 및 신분	성명	내용
1	태조의 동생	야율질라(耶律迭剌)	거란 소자 제작
2	태조의 맏아들	야율배(耶律倍)	음부경(陰符經)을 거란문으로 번역
3	세종의 셋째 아들	야율지몰(耶律只没)	거란문에 능통
4	계부방(季父房)의 후손	소양아(蕭陽阿)	거란문에 능통
5	계부방(季父房)의 후손	야율서성(耶律庶成)	거란문에 능통
6	야율서잠(耶律庶箴)의 아들	야율포로(耶律蒲魯)	거란 대자에 능통
7	돌려불(突呂不)의 6세손	소악음노(蕭樂音奴)	거란문에 능통
8	열랄부인(涅剌部人)	소한가노(蕭韓家奴)	거란문에 능통
9	국구소부방(國舅少父房)	소박(蕭朴)	거란문에 능통
10	야율학고(耶律學古)의 동생	야율오불려(耶律烏不呂)	거란문에 능통
11	야율서성(耶律庶成)의 동생	야율서잠(耶律庶箴)	거란문에 능통

12	우월 욱질(于越 屋質)의 서자	야율당고(耶律唐古)	거란문에 능통
13		야율조(耶律昭)	거란문에 능통
14	오원부인(五院部人)	소탁로간(蕭鐸盧幹)	거란문에 능통
15		야율맹간(耶律孟簡)	거란문에 능통

4) 공문서와 문학작품에 활용된 거란 문자

920년에 제정된 거란 대자와 질랄이 만든 거란 소자는 거란의 모든 시기뿐만 아니라 서요(西遼)에서도 사용된 것으로 추정된다. 또, 두 종류의 거란 문자는 거란을 이어 중국 북방과 만주 지역에 제국을 건설한 금에서도 널리 사용되었는데, 금 장종(章宗) 명창 2년(1191)에 공식적으로 사용이 금지되었다.

920년부터 1191년까지 약 270년간 사용된 거란 문자는 여러 방면에서 다양하게 사용되었다. 문서 번역, 사서, 애책(哀冊)이나 묘지명, 공적이나 비문, 문학작품, 거울, 인장, 화폐, 그릇 가장자리나 바닥 표기 등에 활용되었는데 이들 중 다수는 지금도 전하고 있다.[55] 특히 거란 소자 애책은 황제나 황후의 생전의 공덕을 찬양하는 글로 장례 때 낭독한 후 함께 묻었다.

거란 대자로 기록된 실록(實錄)이 최근 발견되어 학계의 시선을 끌고 있다. 러시아학술아카데미 동양필사본연구소의 자이쳅(Zaytsev)이 2011년에 발표한 논문에 의하면 '이 실록은 거란 대자 필사본으로 약 15,000자의 거란 대자가 기록되어 있다'고 한다. 아직 자료가 완전히 공개되지 않아

자세한 것은 알 수 없으나 거란 황제들의 행적을 기록한 실록으로 알려져 있다.[56]

거란 문자는 문학작품을 창작할 때도 활용된 것으로 알려져 있다. 현재 전해지지 않지만 거란의 사공대사(寺公大師)가 거란 대자로 「취의가(醉義歌)」를 지었는데, 이 시는 서요(西遼)에도 전해졌다. 이후 대몽골 제국 시기 야율초제(耶律楚材)는 서역에 있을 때 서요의 이전 군왕이었던 이세창(李世昌)으로부터 거란 대자를 배워 이 노래를 기록하였다고 한다.[57] 또 북송의 여정(余靖)이 거란에 사신으로 갔을 때 거란어로 시를 지어 거란 황제를 기쁘게 하였다는 기록도 있다. 따라서 거란 시기에는 거란 문자로 시를 짓거나 문장을 작성하는 것이 일반적이었음을 알 수 있다.[58]

5) 거란 문자로 번역된 한문 서적

거란은 자신들의 고유 문자인 거란 대자와 거란 소자를 제정한 후 여러 방면으로 활용하였다. 우선 선진 문화인 한족의 문화를 받아들이기 위하여 한인들의 저서를 번역하였다. 북위의 사례에서 보듯이 북방 민족들은 한족의 역사와 정치 관련 저작을 번역하여 그들의 통치 경험을 빌리고자 하였으며, 한족의 과학기술과 문화 관련 서적을 번역하여 선진문물을 받아들이고자 하였다. 거란 역시 북방 민족의 오랜 전통에 따라 한족의 여러 저술을 번역하여 자신들의 통치에 활용하고자 하였다. 거란 지배층 중에는 한문을 아는 사람이 많았기 때문에 거란 문자로 번역하지 않고 직접 이용하기도 하였다. 현재까지 알려진 거란 문자 번역서는 아래 표와 같으나 현재 전해지는 것은 없다.

〈표 8〉 거란 문자로 번역된 한문 서적

연번	책명	번역자	내용
1	오대사(五代史)	소한가노(蘇韓家奴)	역사서
2	통력(通歷)	소한가노(蘇韓家奴)	책력(册曆)
3	정관정요(貞觀政要)	소한가노(蘇韓家奴)	통치서
4	율문(律文)	야율파덕(耶律頗德)	법률 서적
5	방맥서(方脉書)	야율서성(耶律庶成)	의학서
6	음부경(陰符經)	야율배(耶律倍)	-
7	풍간집(諷諫集)	성종(聖宗)	문학집

6) 거란 문자로 쓴 묘지명과 지은이

거란 문자 자료 중에서 가장 많이 남아 있는 자료는 묘지명이다. 현재 학계에 알려진 거란 대자 묘지명은 약 17개, 거란 소자 묘지명은 약 44개 정도로 앞으로 더 많은 자료가 발견될 것으로 보인다.[59] 현재 알려진 거란 문자 묘지명 중 지은이가 알려진 것은 26개 정도로 5명이 쓴 것이다. 특히 야율자가노(耶律慈家奴)는 가장 많은 묘지명을 쓴 이로, 거란 대자 묘지명 5개와 거란 소자 묘지명 4개를 써 총 아홉 개를 썼다. 참고로 지은이가 밝혀진 묘지명은 〈표 9〉와 같다.

〈표 9〉 거란 문자 묘지명과 지은이

연번	지은이	문자 종류	묘지명	연도
1	자가노 (慈家奴)	대자(大字)	다라리본묘지비(多羅里本墓誌碑)	1081
2		대자(大字)	유남섬부주대요국명(維南贍部洲大遼國銘)	1081
3		소자(小字)	소호도근묘지명(蕭胡睹堇墓誌銘)	1091
4		대자(大字)	영녕군공주묘지명(永寧郡公主墓誌銘)	1092
5		대자(大字)	야율대왕묘지명(耶律大王墓誌銘)	1096
6		소자(小字)	야율노묘지명(耶律奴墓誌銘)	1099
7		소자(小字)	야율부부서묘지(耶律副部署墓志)	1102
8		대자(大字)	야율기묘지명(耶律祺墓誌銘)	1108
9		소자(小字)	야율천니태사묘지명(耶律天你太師墓志銘)	1109
10	야율고 (耶律固)	소자(小字)	야율적열묘지명(耶律迪烈墓志銘)	1092
11		소자(小字)	야율지선묘지명(耶律智先墓誌銘)	1094
12		소자(小字)	도종황제애책(道宗皇帝哀冊)	1101
13		소자(小字)	선의황후애책(宣懿皇后哀冊)	1101
14		소자(小字)	고태숙조애책(故太叔祖哀冊)	1110
15		소자(小字)	한(야율)고십묘지명(韓(耶律)高十墓誌銘)	?
16		소자(小字)	고송위국비묘지명(故宋魏國妃墓誌銘)	1110
17	소(蘇)	소자(小字)	야율종교묘지(耶律宗教墓志)	1053
18		소자(小字)	흥종황제애책(興宗皇帝哀冊)	1055
19		소자(小字)	소령공묘지명잔석(蕭令公墓誌銘殘石)	1057
20		소자(小字)	소도고사묘지명(蕭圖古辭墓誌銘)	1068
21	진단노 (陳團奴)	소자(小字)	야율홍용묘지명(耶律弘用墓誌銘)	1100
22		소자(小字)	야율(한)적열묘지명(耶律(韓)迪烈墓誌銘)	1101
23		소자(小字)	야율적리고묘지명(耶律迪里姑墓誌銘)	1102
24		소자(小字)	야율포속리묘지비명(耶律蒲速里墓誌碑銘)	1105
25	호도근 (胡睹董)	소자(小字)	야율앙묘지명(耶律㼍墓誌銘)	1071
26		소자(小字)	소회련묘지명(蕭回璉墓誌銘)	1080

가장 많은 묘지명을 지은 야율자가노는 거란 중후기 사람으로 자(字)는 고욱근(古昱菫)이다. 『요사』에 야율자가노의 전(傳)은 따로 없지만 자가노는 거란 육원(契丹六院) 포고지(浦古只) 이리근방(夷离菫房) 소속의 관원으로 좌원장군(左院將軍) 육원(六院) 황금부(黃金部) 태보(太保)와 복주(福州) 관찰사(觀察使)를 지냈다. 그는 거란 대자와 소자에 밝았으며, 황제의 명을 받들어 국사를 편수하는 데 참여하였다. 그리고 다수의 거란 문자 묘지명을 저술하기도 하였다. 야율자가노는 영녕군공주(永寧郡公主)의 사위였다. 그의 아내는 도목가(圖木哥: t'umk-ə)로 소호독근(蕭胡獨菫) 진국장공주(秦國長公主)의 둘째 아들인 달불연(撻不衍) 재상(宰相)과 영녕군공주 사이에서 태어났다. 대안(大安) 8년(1092)에 딸을 낳았다고 하나 자세한 것은 알 수 없다.[60]

야율자가노 다음으로 많은 묘지명을 저술한 이는 야율고(耶律固)다. 그는 도종과 천조제 시기 패인랑군(牌印郎君)과 총지한림학사(總知翰林學士) 벼슬을 하였다. 금 왕조에서는 광녕윤(廣寧尹)과 함께 남송에 사신으로 파견되기도 하였다. 황제의 명을 받들어 한자 서적을 거란 문자로 번역하고, 『요사』를 저술하는 일을 담당하였으나 마치지 못하였다.[61]

거란 문자 묘지명은 역사 자료로서 중요한 의미가 있지만 거란어 연구를 위한 자료로서 더욱 중요한 가치가 있다. 『요사』나 『금사』 등 역사서나 각종 문집에 거란어 관련 자료가 일부 있지만 대개는 단편적인 어휘 자료여서 다른 언어의 문법과 비교하기 어렵다. 그러나 묘지명은 온전한 거란어 문장으로 되어 있어 다른 알타이어족 언어와 문법 비교가 가능하다.

현재 남아 있는 가장 오래된 거란 대자 자료는 거란 태조의 기공비 파편이다. 그리고 묘지명 자료 중 가장 빠른 시기의 것은 거란 목종 응력(應歷) 10년(960년)에 거란 대자로 쓴 〈흔득은태부묘지명(痕得隱太夫墓誌銘)〉이다. 그런데 『요사』에 의하면 이보다 이른 시기에 거란 대자로 비석을 세웠다고 한다.

'천찬 3년(924)… 9월 병신일에 옛 회골성에 머물면서 돌을 다듬어 공적을 새겼다.'[62]

'천찬 3년(924)… 9월 갑자일에 조서를 내려 벽알가한(闢遏可汗)의 옛 비석을 갈고, 거란·돌궐·한자로 그 공적을 기록하라고 하였다.'[63]

924년 9월에 거란 태조가 지금의 몽골 지역에 머물며 새긴 공덕비는 발견되지 않았지만 만일 발견된다면 거란 문자로 기록된 최초의 자료가 될 것이다.

거란 대자 자료가 거란 초기부터 등장하는 것에 반해 질랄이 만든 거란 소자는 1053년의 야율종교묘지(耶律宗教墓志=大契丹國廣陵郡王墓誌銘記)가 현재까지 알려진 최초의 자료다. 만약 거란 소자가 922년에서 926년 사이에 만들어졌다고 한다면 거란 소자 자료가 어떠한 이유로 130여 년 후에나 등장하는지 궁금하지 않을 수 없다.

7) 거란 문자의 소멸과 주변 문자와의 관계

거란 문자는 묘지명, 공덕비, 실록, 화폐, 인장, 부패, 변관 등에서 사용되었을 뿐 폭넓게 쓰이지 못하였다. 거란 문자의 단점은 한자의 소리와 뜻을 잘 알아야만 사용할 수 있다는 것이었다. 특히 거란 대자의 경우 글자 수가 3,000여 자나 되고, 한자의 소리와 뜻 두 가지를 모두 활용하여 사용하는 데 한계가 있었다. 거란 소자의 경우도 원자(原字)가 450여 자나 되어 널리 사용하는 데 제약이 많았다. 결국 두 종류의 거란 문자는 제정할 때부터 여러 문제점을 가지고 있었다. 첫째, 한문을 능숙하게 익힌 사람만이 사용할 수 있다. 둘째, 글자 수가 너무 많다. 셋째 사용 방법이 까다롭다. 이런 이유로 거란 문자 사용은 처음부터 제한적일 수밖에 없었다. 또한 문자 해독의 어려움으로 인하여 일반 백성들은 거의 사용할 수 없었으며, 지배층만 사용한 문자가 되고 말았다.

거란 태조는 거란어를 유지하고, 국가의 정체성을 확립하기 위해 거란 문자를 제정하였으나 여러 가지 제약으로 널리 사용되지는 못하였다. 비록 거란 문자가 대중화에는 실패하였으나 이웃한 여러 민족의 문자 창제에 영향을 끼쳤다. 특히 1036년경 서하가 서하 문자를 만드는 데 영향을 미쳤으며, 금의 문자 정책에도 지대한 영향을 미쳤다.

금은 1119년 거란 대자를 본받아 여진 문자를 만들었으며, 이후 여진 소자도 제정하였다.

'금은 처음에 문자가 없었으며, 국가의 세력이 날로 강성해지며 이웃 나라와 친분을 맺게 됨에 따라 거란 문자를 사용하였다. 태조가 희윤(希尹)에게 본국 문자를 만들고 제도를 준비하도록 명령하였다. 이에 희윤이 한인(漢人)의 해자(楷字)를 모방하고 거란 문자의 제도에 따라 본국 언어와 배합하여 여진 문자를 만들었다. 천보 3년(1119) 8월에 자서(字書)가 완성되었고, 태조는 크게 기뻐하면서 명령을 내려 반포하여 보급하였다. 희윤에게 말 1필, 옷 1벌을 하사하였다. 이후 희종(熙宗)이 여진 문자를 만들어서 희윤이 만든 문자와 함께 보급하여 사용하게 하였다. 희윤

이 만든 것을 여진 대자(女眞 大字)라 하고, 희종이 만든 것을 여진 소자(女眞 小字)라 말한다.'⁶⁴

금은 자신들이 제정한 여진 문자 외에 두 종류의 거란 문자도 같이 사용하다가 금 장종(章宗) 시기인 1191년 공식적으로 거란 문자 사용을 금지하였다.

"명창 2년(1191) 4월 계사일에 유사(有司)에게 지시하기를 '지금부터 여진 글자를 한자로 직역하고 국사원(國史院)에서 오로지 거란 글자만 쓰는 사람은 파직하라'고 하였다. 같은 해 12월 을유일에는 조서를 내려 거란 글자를 없앴다."⁶⁵

거란 문자는 920년에 거란 대자가 제정된 이후 거란 소자가 추가로 만들어졌다. 그러나 사용 방법이 어려워 271년 뒤인 1191년에 완전히 폐지되었다. 이후 다시 사용된 적이 없으며, 동시에 거란 문자로 기록된 거란어도 사라졌다.

5

거란 문자의
활용과 한계

　민족의 기원과 문화, 경제체제가 다른 민족이 하나의 국가를 이루고 더불어 살아간다는 것은 어려운 일이다. 특히 소수의 이민족 지배층이 다수의 피지배층을 이끌어 간다는 것은 쉬운 일이 아니다. 유목 경제와 알타이어족 언어를 사용하는 거란족과 농업경제와 한족 언어를 사용하는 한인 집단이 형성한 국가인 거란은 여러 가지 문제를 안고 있었다. 특히 통치의 기본인 의사소통 수단의 통일은 매우 중요한 국가적 문제로 대두되었다.

　전 인구의 18% 정도인 거란 지배층은 자신들의 문화와 전통을 유지하고자 다양한 수단을 취하였는데, 그중 언어와 문자 정책은 주목되는 부분이다. 거란 지배층은 언어가 자신들의 정체성 유지에 중요한 요소임을 자각하였는데 이는 이전부터 이어져 온 북방 유목민의 전통이었다. 북위의 한자를 활용한 선비어 보존 정책, 돌궐과 위구르의 여러 가지 문자 제정 정책은 거란에 그대로 이어졌다. 태조 야율아보기의 모국어에 대한 강력한 의지는 새로운 문자 제정이라는 북방 유목민의 전통을 계승한 것이다. 북위와 한반도의 전통에 따라 거란 대자를 제정하고 돌궐과 위구르의 전통을 따라 거란 소자를 제정하였다.

거란 문자의 제정을 통하여 전통과 문화 보존의 방법을 마련한 거란은 거란 문자로 각종 서적을 번역하여 통치에 활용하였다. 또 거란 문자를 이용하여 자국의 역사를 기술하였으며, 문학작품과 노래도 지었다. 거란 문자로 지어진 황제와 황후의 애책, 각종 묘지명과 비문 등은 자신들의 정체성을 드러내고 지키는 데 공헌하였다.

한편, 거란의 새로운 문자 제정과 활용은 고대 북방 민족의 문화를 이해하는 데 커다란 도움을 준다. 유목민이 기록보다는 구전으로 자신들의 문화를 계승하는 전통을 가지고 있음을 고려한다면 거란 문자로 기록된 자료들은 후세에 거란문화를 알리는 데 커다란 공헌을 하였다고 할 수 있다. 특히 거란 문자 기록은 거란어의 전모를 알려 주는 자료일 뿐만 아니라 알타이어족 언어 연구와 한자음 연구에도 귀중한 정보를 제공하고 있다.

거란은 피지배층의 언어와 문화도 존중하여 한인 지역에서는 한어를, 위구르와 여진 지역에서는 해당 지역의 언어를 사용할 수 있게 하였다.

거란의 두 종류 문자는 거란족의 정체성 유지에 도움을 주었고, 거란 지배층의 폭넓은 지지를 받았다. 한문 서적을 거란 문자로 번역하고 거란 문자를 이용하여 문학작품도 창작하였다. 그러나 한자를 알아야만 문자를 사용할 수 있다는 근본적인 제약과 글자 수가 너무 많고, 복잡한 사용법은 거란 문자가 대중화되지 못하고 사라지는 원인이 되었다.

〈부록 1〉 거란 대자 야율습녈 묘지명(耶律習涅墓誌銘) 첫 부분

〈부록 2〉거란 소자 도종황제 애책문(道宗皇帝 哀册文) 첫 부분

제5장
거란의 한인 통치를 위한 군정기구 운용

이유표 · 동북아역사재단 연구위원

1

'정복왕조'의 등장, 거란

미국의 토마스 바필드는 『위태로운 변경(The perilous frontier: Nomadic empires and China, 221 CD to AD 1757)』[1]에서 북방 민족의 이합집산이 중원 왕조의 통일과 분열에 따라 이뤄졌다는 흥미로운 이론을 내세운 바 있다. 간단하게 말하면, 중원에 강력한 통일왕조가 들어서면 북방에도 강력한 유목 정권이 나타나 중원과 경쟁한다는 것이다. 이는 중원의 통일왕조에 공동으로 대항하면서 각 부족 간의 힘의 논리에 따라 위계가 결정되고, 이러한 과정 속에서 유목 세력을 아우르는 강력한 정권이 나타나기 때문이다. 흉노(匈奴)가 그랬고, 돌궐(突厥)이 그랬으며, 몽골이 그랬다. 흥미로운 것은 바로 중원 왕조와 초원제국이 붕괴될 경우, 이를 아우르고 통합하는 세력이 '만주' 지역에서 나타났다는 점을 제시하였다는 것이다. 즉, 선비, 거란, 여진, 그리고 만주족의 청이 그러했다.

몽골 이전의 북방 초원제국은 강력한 군사력으로 중원 왕조의 북변을 괴롭혔다. 예컨대 흉노는 강력한 군사력으로 한(漢, 전한: 기원전 206~서기 8, 후한: 25~220)을 위협하며 그 북변을 약탈했고, 돌궐은 수(隋, 581~619), 당(唐, 618~907) 등 중원 국가를 위협하였으나 중원을 정복하여 통치하지는 않았다.

그러나 만주에서 발흥한 민족들은 달랐다. 선비의 경우 서진(西晉, 265~316)이 이른바 '팔왕의 난(291~306)'[2]으로 혼란스러울 때, 갈(羯)·저(氐)·흉노·강(羌) 등과 함께 화북 지역으로 들어와 중국을 남쪽으로 몰아내고 화북을 차지하였다. 학계에서는 이 시기를 '오호십육국(五胡十六國, 304~439)'[3] 시대라 부른다. 이는 역사적으로 획기적인 의의를 갖는데, 바로 북방 민족들이 중국 북변을 약탈하는 데 그치지 않고, 국가를 세워 직접 통치하기에 이르렀다는 것이다.

그러나 화북 지역에 국가를 세웠던 이들이 안정을 찾기까지는 오랜 시간이 걸렸다. 문제는 이들이 중국을 정복하였으나 농경민들을 다스렸던 경험이 없었고, 또 부족적 전통이 강하게 남아 있었기 때문에 이해관계에 따른 부족 간의 반목을 피할 수 없었다는 것이다. 결국 탁발(拓跋)선비의 북위(北魏, 386~534)는 중국의 제도를 빌려 국가를 운영하기 시작하였고, 성씨를 중국식인 '원(元)'[4]으로 바꾸는 등 적극적인 한화를 추진하며 국가를 안정시키려 노력하였다.[5]

선비 이후 중국을 정복하여 정권을 세운 북방 민족이 바로 거란이다. 물론 사타족(沙陀族)이 이른바 '오대십국(五代十國, 902~979)'[6]의 혼란기에 중국에 국가를 세우기도 했지만, 이들은 이미 당의 용병으로 한지(漢地)에 들어와 있었기 때문에 북방 세력이 중국을 정복한 사례와는 다르다. 거란은 비록 북방 민족이 세운 국가였으나 이전의 선비와는 달랐다. 다시 말해, 선비가 중국에 들어와 우왕좌왕했던 것과는 달리, 거란은 처음부터 어느 정도 중국을 다스릴 복안이 있었다.

비트포겔은 선비의 사례를 '침투왕조(Infiltration Dynasties)'로, 거란의 경우를 '정복왕조(Dynasty of Conquest)'로 정의하였다. 그에 따르면 이른바 '침투왕조'는 유목민 국가가 고도의 정치문화를 지닌 중국 사회에 침투하여 흡수되었으나, '정복왕조'는 중국 사회가 지닌 정치력이나 문화에 압도되지 않고 이들을 정복하고 지배하였다는 점에서 차이가 있다.[7]

거란이 중국을 정복하고 효과적으로 다스릴 수 있었던 것은 그들이 유목민족이기는 하나 초원 한복판에서 성장한 것이 아니라 초원의 변경, 곧 농목을 겸하는 지역에서 흥기했기 때문이다.[8] 거란은 몽골 등 초원 지역은 물론 발해 등 주변 농경 지역으로 진출하였고, 또 당(唐) 멸망 이후 혼란기를 겪고 있던 중원 사람들을 받아들이면서 '다민족 국가'로 성장하였다. 특히 936년 후진(後晉)으로부터 '연운 16주(燕雲 十六州)'[9]를 할양받으면서 본격적으로 중원에 영향력을 끼치기 시작하였다.

이러한 성장 과정 속에서 거란은 기존의 통치 방식으로는 더 이상 나라를 운영하기 힘들다는 것을 깨닫고 변화를 시도하였다. 특히 한인을 비롯한 농경민을 효과적으로 장악하는 것이 관건이었다. 이를 파악하기 위해 본문은 먼저 '인속이치(因俗而治)'에 기반한 북남면관 제도와 민족 정책을 살펴볼 것이다. 그리고 이를 기초로 하여, 군정기구의 운용을 검토할 것이다. 이를 통해 거란의 주체적인 한인 제도 수용과 더 나아가 한인을 비롯한 농경민에 대한 통치 메커니즘 등을 엿볼 수 있을 것이다.

2

거란의 북·남면관 제도와
민족 정책

거란에 분포하는 수많은 민족들은 제각기 다른 생산방식과 생활방식으로 인하여 사회·경제·문화적 특징이 달랐다. 다시 말하자면 초원 및 그 주위에는 거란을 비롯하여 해족(奚族), 조복(阻卜), 적열(敵烈), 실위(室韋) 등의 유목을 위주로 하는 민족들이 있었고, 그 남쪽과 동남쪽에는 농경을 위주로 하던 한인(漢人)과 발해인(渤海人)이 있었으며, 동북쪽에는 수렵과 어렵을 하던 여진 부족이 있었다.

문화적 특징이 다른 지역을 통치하는 방법은 크게 두 가지로 나눠 볼 수 있다. 하나는 그 풍속을 바꾸고, 그 예제를 개혁하는 것[變其俗, 革其禮]이고, 다른 하나는 군신의 예를 간소화하고, 풍속을 따르는 것[簡其君臣禮, 從其俗]이다.[10] 전자는 장기적으로 공을 들여도 피지배자의 반발을 면하기 어렵지만, 후자는 많은 시간을 투자하지 않고도 일정한 성과를 올릴 수 있다. 또한 후자는 '정치란 간소하지 않고 쉽지 않으면 백성이 가까이하기 힘들다. 쉽고 백성에 가까우면 백성들이 모여들 수밖에 없다'[11]는 것과 맥을 같이한다.

강력한 군사력으로 이들을 아우른 거란이 자신의 통치 방식을 고집하여 이들을 다스리는 것은 무리였다. 이들은 비록 거란에 복속했으나 언제든지 군사를 일으킬 수 있는 역량도 지니고 있었다. 따라서 일률적인 통치 방식을 채택해 나라를 다스리기란 쉽지 않았다. 이에 거란은 후자의 방식을 택하여 '인속이치(因俗而治)' 방침으로 '나라의 제도로 거란을 통치하고, 한인의 제도로 한인을 대한다(以國制治契丹, 以漢制待漢人)'는 '북면관(北面官)'과 '남면관(南面官)'을 두는 이원적인 통치 방식을 채택하였다.

1) 북·남면관 제도

『요사(遼史)』「백관지(百官志)」를 보면, '북면관은 궁장(宮帳)·부족(部族)·속국(屬國)에 관한 정사를 다스린다.[12] 북면관은 황제어장(皇帝御帳)의 북면에 위치하며, 거란 각 부족 및 기타 유목 부족과 어렵 부족에 관련된 사무를 처리한다. 그 최고 권력기구는 북추밀원(北樞密院)으로 일명 거란추밀원(契丹樞密院)이다. 북추밀원은 병기(兵機)·무전(武銓)·군목(群牧)의 정사를 담당한다. 무릇 거란의 군마는 모두 여기에 속한다.[13] 그 장관은 북원추밀사(北院樞密使)이며, 그 밑에는 부사(副使), 도승지(都承旨), 부승지(副承旨), 임아(林牙), 낭군(郎君), 연사(掾史) 등이 있다. 북추밀원 아래에는 국가 군정을 보좌하는 북남재상부(北南宰相府),[14] 조영(造營)을 담당하는 북남선휘원(北南宣徽院),[15] 형옥(刑獄)을 담당하는 이리필원(夷離畢院),[16] 문서를 담당하는 대임아원(大林牙院),¹⁷ 의례 등을 담당하는 적열마도사(敵烈麻都司)¹⁸ 등의 기구가 있다'고 전한다.

이 밖에 황족과 황족에 버금가는 귀족을 장족(帳族)이라 불렀는데, 요련구장(遙輦九帳), 황족장(皇族帳), 국구장(國舅帳), 국구별부(國舅別部) 등이 북추밀원 밑에 있었다.¹⁹

부족에는 4개의 대부족과 49개의 소부족이 있었다.²⁰ 대부족은 북남대왕원(北南大王院),²¹ 을실대왕부(乙室大王府), 해왕부(奚王府) 등이 통할하였고,²² 소부족은 부족사도부(部族司徒部), 부족상온사(部族詳穩司)에서 담당하였다.²³

이 밖에 공이 큰 자에게 제수되던 대우월(大于越)이 있었다. 그 지위는 모든 백관 위에 위치하였지만 실질적으로 맡은 직무는 없었다.²⁴ 거란이 멸망할 때까지 대우월에 제수된 사람은 모두 세 사람으로, 바로 야율갈로(耶律曷魯),²⁵ 야율옥질(耶律屋質),²⁶ 야율인선(耶律仁先)²⁷이다. 『요사』에서는 이들을 삼우월(三于越)이라 일컬었다.

남면관에 대해 『요사』 「백관지」는 '남면관은 한인의 주현(州縣)·조부(租賦)·군마(軍馬)의 일을 다스렸다'²⁸고 전한다. 그 최고 권력기구는 남추밀원(南樞密院)으로 한인추밀원(漢人樞密院)이라 하며, 장관은 남원추밀사(南院樞密使)로 그 밑에는 부사(副使), 지추밀사사(知樞密使事) 등이 있었다. 남추밀원 예하에는 중국의 관제를 따라 중서성(中書省)과 문하성(門下省), 그리고 상서성(尙書省)을 두었다. 그중 중서성의 전신은 태조[太祖, 872~926(재위: 916~926)] 야율아보기(耶律阿保機) 시기 한인들의 사무를 담당하던 한아사(漢兒司)였다.²⁹ 한아사는 정사성(政事省)으로 개칭되었고, 흥종(興宗) 중희 13년(1044)에 정사성은 중서성으로 개칭되었다.³⁰ 이곳에서 6품 이하

〈그림 1〉 한광사묘지명 덮개 탁본[한광사가족묘지(韓匡嗣家族墓地) 출토 ⓒ이유표, 2019. 5
랴오상징박물관(遼上京博物館) 소장. 한광사(918~983)는 한지고(?~903)의 아들이자 한덕양의 아버지로, 남추밀사 등 거란의 주요 관직을 두루 역임하면서 한씨 가문의 입지를 다졌다.

의 한관(漢官)을 임명하고 예부의 일도 겸했다. 삼성 가운데 중서성을 제외한 문하성과 상서성은 유명무실하였다. 문하성의 직무는 중서성이, 상서성의 직무는 남추밀이 흡수하였다.[31]

거란의 추밀원과 중서성을 대표로 하는 중앙정부는 황제의 사시 날발(捺鉢)에 동행하였다. 거란은 원래 유목을 위주로 하던 민족으로 한 곳에 머무르지 않고 이동하면서 천막을 치고 생활하는 것에 익숙하였다.

황제를 따라 문무백관이 같이 이동하는 것은 당시 송인(宋人)들에게는 생소했지만 거란인들에게는 당연한 것이었다. 북면관은 황제가 머물던 천막 북쪽에 있었고,³² 남면관은 그 남쪽에 있었다.³³ 북면관과 남면관이라는 명칭은 바로 여기서 유래한 것이다.

종합해 보면, 북면관은 거란을 중심으로 한 북방 유목 세력을 통치하기 위한 제도였고, 남면관은 한인과 발해인 등 농업을 위주로 하던 피정복민을 통치하기 위한 제도였다. 그 제도가 시행된 초창기의 인적 구성을 보면 북면관은 거란인이, 남면관은 한인이 주로 담당하였다. 북면관에서는 각 유목민족의 습속을 최대한 보장해 주면서 통치하였고, 남면관에서는 주현제(州縣制)를 기본으로 한 한인과 발해인의 행정제도를 적용하여 통치하였다. 이러한 '인속이치(因俗而治)'의 이원적 통치제도는 각 민족별로 각기 다른 제도를 적용시켜 자칫 혼란을 야기할 수도 있지만, 거란은 이를 효과적으로 운용하면서 200여 년간 국가를 이끌어 나갔다.

2) 거란의 민족 정책

거란의 '인속이치' 통치 방침은 민족 정책에도 반영되었다. 각 민족에 대한 정책은 정치·지리적 관점에서 핵심 지역, 외위(外圍), 그리고 외연(外延)³⁴으로 나눌 수 있다.

외연에는 생여진(生女眞)과 회골(回鶻), 그리고 조복(阻卜) 등이 포함되는데, 당대(唐代) 기미주(羈縻州)와 비교되곤 한다.³⁵ 이들은 거란에 복종하여 조공을 바치기는 했으나 정치적으로 큰 제재는 받지 않았다.

〈그림 2〉 거란 상경 서문 건덕문(乾德門) 터 ⓒ이유표, 2019. 5

외위는 정치·지리적으로 핵심 지역을 둘러싸고 있는 지역으로 오국부(五國部), 계요적여진(系遼籍女眞), 달노고(達魯古), 올야(兀惹), 철려(鐵驪), 실위(室韋), 당항(黨項) 등의 민족이 있었다. 이들은 전통적인 내부 조직을 유지하였다. 거란이 상온사(詳穩司)나 절도사(節度使)를 임명하고 군사 통할 기구를 설치하여 통제를 강화하기도 하였지만, 기본적으로 거란에 부역을 질 의무는 없었다.

핵심 지역은 북면관 계통과 남면관 계통으로 세분화할 수 있다. 먼저 북면관 계통의 핵심 지역에는 거란인과 해인(奚人), 기타 여러 부족, 그리고 부족알로타(部族斡魯朶) 등이 있었다. 이들은 부족제도 하의 병민합일(兵民合一) 조직으로 부족이 곧 생산 단위이자 행정 관리 단위, 군사 편제 단위였다. 이 지역은 거란 및 각 민족의 법으로 다스렸다.

그렇다고 중앙정부가 통제력을 행사하지 못한 것은 아니었다. 오히려 강력한 힘으로 통제권을 행사하기도 하였다. 이들은 원래 초원을 자유롭게 다니던 유목 부족으로 중앙정부의 간섭과 통제를 거부하며 이탈할 수도 있었다. 거란은 유목 부족을 분산시키거나 재조직시키는 방식으로 그들의 혈연적 유대관계를 약화시켰고,[36] 농목지를 고정시켜 자유로운 이동을 막고, 각 부족 수령의 임면권을 행사하여 중앙 권력을 강화했다.[37] 이들에 대한 통제는 곧 국가의 정치·군사 등 여러 방면의 안정과 밀접한 관련이 있었다. 왜냐하면 이들은 곧 국가의 관원을 구성하여 정치·행정을 이끌어 가는 인재풀이었고, 군사적으로는 거란의 주력군을 구성하는 중추신경이었기 때문이다.

남면관 계통의 핵심 지역은 한인과 발해인을 위주로 한 주현 지역을 예로 들 수 있다. 이들은 경제적으로 농경 위주의 생활을 하면서 거란 경제의 한 축을 담당했다. 이 지역에서는 발해 및 중원 왕조의 행정제도를 받아들여 주현제를 실시하였고, 호적과 세수, 사법 등에 관한 구체적인 사무 관리 또한 발해 및 중원 왕조의 제도를 따랐다.[38] 유목 부족들의 전통이 각각 달랐듯이 발해와 중원의 주현제 또한 차이가 있었다. 예컨대, 한인의 세금제도를 옛 발해 지역에 적용하여 부담을 가중시켰다는 기록은 이를 방증해 준다.[39]

거란 중앙정부는 동단국(東丹國)을 제외한 전국 주현의 각급 관원을 직접 임명하면서 이들이 한인 및 발해인과 결탁하는 것을 통제하였다. 발해의 옛 땅에 들어선 동단국은 발해 유민 통제에 힘을 기울였다. 이러한 통제 정책은 남면관 계통 고위 관직자 임명에도 보이는데, 한인뿐만 아니라 유목 부족 출신 인사들을 고위 관직에 임명하기도 하였고,[40] 때

〈그림 3〉 거란 상경 한성(漢城) 지역 ⓒ이유표, 2019. 5
현재 요 상경성에 대한 복원 및 주변 정리 작업이 한창이다. 맞은편 건물이 랴오상징박물관 신관이다.

때로 주현을 철폐하거나 이전하여 한인 혹은 발해인 관원들의 중앙정부에 대한 조직적인 저항을 원천 봉쇄하려 노력하였다.[41]

이러한 거란의 핵심 지역에 대한 인속이치는 피지배자의 반발심을 최소화하면서 효과적으로 나라를 안정시킬 수 있는 방책이었다. 이러한 방침이 다소 느슨해 보일 수 있으나, 거란은 때때로 유목 부족 및 주현을 강제로 해체하거나 구성원들을 이주시키면서 통제력을 유지하였다. 이러한 당근과 채찍은 거란 왕조가 내부적으로 안정을 유지할 수 있었던 기제가 되었다.

3
거란의 군정기구

『요사』「병위지(兵衛志)」에 의하면, 거란 남성은 열다섯이 되면 병적에 올라 평시에는 유목과 사냥을 하면서 생산에 종사하다가, 유사시에는 징발되어 군역을 담당하였다고 한다. 정군(正軍) 한 명마다 타초곡(打草穀)⁴²과 수영포가정(守營鋪家丁)이 각각 한 명씩 따랐는데, 마필이나 갑주, 무기 등은 스스로 부담해야 했다.⁴³

거란의 대표적인 군정기구로는 북·남면관 계통의 최고 의결기구인 북남추밀원, 그리고 북추밀원 내의 북남재상부(北南宰相府)를 들 수 있다. 또 거란의 전 군대 지휘·통제기구인 천하병마대원수부(天下兵馬大元帥府)와 금위군 성격을 띤 피실군(皮室軍)과 알로타(斡魯朶), 그리고 전전도점검사(殿前都點檢司)도 살펴볼 필요가 있다.

1) 북남추밀원

먼저 북남추밀원을 보도록 하자. 추밀원 장관은 추밀사(樞密使)다. 추밀사는 당대(唐代) 후기에 처음 설치된 직관으로 당시에는 문서를 담당했고, 주로 환관이 맡았다.[44] 이후 추밀사의 권한이 점차 커지면서 추밀원이 설치되었고,[45] 오대 시기에 이르러서는 중앙 최고 정책 의결기구가 되었다.

거란의 추밀원 설치 시기에 대해서는 대체로 두 가지 설이 있다. 하나는 회동(會同) 9년(946) 거란이 변량(汴梁)에 들어가 후진(後晉)을 멸망시킨 후 중원의 관제를 모방하여 설치했다는 것이고,[46] 다른 하나는 회동 원년(938)에 추밀사를 임명한 기록이 보이는 것으로 보아 그 이전에 이미 추밀원이 설치되었다는 것이다. 『요사』 「백관지」에 '태조(太祖) 초에 한아사(漢兒司)가 있어, 한지고(韓知古)가 총지한아사사(總知漢兒司事)를 담당했다. 태종(太宗)이 변량에 입성한 후 후진의 제도를 따라 추밀원(樞密院)을 설치하여 한인(漢人)의

〈그림 4〉 골타(骨朶)를 쥐고 서 있는 시위[47]
2004년 위안바오산구[元寶山區] 샤오우자향[小五子鄉] 타즈산[塔子山] 출토

병마에 관한 정사를 맡겼는데, 처음에는 상서성을 겸하였다'[48]는 기록이 있고, 또 『자치통감(資治通鑑)』 「후진기(後晉紀)」 천복(天福) 2년(937) 12월조에는 '이해에 거란은 회동으로 개원하고, 국호를 대요(大遼)라 하였다. 공경 및 여러 관직은 모두 중국을 모방하고, 중국인을 기용하여 조연수(趙延壽)를 추밀사(樞密使)로 삼고, 정사령(政事令)을 겸하게 하였다'[49]는 기록으로 미루어 후자의 설이 보다 설득력 있다.

전술한 대로 추밀원에는 북추밀원과 남추밀원이 있다. 이 밖에 『요사』에는 한인추밀원이라는 명칭도 등장한다. 이와 관련하여 현재 학계에서는 논쟁이 거듭되고 있는데, 그 논란의 핵심은 북추밀원과 남추밀원이 각각 북·남면관 계통에 소속되는지 여부다.

과거 일본의 쓰다 소키치[津田左右吉]와 시마다 마사오[島田正郞] 등은 북추밀원을 북면관 계통의 최고 권력기구로, 남추밀원은 남면관 계통의 최고 권력기구로 인식했다.[50] 이는 후대에 북남추밀원과 북·남면관 제도의 관계를 연구하는 데 기본적인 구조적 틀로 작용하였다.

그러나 1980년대 중국의 몇몇 학자들이 이러한 인식에 도전장을 내밀었다. 장보취안[張博泉], 양수선[楊樹森] 등은 남추밀원 관련 사료를 정리한 후, 남추밀원은 남면관 계통이 아니라 북면관 계통의 기구로 보는 편이 타당하다는 의견을 제시하였다.[51]

만약 그렇다면 남면관 계통에는 추밀원을 두지 않았을까?

이에 대해 장보취안과 양수선은 남면관 계통의 추밀원으로 한인추밀원을 제시하였다.

이들이 북추밀원과 남추밀원 모두 북면관 계통으로 본 까닭은 『요사』 「백관지」에 북면관 중에 거란북추밀원(契丹北樞密院)과 거란남추밀원

(契丹南樞密院), 남면관 중에 한인추밀원이 있다는 기록 때문이다.⁵²

그러나 『요사』 「백관지」의 기록은 체계적이지 않고 중복되고 누락된 부분이 많기 때문에 신뢰성에 지속적으로 의문이 제기되어 왔다.⁵³ 따라서 기록을 그대로 받아들이기에는 무리가 있다.

북남추밀원의 장관인 추밀사를 담당했던 사람들의 면면을 보면, 왕조 초기에는 거란 황족(皇族)인 야율씨(耶律氏)와 후족(后族)인 소씨(蕭氏)가 북원추밀사를 담당했고, 한인들이 주로 남원추밀사를 역임했다. 비록 한인이 북원추밀사를 담당한 예외적 사례가 존재하고, 거란 중후기에는 거란인들이 남원추밀사를 담당하기도 했지만, 이 제도가 처음 생겨나서 정착될 때까지 북·남원추밀사는 각각 거란인과 한인들이 담당했다. 이는 북남추밀원이 북·남면관 제도와 같은 맥락에서 시행된 것임을 보여준다. 또 금(金)이 한인을 관리하는 행정기구로 추밀원을 설치했을 때 거란의 '남원(南院)'제와 같았다는 사서의 기록 또한 거란의 남추밀원이 한인 행정과 관련 있다는 것을 방증한다.⁵⁴ 따라서 북남추밀원은 각각 북면관 계통과 남면관 계통으로 파악하는 것이 당시 역사적 실정에 부합하는 것이라 생각한다.

2) 북남재상부

북남재상부는 부족연맹 성격이 짙게 남아 있던 거란 초기, 국가의 중요한 정책을 의결하는 귀족회의(貴族會議)를 이끌면서 황제를 보좌하는 역할을 담당하였다. 거란 건국 전부터 '북재상'과 '남재상'이라 불릴 만한 제도가 있었다.⁵⁵ 당시에는 황권을 위한 관료기구가 아니라 귀족들의 이익을 대변하는 성격이 강했던 것으로 파악된다.⁵⁶ 그러다 야율아보기 시기에 부족 권력기구에서 중앙 권력기구로의 과도기를 겪었고, 태종 시기에 이르러 북·남면관 체제가 어느 정도 완비되고 난 후 재상제도가 정식으로 확립되었다.⁵⁷ 북남재상부는 이른바 내사부족(內四部族)을 제외한 나머지 부족을 통할하고, 사방 변경을 진수(鎭守)하면서 국가의 군국대사에 참여하는 등 거란 중앙의 중요한 정책 의결기구 역할을 담당하였다.⁵⁸

북남재상을 담당했던 사람들의 민족적 구성을 보면, 소씨(蕭氏)와 야율씨(耶律氏) 등 황제와 가까운 거란인이 절대다수를 차지하였지만, 한인은 물론 발해인이 임명되기도 하였다.⁵⁹ 재상부의 '재상'은 대체로 북면관 계통의 고위 관직 혹은 중요 군사 지휘관을 역임했던 자들이었다. 그 중에는 추밀원의 추밀사로서 재상부의 재상을 겸직한 자들도 있었다.

거란 중앙 정책 의결기구의 변화는 중추 관제의 변화를 의미한다. 거란이 건국되었을 때 황제는 전통적인 귀족회의에서 중요한 정책을 의결하였다. 재상부의 재상이 바로 이 대회를 주재하였다.

그러나 거란이 다민족 국가로 발돋움하면서 국가 권력이 황제에 집중되어 전통적인 귀족회의는 점차 북남신료회의(北南臣僚會議)⁶⁰로 바뀌었고, 국가의 중추기구 또한 재상부에서 추밀원으로 바뀌게 되었다.⁶¹ 거란 초기 추밀원의 추밀사가 재상부의 재상을 겸직한 것은 바로 국가 중요 정책 의결의 중추신경이 옮겨 가는 과정에서 나타난 과도기적 현상으로 파악할 수 있다.

3) 천하병마대원수부

거란의 중요 군정 의결기구로는 천하병마대원수부(天下兵馬大元帥府)를 들 수 있다. 천하병마대원수부라는 명칭은 당(唐) 중기 안사의 난(安史의 亂, 755~763) 시기에 나타난 천하병마원수(天下兵馬元帥)에서 비롯되었다. 당 현종(玄宗, 685~762, 재위: 712~756)은 안사의 난이 한창이던 천보(天寶) 15년 (756) 7월에 조서를 내려 황태자를 천하병마원수로 임명하고, 삭방(朔方), 하동(河東), 하북(河北), 평로(平盧) 등 절도사의 병마를 통솔하여 양경 (兩京)[62]을 수복하게 하였다.[63] 이후 주로 황태자를 천하병마원수로 임명하여 병권을 장악하게 하였다. 그러나 당 말에서 오대(五代)를 거치면서, 중원에서 천하병마원수를 중심으로 한 군정 의결체제는 쇠퇴하였다. 물론 송대에도 유사시에 황제가 황자를 천하병마원수로 임명하여 국난에 대응하게 한 사례가 보이기는 하지만[64] 당 중기와 같은 상설직은 아니었다.

송과는 반대로 거란은 천하병마원수라는 직을 그대로 유지한 것으로 보인다. 『요사』「백관지」에는 '천하병마대원수부는 태자·친왕이 군정을 총괄한다'[65]는 기록이 있다. 또 그 밑에 대원수부(大元帥府)와 도원수부(都元帥府)를 두었는데, 대원수부는 '대신이 군마의 정사를 총괄'하였고, 도원수부는 '대장이 군마의 일을 총괄한다'고 하였다.[66] 태자 혹은 친왕이 천하병마대원수를 담당했다는 사실은 천하병마대원수가 단순히 전국의 군마를 통솔했다는 의미 외에 황권 계승자의 능력을 시험하는 무대였다는 것을 짐작케 한다.[67] 물론 천하병마대원수가 실질적으로 군정을 총괄하는 직무를 맡았는지에 대해서는 의론이 분분하지만[68] 최소한 후

〈그림 5〉 출행도[69] ⓒ이유표, 2019. 5
네이멍구 츠펑시 아오한치 베이즈푸진[貝子府鎭] 커리다이향[克力代鄕] 라마거우[喇嘛溝] 요묘(遼墓) 묘실 동벽 벽화

계자의 능력을 검증하여 황위 계승을 원활히 하고자 한 거란의 제도적 장치로 파악할 수 있다.

4) 금위군

마지막으로 거란 황제의 신변에서 황제를 수행하고 보호하는 의무를 지녔던 금위군 성격의 군정기구를 검토할 필요가 있다. 거란의 금위조직은 피실군(皮室軍), 알로타(斡魯朶), 그리고 전전도점검사(殿前都點檢司)가 있었다. 이 세 조직은 시대적 필요에 따라 각각 설치된 것으로 설치 시점과 임무에 차이가 있었다. 이를 순서대로 보도록 하자.

피실군은 야율아보기가 부족연맹장을 담당했을 때 설치되었던 복심부(腹心部)를 계승한 것으로, 거란 왕조 개창 전부터 멸망할 때까지 존재했던 조직이다.[70] 피실군은 시대에 따라 직무에 변화가 있었다. 처음의 복심부는 일종의 친병(親兵)으로 아보기의 숙위(宿衛)를 담당했다. 피실군으로 개칭되었을 때에도 여전히 숙위를 담당했는데, 세종(世宗) 대에 이르러서는 황제의 명을 받아 출정하여 전쟁을 치르고, 변방을 둔수(屯戍)하는 부대로 성격이 점차 변해 갔다.[71]

알로타는 몽골어에서 '궁전, 진영(陣營)'을 의미하는 'ordu', 터키어에서 '궁전, 성곽'을 의미하는 'orda'의 음역으로, 중국에서 북방 유목국가 군장의 거처를 '아장'으로 부르는데, 같은 뜻으로 추정된다.[72] 『요사』에서는 알로타를 궁위(宮衛)[73]라는 뜻으로 종종 궁(宮) 혹은 행궁(行宮)으로 기록하기도 하였다. 그들은 궁에 들어오면 수위(守衛)하고, 나가면 수행하였다. 이들은 알로타호(斡魯朶戶)라는 신분으로 편제되어 유사시에는 징발되어 장정들은 전쟁터로, 노약자들은 능침을 지키는 임무를 맡았다.[74]

『요사』에 의하면, 거란은 멸망할 때까지 모두 12궁 1부(府)의 알로타가 있었다고 한다. 그중 아홉 황제가 각각 1궁을 보유하였고, 거란 태조 야율아보기의 황후로 오랜 기간 섭정했던 응천태후(應天太后) 술률평(述律平, 879~953)과 경종(景宗) 야율현(耶律賢, 948~982, 재위: 969~982)의 황후로 성종 야율융서(耶律隆緒)의 모친인 승천태후(承天太后) 소작(蕭綽, 953~1009), 그리고 성종 시기 권세가 막강했던 황태제(皇太弟) 야율융경(耶律隆慶, 973~1016)의 3궁이 있었으며, 성종 시기 야율씨를 사성(賜姓) 받았던 한덕양(韓德讓, 941~1011)이 1부를 보유하였다.[75] 이처럼 알로타는 당시 통치자

혹은 권력자들만 보유한 거란 통치자의 대본영(大本營)이었음을 알 수 있다.76

〈표 1〉 거란 알로타 일람표

궁주 宮主	알로타	궁명	위치	정호 正戶	주현 알로타호 蕃漢轉戶	기군 騎軍
태조	산(算)알로타	홍의궁(弘義宮)	임황부(臨潢府)	8,000	7,000	6,000
태종	국아연(國阿輦)알로타	영흥궁(永興宮)	유고하(游古河) 옆	3,000	7,000	5,000
세종	야로완(耶魯盌)알로타	적경궁(積慶宮)	토하(土河) 동	3,000	8,000	8,000
응천황 태후	포속완(蒲速盌)알로타	장녕궁(長寧宮)	고주(高州)	7,000	6,000	6,000
목종	탈리목(奪里木)알로타	연창궁(延昌宮)	규아리산(糺雅里山) 남	1,000	3,000	2,000
경종	감모(監母)알로타	창민궁(彰愍宮)	합로하(合魯河)	8,000	10,000	10,000
승천황 태후	고온(孤穩)알로타	숭덕궁(崇德宮)	토하 동	6,000	10,000	10,000
성종	여고(女古)알로타	흥성궁(興聖宮)	여혼활직(女混活直)	10,000	20,000	5,000
흥종	와독(窩篤)알로타	연경궁(延慶宮)	고주 서	7,000	10,000	10,000
도종	아사(阿思)알로타	태화궁(太和宮)	호수락(好水濼)	10,000	20,000	15,000
천조제	아로완(阿魯盌)알로타	영창궁(永昌宮)		8,000	10,000	10,000
야율 융경	적실득본(赤實得本) 알로타	돈목궁(敦睦宮)		3,000	5,000	5,000
한덕양		문충왕부 (文忠王府)		5,000	8,000	10,000

알로타는 여타 거란의 직관과 마찬가지로 남북 양면으로 구분되었다. 거란행궁도부서사(契丹行宮都府署司)와 한인행궁도부서사(漢人行宮都府署司)가 알로타 북남면의 최고 관서였다. 거란행궁도부서사는 알로타에 속한 거란인, 번호(蕃戶)의 군정과 민정을 담당했고, 한인행궁도부서사는 알로타에 속한 한인과 발해인의 군정과 민정을 담당했다. 알로타는 황

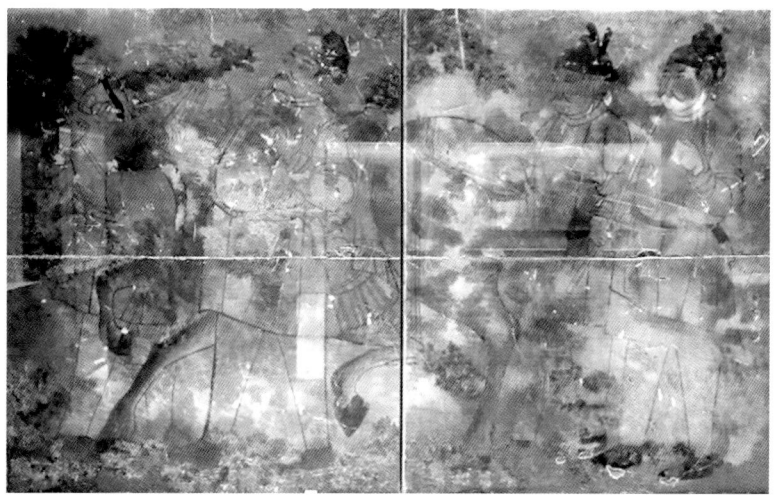

〈그림 6〉 한광사 가족묘 벽화 출행도 ⓒ이유표, 2019. 5
네이멍구 츠펑시 바린좌기[巴林左旗] 바이인눠얼진[白音諾爾鎭] 바인한산[白音罕山]의 한광사 가족묘지(韓匡嗣家族墓地)의 벽화. 랴오상징박물관 소장.

제에 직속된 궁위기구로 추밀원의 간섭을 받지 않았다. 따라서 알로타에 요역과 군역을 제공해 주던 알로타 주현이 일반 주현과 달리 추밀원의 간섭에서 자유로웠다고 이해되기도 하지만, 조정에서 알로타 주현의 관리에 대한 임면권을 행사할 수 있었기 때문에 추밀원의 간섭에서 완전히 자유롭지는 않았다.[77]

국가가 발전함에 따라 금위군의 역량 또한 점차 체계화되어 늦어도 성종 대에는 황제 주변에서 보다 더 신임을 받는 금위군이 나타나게 되었다. 그들은 피실군 편제에서 독립되어 새로운 군사조직을 이루었는데 이 조직을 전전도점검사 혹은 줄여서 전전사(殿前司), 점검사(點檢司) 등으로 불렀고, 그 장관을 전전도점검 혹은 대내도점검(大內都點檢)이라 하였다.

이 기구는 태조 광순(廣順) 2년(952)에 전전도지휘사(殿前都指揮使)라는 명칭이 처음 보이기 때문에 늦어도 후주(後周) 시기에 설치된 것으로 추정된다.[78] 이후 세종(世宗) 현덕(顯德) 3년(956)에 '활주절도사(滑州節度使) 겸 전전도지휘사인 부마도위(駙馬都尉) 장영덕(張永德, 928~1000)을 전전도점검으로 삼았다'[79]는 기록을 통해 그 직관 예속 관계를 파악할 수 있다. 중원의 송 또한 이를 계승하여 전전사를 설치하였다.

거란의 전전도점검은 목종(穆宗) 응력(應曆) 16년(966)에 '전전도점검 야율이납갈(耶律夷臘葛, ?~969)'[80]이 보이기 때문에 응력 연간에 설치된 것으로 파악된다. 야율이납갈은 응력 19년(969) 목종이 피살되었을 때 '숙위를 엄밀히 하지 못했다'는 이유로 우피실상온(右皮室詳穩) 소오리지(蕭烏里只, ?~969)와 함께 처형되었다.[81] 이를 통해 전전도점검의 직무 또한 황제를 숙위하는 것이었음을 알 수 있다.

전전도점검사가 설치된 이후 기존의 피실군은 황제의 궁장을 숙위하던 역할을 전전도점검사에 넘겨주고, 황제의 명을 받아 출정하여 전쟁을 치르고 변방을 둔수하는 부대로 변해 갔다. 비록 이들은 황제를 따라 사시 날발에 참여하기도 했으나 바깥 경비만 담당하게 되었다.[82]

4
군정기구의 운용:
인적 구성을 중심으로

거란은 원래 부족연맹적 성격을 띠고 있었기 때문에 건국 초에도 국가의 중요 정책은 귀족회의에서 의결되었다. 귀족회의는 북재상과 남재상이 회의를 주재하면서 국가 운영에 중요한 역할을 하였다. 거란의 세력이 사방으로 확대되고 보다 많은 주변 이민족들이 귀부해 옴에 따라, 더 이상 부족적인 전통만으로 국가를 다스릴 수 없었다. 따라서 거란 황제는 보다 안정적으로 국가를 통치하기 위해 부족적인 전통을 극복하고 중앙집권을 강화할 필요가 있었다. 이 과정에서 설치된 것이 바로 추밀원이다.

대동(大同) 원년(947) 8월, 거란 세종은 북추밀원을 설치하여 북면관 계통의 최고 정책 의결기구로 삼고,[83] 9월에는 남추밀원을 설치하여 남면관 계통의 최고 정책 의결기구로 삼았다.[84] 사실 거란 세종 야율완(耶律阮, 917~951, 재위: 947~951)은 동단왕(東丹王) 야율배(耶律倍, 899~937)의 아들로, 태종이 죽은 후 황위 쟁탈전을 거쳐 황제가 된 인물이다. 따라서 기존 귀족 세력을 약화시키고 자신의 권력을 강화하고자 했던 세종이 즉위하자마자 북추밀원과 남추밀원을 설치한 것은 귀족회의는 물론 이를 이끌고 있던 북남재상부를 견제하기 위한 의도로 파악할 수 있다.

북남추밀원이 설치된 이후 성종 시기까지, 북남재상의 지위는 점차 하향길을 걸을 수밖에 없었다. 이 과정에서 북남원추밀사가 북부재상을 겸직하는 사실은 흥미롭다. 예컨대, 경종(景宗, 948~982, 재위: 969~982)은 즉위하자마자 소사온(蕭思溫, ?~970)을 북원추밀사로 임명한 후 북부재상을 겸직하게 하였고,[85] 소사온이 죽은 후에는 남원추밀사 실방(室昉, 920~994)을 북부재상으로 임명하였으며,[86] 실방이 관직에서 물러난 통화 12년(994)에는 남원추밀사 야율융운(한덕양)을 북부재상으로 임명하였다.[87] 그 이후에도 간혹 남원추밀사와 북부재상을 겸직한 사람들이 보이지만,[88] 이 시기에 유독 집중적으로 나타나는 것은 황제와 보다 가까웠던 추밀사가 북부재상을 겸직하게 하여 재상부를 장악하였다는 것이다. 이는 국가 최고 정책 의결기구를 '귀족회의'에서 '북남신료대회'로 전이시키려는 의도와 관련 있는 것으로 보인다. 소사온이 북원추밀사로 북부재상을 겸직한 이후, 북원추밀사가 아닌 남원추밀사가 계속해서 북부재상을 겸직했던 것 또한 같은 맥락에서 파악이 가능하고, 도종(道宗) 대강(大康, 1075~1084) 연간에 이르러서는 추밀사가 아닌 추밀사사(樞密使事)가 북부재상을 겸직한 사례 또한 이러한 가능성에 신빙성을 더해 준다.[89]

이러한 과정을 통해 북남추밀원은 북남재상부를 대신해 국가 최고 정책 의결기구로 성장하게 된다. 이들은 북남재상이 이끌던 '귀족회의'를 대신한 '북남신료대회'를 주재하면서, 거란이 멸망할 때까지 황제를 보좌하며 국가의 중요한 정책을 의결하였다.

전술하였듯이 북추밀원은 북면관 계통의, 남추밀원은 남면관 계통의 최고 권력기구였다. 따라서 처음에 북추밀원은 거란족이, 남추밀원은 한인이 주로 담당하였다. 이러한 경향은 지추밀사사(知樞密使事)와 추밀부사(樞密副使) 등의 임명에서 드러난다. 지금까지 확인된 사료를 근거로 보면, 지북원추밀사사(知北院樞密使事)는 해인(奚人) 소한가노(蕭韓家奴)를 제외하면 모두 거란인이 담당하였고, 지남원추밀사사(知南院樞密使事)는 거란인 열노고(涅魯古)와 소달불야(蕭撻不也)를 제외하고는 모두 한인이 담당하였다. 추밀부사 같은 경우 소속이 명확하게 밝혀지지 않은 경우가 많지만, 지금까지 확인된 사례에 한하면 북원추밀부사(北院樞密副使)는 한인 고정(高正, ?~1016)의 사례를 제외하면 모두 거란인이 담당하였고, 남원추밀부사(南院樞密副使)는 거란인 소호도(蕭胡睹, ?~1063)를 제외하면 모두 한인이 담당하였다.

특히 북남추밀원의 장관인 북원추밀사와 남원추밀사의 사례는 흥미롭다. 먼저, 한인이 북원추밀사를 담당한 사례를 보도록 하자. 지금까지 밝혀진 사실에 의하면 이러한 사례는 오직 한덕양밖에 없다. 한덕양은 송(宋)과의 고량하(高粱河) 전역을 승리로 이끈 공신인 데다, 승천황후(承天皇后) 소작(蕭綽, 953~1009)과 함께 성종을 옹립하고 보좌하는 데 큰 공을 세웠다. 그는 남원추밀사와 북부재상을 겸직하고 있던 통화(統和) 17년(999) 북원추밀사까지 겸하게 되면서, 거란 역사상 유일무이하게 북원추밀사를 역임하고 북남원추밀사를 아우른 한인이 되었다. 통화 22년(1004)에 그는 거란의 황성(皇姓)인 야율씨를 하사받아 이름을 '야율융운(耶律隆運)'으로 개명하면서 명실상부한 북원추밀사가 되었다.

이어서 거란인이 남원추밀사에 제수된 사례를 보도록 하자. 거란이 건국된 후 약 100여 년간 남원추밀사는 한인들의 전유물이었다. 그러나 거란 흥종 야율종진(耶律宗眞, 1016~1055, 재위: 1031~1055)이 즉위한 이후 상황은 달라졌다. 중희(重熙) 3년(1034), 후족(后族)인 소보고(蕭普古)가 남원추밀사에 제수되면서 드디어 거란인이 남면관 계통 최고 권력기구인 남추밀원을 장악하게 된 것이다. 이후의 상황을 보면, 거란인이 남원추밀사를 담당한 기간이 한인이 맡은 기간을 상회한다. 특히 흥종 중희 연간에는 한인 유육부(劉六符, ?~1058)가 중희 11년(1042)에 잠시 남원추밀사가 되기도 했지만, 그 외에는 모두 거란인이 담당하였다.

이러한 현상은 어떻게 설명할 수 있을까? 이는 중국 학계에서 말하는 이른바 '일국양제(一國兩制)'가 순조롭게 이뤄지면서 문화적인 융화가 진행된 결과로도 볼 수 있다. 그러나 한인의 북면관 진출과 거란인의 남면관 진출 사례는 극히 제한적이다. 지추밀사사와 지추밀부사의 경우 극히 예외적인 사례를 제외하면 북면관과 남면관의 구분이 뚜렷하였다. 이는 실무적인 측면에서 양자의 차이가 명확하다는 것을 보여 준다. 다만 의의를 둘 수 있는 것은 북원추밀사와 남원추밀사의 사례다.

거란은 시종 사시날발(四時捺鉢)을 고집하면서, 자신들의 정치·문화적 전통을 지키는 데 큰 힘을 쏟았다. 그리고 정치·군사적으로 자신들의 구역에 한인들이 진출하는 것을 극도로 통제하였다. 물론 한덕양 같은 경우 북원추밀사를 담당하기도 했으나, 통화 22년에 야율씨를 하사받아 명분상으로는 거란인이 되었다. 이 사례를 제외하면 북원추밀사는 모두 거란인이 담당했다. 이는 자신들의 정치·문화적 전통을 지키고자 하는 거란인들의 주체성을 여실히 드러내는 것이다.

거란은 이와 같은 주체성 위에 한인들의 문화를 흡수하면서 보다 짜임새 있게 군정기구를 운용할 수 있었다. 예컨대 '천하병마대원수부'와 '전전도점검사' 등 한인의 군정기구를 받아들인 것이 대표적 사례다. 거란 황제는 황태자나 황태제, 혹은 친왕을 천하병마대원수로 임명하여 전국의 군정을 지휘하게 하였다. 천하병마대원수는 전국의 군대를 통할하는 원수이자 앞으로 거란을 계승할 후계자(儲君)의 시험 무대이기도 하였다. 이를 통해 국가의 안정은 물론 원활한 후계자 계승을 도모할 수 있었다. 또 '피실군'과 '알로타'라는 금위조직이 있었음에도 불구하고, 거란은 또 '전전도점검사'라는 한인의 군정기구를 도입하여 황제의 수요에 따른 금위군 제도를 운용할 수 있었다.

거란이 멸망할 때까지 북면관과 남면관이라는 이원적인 통치체제를 유지한 것은, 다시 말해 거란의 행정조직을 남면관 계통에 강요하지 않고 그들만의 체제를 유지시켜 준 것은, 주현제를 필두로 하는 남면관의 행정 방식이 국가 운영에 효과적이라는 것을 인지했기 때문으로 파악된다. 또 이전의 선비족이 세운 북위(北魏)가 적극적인 한화 정책을 폈으나 내부적 분열로 인해 국가의 쇠망이 앞당겨졌던 역사적 경험을 거울삼아, 중원의 행정제도를 거란을 대표로 하는 유목세계에 강요하지도 않았다. 이는 거란 통치자가 일원적 통치체제보다 이원적 체제를 유지하는 것이 오히려 효과적이라는 것을 잘 알고 있었기 때문이다.

거란은 이원적 통치체제를 안정화시키면서 남원추밀사에 거란인을 임명하여 남면관 계통의 행정체계를 장악해 나갔다. 이는 효율적인 국가 운영을 위해 이원적 체제는 유지하지만, 거란인을 장관으로 임명하여 한인들이 응집되어 하나의 독자적 세력으로 성장하는 것을 견제하기 위해

〈그림 7〉 거란 성종 애책(哀冊) ⓒ이유표, 2019. 5
성종은 거란의 전성기를 이끌었던 황제로, 남으로는 송을 침공하여 전연의 맹(1004)을 맺었고, 서쪽으로는 회흘을 정복하였다. 그러나 세 차례에 걸친 고려 침공(993, 1010, 1018)에서는 큰 결실을 맺지 못하였다. 랴오닝성박물관 소장.

서였다. 다른 한편으로 이는 거란인이 남면관 계통의 행정체제는 물론 그 통치 메커니즘까지 운용할 줄 알게 되었음을 의미한다.[90] 다시 말해, 거란인의 남면관 행정체제의 장악은 거란인이 더 이상 말 위에서, 장막 속에서만 정치할 줄 아는 것이 아니라, 한인들의 복잡한 문서행정체계는 물론 정착민을 효과적으로 다스릴 방법 또한 체득했음을 의미한다.

5

거란,
'정복왕조'의 디딤돌

거란은 '인속이치'에 기반하여 유목 부족은 그 부족적 전통대로, 한인과 발해인 등 농경에 익숙한 지역에는 주현제를 도입하여 통치하는 북·남면관 제도를 시행하였다. 기존 중국 왕조가 '대일통(大一統)'에 입각하여 일원적이고 중앙집권적인 정책을 폈던 것과 비교해 봤을 때, 거란의 이원적인 체계는 무언가 분권적이고 조직력이 느슨해 보이기도 한다. 그러나 거란은 각 민족의 정치적·문화적 전통을 존중하면서도, 거란의 통치에 불복하려는 움직임이 보일 때는 강한 통제력으로 간여하는 고도의 정치적 전략을 취하였다.

거란은 건국 초기, 부족연맹적 전통에 따라 '귀족회의'를 통해 중요한 사안을 결정지었다. 이때 북재상과 남재상이 귀족회의를 주재하면서 황제를 보좌하기도 하고, 황권을 견제하기도 하였다. 그러나 점차 권력이 황제에게 집중되는 양상을 띠면서 태종 대에 북·남면관 체제가 확립되어 북남재상부는 관료기구화되었고, 세종 대에 이르러 북추밀원과 남추밀원을 설치하면서 '북추밀사'와 '남추밀사'가 주재하는 '북남신료대회'가 '귀족회의'를 대체하게 되었다. 이를 통해 거란은 중앙집권을 더욱 강화시킬 수 있었다.

추밀원은 그 이름에서 알 수 있듯이 중원 왕조의 제도를 받아들인 것이었다. 그러나 그 내부적 구성과 성격은 중원 왕조의 것과 다른 특색을 지녔다. 거란의 추밀원은 북·남면관 체제에 따라 북추밀원과 남추밀원으로 나뉘어 있었다. 북추밀원은 거란인이 중심이 되었고, 남추밀원은 한인이 주축이 되었다. 따라서 북추밀원은 '거란추밀원'이라 일컬었고, 남추밀원은 '한인추밀원'이라 일컫기도 하였다.

거란은 시종 북추밀원의 장관을 놓치지 않았다. 물론 한인 한덕양이 일시적으로 북남추밀원을 장악하기도 했지만, 이후 '야율'씨를 하사받으면서 명실상부한 북원추밀사가 되었다. 이와 대조적으로 거란 건국 100여 년간 남추밀원은 한인들의 전유물이었다. 이는 북면관과 남면관이 각각 유목세계와 농경세계를 대표하는 사회를 다스리던 것에서 비롯된 것과 맥을 같이한다. 그러나 흥종 시기에 이르러서는 거란인 소보고가 남원추밀사가 되면서 거란인은 비로소 남추밀원을 장악하기 시작했다. 이후 역사를 보면 거란인이 남원추밀사를 맡은 기간이 한인의 그것을 상회하였다. 이는 국가적 안정을 위해 이원적 체제는 유지하지만, 한인들이 그 속에서 하나의 독자적 세력으로 응집하는 것을 견제하는 한편, 남면관 계통의 행정체계는 물론 그 통치 메커니즘까지 운용할 줄 알게 되었다는 것을 의미한다.

거란이 국가를 세우고 정복왕조로서 우뚝 설 때까지 걸어온 길은 결코 쉽지 않은 길이었다. 거란은 부족연맹을 이용하여 세력을 확장하였고, 이원적 통치 방식으로 자신의 주체적인 문화를 보존함과 동시에 농경민들을 안정시켰다. 이러한 과정 속에서 거란은 자신의 정치·문화적 제도는 물론 중원의 제도를 주체적으로 흡수하고 응용하여 중앙집권을 강화시켰다. 이처럼 거란이 걸어온 길과 건국 초기의 정치적 구상은 시대적 요구에 따라 국가 운영을 최적화하기 위한 변혁의 결과였다. 이것이 바로 이원적 행정체계라는 아슬아슬한 줄타기 속에서 거란이 200여 년간 균형을 유지하면서 국가를 운용해 나갈 수 있었던 원동력이었다.

전술한 대로 후대 사가들은 이러한 거란의 행보를 '정복왕조'의 틀 속에서 이해하고 있다. 다시 말해, 비록 유목적 성격이 강했던 거란이었지만 중원문화에 주눅 들지 않고 주체적으로 중원을 통치할 수 있었다는 것이다. 거란 멸망 이후 북방 지역에서 흥기한 금(金)·원(元)·청(淸) 같은 국가가 또 다른 '정복왕조'로 성장할 수 있었던 것은 바로 거란의 성장과 멸망이라는 역사적 경험이 있었기 때문이었다. 물론 '정복왕조'라는 현대적 개념을 가지고 역사를 재단하는 것은 일정한 한계가 있다. 그러나 그 시대를 살지 않았던 우리가 과거를 이해하는 방편으로, 또 역사적 흐름을 파악하는 방편으로 '정복왕조'론은 충분히 활용할 만한 가치가 있다고 생각한다. 이러한 맥락에서 거란의 행보를 바라보며, 이는 후대에 '정복왕조'로 범주화되는 국가들이 성장할 수 있었던 발판, 곧 '디딤돌'이라 평가해도 무리는 없을 것이다.

제6장
거란의 유학 수용 원인과 거란화

박지훈 · 경기대학교 사학과 교수

1
거란의 유학 수용과 한화의 문제

거란(916~1125)은 기본적으로 무력을 통해 나라를 세웠고, 유목적인 성격이 강하였다. 그러나 거란의 통치자들은 치국(治國)의 방법으로 유학 사상을 채택하였다. 유학 사상을 도입하여 거란은 통치를 유지하고, 국토의 강역을 확대하며, 국세를 안정시키는 데 이용하였다.

건국 후 거란 정권은 많은 문제에 직면하게 된다. 우선 거란족의 문화 수준이 상대적으로 낮고, 민족 구성이 다양하며, 민족 관계가 복잡하였다. 특히 거란족에 비해 훨씬 많은 한족(漢族)을 효과적으로 지배하는 것은 거란국 성립의 성패를 좌우하는 매우 중요한 문제였다. 따라서 거란 통치자들은 한족 엘리트를 관리로 수용하고, 한족을 지배하기 위해 유학을 수용하였다. 초기 통치자들은 유학을 수용하기 시작하였고, 성종(聖宗)과 흥종(興宗) 시기에 점점 확대되어 도종(道宗) 시기에는 발전을 이루었다. 비록 거란은 한족의 유학을 수용하였으나 통치 사상과 정책은 여전히 거란족의 특징을 보호하기 위한 장치들을 가지고 있었다. 예를 들어, 거란 통치자가 과거제도 도입 초기에는 한족만 참여하도록 하였으며, 유목민족의 전통인 '날발(捺钵)'을 지속하였고, 거란족의 민족성을 보호하기 위한 '습속에 따라 통치(因俗而治)하는' 정책을 실시하였다는 것을 들 수 있다.

물론, 거란에서는 불교가 국가 종교로서의 위상을 가지고 있다는 점도 간과할 수는 없다. 거란 시기 불교 관련 유적도 많이 남아 있고, 연구 또한 많이 진행되었다. 거란은 조상신 숭배 등 유목 부족 특유의 샤머니즘적 종교를 가지고 있었지만, 건국 초기부터 농경민을 통치하기 위해 불교를 수용하여 불교문화를 크게 발달시켰다. 거란의 지배체제에서는 한인(漢人)과 발해인(渤海人)은 물론 유목민 사이에서도 불교가 확산되었으며, 성종과 흥종, 도종 3대에 이르러 크게 융성하였다. 거란 황실은 수많은 사탑(寺塔)을 건립하며 불교 보급에 앞장섰는데, 여기에 막대한 국가 재정이 소모되어 국력이 쇠퇴하는 요인이 되기도 하였다. 불교를 신앙적인 면에서 받아들이고 신봉하였다면, 유학은 국가의 통치 이념과 직접 결부되어 있었다는 점에서 차이가 있다.

거란은 황실에서 앞장서 한족문화를 받아들였으며, 유학 또한 발달하였다. 거란을 건국한 태조(太祖) 야율아보기(耶律阿保機)는 한연휘(韓延徽) 등 한인 관료를 등용하여 상경(上京)에 국자감(國子監)을 세우는 등 유학 교육을 강조하였다. 성종도 당(唐) 태종(太宗)의 정치를 기록해 놓은 『정관정요(貞觀政要)』를 중요시하였다. 거란은 국사원(國史院)을 만들어 역사를 체계적으로 기록하였는데, 이는 원대에 『요사(遼史)』를 저술하는 데 중요한 기반이 되었다.

최근 중국의 대표적인 거란의 유학 통치에 대한 연구는 다음과 같은 것이 있다. 우선, 우위환[武玉環]은 '거란 시기 유학의 발전은 통치 지위를 확립한 시기와 발전과 번영을 이룩한 두 개의 시기로 구분할 수 있다. 거란 시기 정치, 경제, 문화, 사회생활 등 여러 방면에 중요한 영향을 끼쳤다. 거란 시기 유학의 보급과 발전은 중국 전통문화가 가지고 있는 강한 구심력과 응집력을 증명하고 있다'[1]라고 하여, 유학 도입이 거란 사회에 끼친 영향력을 강조하였다.

다음으로 정이[鄭毅]는 '거란은 중원 한족의 봉건제도와 문화를 마주하면서도 원래의 노예제 생산과 생활방식을 계속 영유하였으나 한족문화를 적극적으로 학습하게 되면서 봉건화를 실행하였다. 유학은 한족 전통문화의 대표인만큼 자연적으로 거란 통치자들은 유학을 힘써 받들고 학습의 전범으로 삼게 되었다'[2]라고 하여, 노예제 생산 양식으로부터 한족문화를 받아들여 봉건화되었다고 주장하였다.

또한 충쉬양[叢漱洋]은 '거란의 통치자들은 유학을 핵심으로 하는 치국의 방법을 모색하여 유학 사상이 거란에 전파되었다. 이러한 전파는 거란의 통치를 유지하고, 국토의 강역을 확대하며, 국세를 안정시키는 데 중대한 작용을 하였다. 유학 사상의 전파와 실시가 없었다면 거란 경제와 문화의 번영, 정치적 안정은 이루어지지 못했을지도 모른다'[3]라고 하여, 거란 통치 사상으로 유학이 선택되어 그들의 봉건화와 한화에 기여했다는 시각을 보이고 있다.

그뿐만 아니라 중국에서의 민족 융합을 다룬 대부분의 논고들은 역사적으로 중국은 하나의 통일적인 다민족 국가이고, 송과 거란 시기의 역사는 이러한 다민족의 역사가 이루어지는 데 크게 기여했다는데 초점이 모아져 있다. 이와 같이 민족 융합을 논한 시각들은 결국 한화(漢化)를 강조한다는 특징을 보여 준다.[4]

　본 연구에서는 거란의 유학 수용을 한화 과정으로 보는 기존 관점을 비판하고, 거란이 통치를 위하여 유학을 이용하였던 원인에 대해 살펴보도록 하겠다. 또한 유학 수용 과정을 통치자의 유학 숭상, 학교제도와 과거제도 등으로 나누어 살펴보고자 한다. 마지막으로 거란의 유학 통치에 나타나는 거란족적 특징을 객관적 관점에서 고찰해 보도록 하겠다.

2

거란 통치자들의
유학 수용 원인

1) 효율적인 국가 통치

거란 정권이 처음 수립되었을 때는 유목과 약탈을 생업으로 삼았다. 많은 수의 중원 한인들은 포로로 잡혀가서 노예가 되어 야율아보기 부족의 정치·경제와 군사 역량을 강화시켜 주는 역할을 하였다. 동시에 거란 지배층은 경내에 들어온 한인 위주의 방대한 농경 인구를 어떻게 처리해야 하는가 하는 문제에 직면하였다. 유목민족적인 통치체제만으로는 거란 지배 지역 내 많은 한족을 효과적으로 통치하기가 어려웠다. 따라서 거란 정권이 왕조 지배체제를 지향하면서 중원문화를 학습하는 것은 거란 통치자들의 필연적인 선택이었다는 해석이 가능하다.[5]

거란족은 일찍이 북위(北魏) 시대에 역사 무대에 출현한 후 줄곧 중원의 각 왕조와 정치·경제적으로 밀접한 관계를 맺었다. 수말당초에는 거란 대하씨(大賀氏) 부족의 영수였던 마회(摩會)가 정식으로 당 조정에 귀부해 와서 책봉을 받았다. 당은 거란 영지에 송막도독부(松漠都督府)를 설치하였는데, 이때 당의 정치·군사와 문화도 따라서 들어갔기 때문에 거란족에게는 적지 않은 영향을 미치게 되었다. 거란 귀족은 더욱 중원문화의 영향을 받아서 '한화'된 거란인도 생겨났다. 예를 들면, 야율아보기의 장자 야율배(耶律倍)는 중원문화를 매우 좋아했던 것으로 보인다.

'(야율)배는 초기에 [중국] 서적을 구입하였는데 1만 권에 달하였으며, 의무려산(醫巫閭山) 정상의 망해당(望海堂)에 수장하였다. 음양학(陰陽學)에 정통하였고, 음률을 알았으며, 의약과 침술에도 정통하였다. 거란과 한의 문장을 잘하여 일찍이 『음부경(陰符經)』을 번역하였다.'[6]

거란족은 원래 상무(尚武) 기풍이 있고, 말타기와 활쏘기 등 군사적인 능력이 있었지만 학문과 의식(儀式) 및 나라를 다스리는 도(道)는 중시하지 않아 나라를 다스릴 만한 인재 또한 별로 없었다. 따라서 거란 태조는 건국 후 통치의 어려움과 사상의 결핍 및 인재 부족 등의 문제에 직면하게 되었다. 아울러 어떻게 하면 패업(霸業)을 이룩하고, 자신의 통치 지위를 안정시킬 수 있을까 하는 문제에 대해 심각하게 고민하였다. 결국 이와 같은 목적을 이루려면 반드시 치국의 도가 되는 지도 사상을 확립하는 동시에 널리 인재를 구해야만 한다고 생각하였다. 이에 대해 『요사』에서는 다음과 같이 전한다.

"태조가 신하들에게 '천명(天命)을 받은 군주는 마땅히 하늘을 섬기고

신을 공경해야 한다. 짐은 공덕(功德)이 가장 큰 분에게 제사 드리고자 하는데 누구를 가장 먼저 해야 하는가?'하고 묻자 모두들 불교라고 대답하였다. 그러자 '불교는 중국의 가르침이 아니다'라고 말하였다. 이에 대해 야율배는 말하기를, '공자는 대성(大聖)으로 만세에 존중을 받으니 당연히 우선해야 합니다'라고 하였다. 이에 태조가 크게 기뻐하여 공자묘(廟)를 세우도록 하고, 황태자에게 봄가을로 석전(釋奠)을 올리라는 조서를 내렸다."[7]

위에서 태조가 말한 '천명을 받았다(受命)'는 표현부터 유가적인 의미가 내포되어 있다고 볼 수 있다. 또한 이미 불교가 주변 신하들에게 받아들여진 상황이었다는 면도 볼 수 있다. 하지만 당시 군주였던 태조와 그의 큰아들인 야율배는 불교보다 유교를 우선시해야 된다는 견해를 가지고 있었다. 이에 따라 유학은 거란 통치 계급이 존중하고 높이 받들게 되었다.

또한 『요사』의 「태조 본기」에서도 '신책(神冊) 3년(918) 5월에 거란은 상경에 공자묘를 세웠다'[8]라는 기사가 확인된다. 이듬해(919) 8월에는 거란 태조가 친히 '공자묘에 참배하였다'[9]고 한다. 이로써 거란에서 유학의 정치적 지위가 정해지게 되었다.

그러나 당시 태조의 유학에 대한 이해는 유학을 우선시하지 않았으며, 공자를 신(神)이나 부처와 동급으로 간주하였을 뿐이었다. 그는 상경에 공자묘를 건립하는 동시에 불사와 도관(道觀)도 건립하라는 조서를 내렸으며, 친히 공자묘에 참배할 때에도 '황후와 황태자는 각기 불교 사원과 도관(道觀)을 참배하여 복을 기원하라'는 명령도 함께 내렸다.[10] 여

〈그림 1〉 '공자를 숭배하고, 유교가 번성하며, 규칙과 제도를 세우다'라는 제목의 그림 ⓒ 김인희, 2019. 5
공자 화상 앞에서 의례를 거행하고 있는 거란 황제의 모습을 그렸다. 상경(上京)이 있었던 내몽골 바린 좌기[巴林左旗] 거리의 〈거란대제(契丹大帝)〉 벽화상의 그림.

기에서 거란이 불교를 국교로 삼았다는 점을 지적할 수 있다.[11] 즉, 종교적으로는 불교를 중시하고, 통치 사상으로는 유학을 택했다고 해석할 수 있다.

끝으로 거란이 유학을 통치 사상으로 수용한 것은 왕조체제를 옹호하는 유학 이념 자체의 내용도 중요한 역할을 하였음을 지적할 수 있다. 유가 사상의 '황제의 권력은 하늘이 준 것이다'라는 군권신수(君權神授)나 천명론 사상은 전제적 통치를 하는 데 상당히 유리하게 작용하였다.

2) 한족 지식인의 회유

거란 통치자들이 유학을 받아들인 또 하나의 이유는 바로 한족 지식인들이 거란 정권에 귀부하도록 하기 위해서였다. 상대적으로 취약한 소수민족 정권으로서 많은 수의 한족 인구가 거주하는 지역을 통치하기 위해서는 한족 지식인들의 도움이 필요하였다. 만약, 한족 상층 지식인들의 지지와 옹호가 없었다면 연운 16주를 통치하는 것은 매우 어려운 일이었을 것이다.

태조는 우선 한족 출신 인사들을 기용하고 중국식 제도를 채택하였다. 거란은 건국 전에 대외전쟁에서 많은 한족을 포로로 잡아 왔다. 처음에 거란은 한인을 포로로 잡으면 바로 노예로 삼고, 거란의 원래 법에 의거하여 관리하였다. 하지만 초원 지역의 생활 조건이 열악했기 때문에 도망하는 한인의 수가 매우 많았다. 동시에 중원 지역도 오대(五代)의 혼란기에 처해 있었기 때문에 적지 않은 한족 사대부들은 전화(戰火)를 피해서 거란에 투신하여 거란 태조의 중요한 책사가 되기도 하였다. 한족 유사들은 거란 통치 계급이 새로운 민족 정권을 건립하는 데 도움을 주었다. 예를 들면, 태조는 한연휘(韓延徽)의 공적에 대해 긍정적으로 평가했다.

'또한 연인(燕人) 한연휘를 얻었는데, 지략이 있고 글을 잘 지을 줄 알았다. 함께 대화하면서 즐거워하더니 드디어 모사로 삼았고, 어찌 해야 하는가를 물었다. (한)연휘는 거란의 관부를 세우도록 가르치기 시작하였고, 성곽을 쌓았으며, 시리(市里, 저자와 마을)를 세워서 한인들이 거주하도록 하고, 각기 배우자를 맞아서 황무지를 개간하도록 하였다. 이로부터 한인들이 생업에 안착하고 도망하는 자가 더욱 적어졌다. 거란은 여러 나라를 굴복시키는 데 (한)연휘의 도움을 크게 받았다.'[12]

이와 같이 한족 유사들은 중원 왕조의 전장제도(典章制度)를 모범 삼아 유가에서 말하는 '예(禮)로써 나라를 다스린다'는 원칙에 따라 태조가 남북면(南北面) 관료제도와 법률제도, 예의(禮儀)제도 등을 제정하는 것을 도왔다. 또한 경제를 회복시키고 발전시키는 데도 역할을 하였다. 『요사』 권59 「식화지」에 의하면 '태조와 태종은 비록 오랫동안 군사를 일으켰지만 농업과 목축업의 발전 및 농목민의 부세 부담을 줄이는 데에도 주의를 기울였다'고 한다.

거란 초기 한인들은 정치 확립 과정에서 중요한 작용을 하였고, 거란 태조가 통치를 공고히 하는 데 크게 기여하였다. 즉, 한인 유사들은 거란 태조가 중원의 정치제도와 통치 경험 및 한족문화, 유가 학설 등에 크게 흥미를 갖고 받아들이도록 하였다. 예를 들어, 태조는 한족 유사들에게 한자를 모방하여 거란 문자를 만들도록 하였다.[13] 거란 초기에 유가 지식인들의 활동은 주로 신생 정권을 건립, 공고하게 하였고, 각종 전장제도를 제정하였으며, 경제 등 제 방면을 회복시키고 발전시키는 데 기여하였다.[14] 하지만 당시 유가적인 화이(華夷) 사상의 영향을 받은 절대다수의 한족 지식인들은 이민족 통치를 받아들이려 하지 않았다. 거란 통치자들은 유학을 숭상함으로써 효과적으로 한족 지식인과 심리적 거리를 줄이고, 두 민족 사이의 문화 인식이 다르지 않다는 것을 보여 주고자 하였다. 이로써 한족 지식인들의 정치적인 도움을 얻을 수 있었다.[15]

거란 정권과 인식을 같이하는 한족 지식인들은 날이 갈수록 많아졌다. 유학의 현실 참여 정신은 그들이 새로운 정권 건설에 적극적으로 투신하도록 만들었고, 유가의 정치적 지혜를 운용하여 각 방면에서 거란 정권 건설을 위해 많은 의견과 계책을 제시하도록 하였다. 대표적으로 거란 초기의 강묵기(康默記)·한연휘·한지고(韓知古)·장려(張礪)·조연수(趙延壽), 중기의 곽습(郭襲)·유신행(劉愼行)·마덕신(馬德臣)·형포박(邢抱樸)·마보충(馬保中)·장검(張儉)·유육부(劉六符), 후기의 요경행(姚景行)·양석(楊晳)·왕사유(王師儒)·가사훈(賈師訓)·마인망(馬人望) 등은 모두 거란 시기 유명한 한인 관리였다.

3

거란의
유학 수용 과정

1) 거란 통치자들의 유학 숭상

태종이 즉위한 회동 원년(938) 이후 거란과 한족의 문화 교류도 증가하였다. 이에 따라 거란 귀족들은 유학 사상을 기본으로 하는 중국 왕조의 통치 경험을 더욱 중시하게 되었다. 『요사』와 『거란국지』 등에 따르면 거란 귀족들이 유학을 점점 더 수용하면서 한족문화에 통달한 거란 귀족이 늘어났다고 한다. 예를 들어, 야율배(耶律倍)나 거란 태종은 한문을 깨쳤고, 특히 야율배는 '거란과 한문을 잘 알았다'고 한다. 또한 거란 세종은 한화 경향이 있어 '중화 풍속'을 흠모하였다고 한다. 이외에도 한문과 유가 경전, 서사(書史) 등에 통달한 거란 귀족들이 많는데, 이는 유학이 연운 16주 이외의 지역까지 전파되는 계기가 되었다. 『요사』 열전 「문학(文學)」상의 서문은 거란 시기 유학 발전의 대체적인 상황

〈그림 2〉 야율배(耶律倍, 899~937)의 〈번기도(番騎圖)〉
야율배는 태조 야율아보기의 장자였으나 황위를 동생인 태종 야율덕광에게 양보한다. 그림 속 앞에서 세 번째 또는 맨 뒤의 사람을 야율배로 보기도 한다[미국 보스턴미술관(Museum of Fine Arts Boston) 소장].

을 알 수 있게 한다.

　'요는 송막(松漠)에서 일어났다. 태조는 군대로 여러 지역을 경략하느라 예문(禮文)의 일에 대해서는 돌아볼 겨를이 없었다. 태종이 변경(汴京)[16]에 들어가 후진(後晉)의 도서와 예기(禮器)를 북으로 가져온 연후에 제도가 점점 건립되고 시행되었다. 경종(景宗)과 성종 대에 이르러 과거가 성행되었으며, 선비 가운데 하급 관료에서 시종(侍從)으로 발탁되기도 하였으며, 유교를 숭상하는 아름다움이 널리 퍼지게 되었다.'[17]

　태종의 유가적인 애민(愛民) 사상에 대한 이해를 보면, "태종 회동 8년(945), 따르는 신하들에게 군국(軍國)의 중요한 임무에 대해 묻자 좌우가 대답하기를 '군국의 임무는 애민 정책을 근본으로 삼아야 하고, 백성들이 부유해지면 병력은 자연히 풍족해질 것이고, 병력이 풍족해야만 국가는 강성해집니다'라고 하자 태종이 깊이 수긍하였다"[18]고 한다. 또한 유가적인 인정(仁政)에 대한 이해와 강조는 소의(蕭義)가 북원추밀사(北院

樞密使)를 지낼 때, '위엄 있는 명령을 계속 내려서 호강(豪强) 세력을 다스리고, 인정을 베풀어서 고달픔을 어루만져 주어야 한다'[19]고 하였다.

이외에도 도종 때 진왕(晉王)으로 봉해졌던 야율인선(耶律仁先)이 '고아들과 혼자 사는 사람들을 보살피고, 간특한 자들을 금지하자 송이 소문을 듣고서 놀라 굴복하였다'[20]라는 기록을 통해서도 거란 통치자들이 유가적인 인정을 베풀었음을 알 수 있다.

이처럼 거란 통치자들은 유가 사상을 받들고 보급하기 위해서 자신들부터 유가 학설을 학습하고 유가 교육을 받았다. 그리하여 유가 사상을 충실히 따르게 되었다. 예를 들어, 세종(世宗)은 '효우관자(孝友寬慈)' 즉, 효도와 우애, 너그럽고 자애로운 것이 유가에서 요구하는 군자의 덕이라고 보았다. 또한 세종은 '중화 풍속을 받들어 진(晉)의 신하들을 많이 등용하였다'[21]고 하였는데, 이는 유가 사상이 지도하는 중원의 정치·경제와 문화를 높이 평가했음을 보여 준다. 또한 그 동생인 야율융선(耶律隆先)은 '사람됨이 총명하고, 박학하며, 시를 잘 지어 『낭원집(閬苑集)』을 남겼다'고 한다.[22] 그는 동경(東京)에서 정무를 맡았을 때, '부세를 경감하고, 형벌을 가볍게 하였다. 홀아비와 홀어미들을 구휼하고, 어질고 능력 있는 선비들을 자주 천거하였다'[23]고 하는데, 이는 유가의 관민(寬民) 정책을 실시하였음을 알 수 있다.

경종은 허약하고 병이 많아서 승천(昇天) 소작황후(蕭綽皇后)와 한인 출신 한덕양(韓德讓) 등의 협조 아래 한화정책을 힘써 추진하였다. 경종 사후 어린 성종이 즉위하자 소태후는 수렴청정을 하면서 거란의 군사와 정치 분야에서 대권을 장악하였다. 이때 한덕양은 큰 권력을 잡게 되는데, 이는 거란 역사에서 드문 일이다.[24] 이후 거란 통치자들은 한족문화의 정수를 적극적으로 접수하였고, 사회적으로도 학문을 높이고, 유학을 숭상하는 기풍을 형성하였다. 특히 성종은 소태후가 갑자기 사망하자, '슬픔에 몸이 쇠약해지고, 피를 토할 정도로 곡을 하였다'고 한다. 장례 후에는 거란족과 한족 신하들이 연호 개정을 권하였으나 상중에 하는 것은 '불효자(不孝子)'라고 하면서 대신들의 반대에도 불구하고 유가 전통에 의거하여 태후의 3년상을 견지하였다.[25] 이를 통해 성종이 유가사상의 영향을 깊이 받았음을 알 수 있다.

성종의 유교에 대한 이해는 자못 높았다. '도교와 유교는 둘 다 그 뜻이 깊다. 음악과 음성(音聲)에 특히 면밀하게 통하는 바가 있다.… 시를 읊는데 재상 이하는 시부(詩賦)를 지으라고 출제하였다. 시를 다 쓴 후 어전(御前)에 올리자 하나하나 읽고 우수한 자에게는 금대(金帶)[26]를 하사했다. 황제도 곡(曲) 100여 수를 지었다'[27]고 한다. 그뿐만 아니라 유가적 정치학설을 지도 사상으로 삼기 위해 당의 『정관정요(貞觀政要)』를 중시하였다. 또한 '친히 거란 문자로 백거이(白居易)의 『풍간집(諷諫集)』을 번역하여 거란 대신들에게 읽도록 했다'[28]고 한다.

거란의 역대 황제들은 공자의 유학 사상을 조정 신하들의 충군·애국·근정(勤政)을 판단하는 기준으로 삼았다. 유학 사상은 인·의·예·지·신(信)·서(恕)·충·효·제(悌)를 핵심으로 한다. 먼저 인(仁)은 유가 사상의 핵심 개념으로 공자가 사회·정치와 윤리·도덕에 대해 요구하는 기준이었다. 거란 성종은 '충신은 반드시 칭찬해 주고, 흉악하고 반역하는 자는 꾸짖어서 내쳐야 한다'[29]고 하였다.

성종과 아들 흥종의 재위 기간은 유학이 발전하였던 시기다. 『요사』 「문학전」 논평에는 '통화연간(983~1011)에서 중희연간(1032~1054)까지 문치를 닦는 데 힘을 기울였다'고 한다. 흥종은 유학에 정통한 거란 귀족들을 더욱 중용하였는데 거란족 문학가 소한가노(蕭韓家奴)를 이 시대의 '대유(大儒)'라고 칭했다. 또한 중희 15년(1046)에 소한가노에게 내린 조서에서는 '옛적에 천하를 다스린 군주들은 예의를 밝히고 법도를 바로잡았다. 우리 왕조가 건립된 이후에는 대대로 명덕(明德)한 군주들이 있어 국내와 외국에서 교화되기를 원하여 모여들었다. 그러나 예서(禮書)를 만들지 못하여 후세에 보여 줄 게 없다'라고 하면서 예전(禮典)을 제정하라고 하였다. 소한가노가 조칙을 받고서 경적을 고증하여 천자로부터 서민들에 이르기까지 세상에 시행할 수 있는 책 3권을 편찬하여 올렸다. 이어서 흥종이 '여러 서적들을 번역하라'는 조서를 내렸다. 소한가노는 '황제가 고금의 역사를 알고 싶어 해서『통력(通歷)』,『정관정요』,『오대사』등을 거란 문자로 번역하여 흥종과 거란 귀족들이 읽을 수 있도록 하였다'[30]고 하였다.

흥종의 아들 도종 시기에는 시호에서도 알 수 있듯이 거란 유학이 더욱 발전하였다. 도종 자신도 유학에 조예가 아주 깊었을 뿐만 아니라 평상시에도 학사들과 더불어 유학 경서의 뜻에 대해 토론하였다. 그는 즉위하였을 때부터 자주 유학자들을 불러『오경』의 대의(大意)를 설명하도록 하였다.[31] 당시 어떤 한인이『논어』를 설명하다가 "'이적(夷狄)에 군주가 있다'라는 구절에 이르자 읽기를 피하면서 감히 해석하지 못하자, 도종이 '옛날에 훈죽(獯鬻)이나 험윤(獫狁)은 전혀 예법이 없었기 때문에 이(夷)라고 불렀지만, 나는 문물을 훌륭하게 만들어 중화(中華)와 다르지 않은데 어찌 거리낌이 있겠는가?'라고 하면서 끝내 해석하도록 하였다"[32]고 한다. 이는 거란 통치자가 거란이 중화와 같은 수준에 도달하였다는 자부심을 보여 주는 예라 할 수 있다.

거란 왕조는 유학을 통치에 이용하였기 때문에 중화와 대등한 관계에 있다고 보았는데, 그 이유는 거란이 이미 예법을 갖추었다는 것이 핵심이다.[33] 유교는 일찍이 이적을 중국과 분리시켜 중국은 도가 행하여지는 곳이고, 이적은 도가 없기 때문에 사람이면서도 사람이라 할 수 없다고 보았다. 여기서 말하는 도는 성인의 예악(禮樂)과 형정(刑政)으로서 하늘로부터 본받은 것을 말한다.[34] 그중 가장 강조된 개념은 '예'로, 선진 유가 문헌에서는 화이의 차별은 종족적·혈족적인 성질보다도 오히려 '문화'적 개념이 기준이었다. 바로 문화를 구성하는 내용이 유가에서 말하는 '예'라는 것이다. '예'는 단지 일상적인 거동을 문제로 할 뿐만 아니라 그것들을 포함하는 총체적인 생활 질서를 규범화시킨 것이었다.[35] 그뿐만 아니라 도종은 청녕 3년(1057) 8월에 '군주와 신하는 같은 뜻을 가지고 있고, 중국과 오랑캐도 같은 풍속을 가지고 있네(君臣同志, 華夷同風)'라는 내용의 시를 황태후에게 올렸다.[36]

그러나 도종 후기와 천조제가 즉위한 후 정치가 부패하고 정국이 요동치면서 국세가 부진하였고, 유학도 크게 발전하지 못하였다.

2) 거란의 유학 수용 과정

① 학교 설립과 유학 보급

태조 야율아보기가 거란을 건국한 이후 세력이 만리장성 이남의 북한(北漢) 지역까지 확장됨에 따라 거란인은 한족 문명과 접촉하기 시작하였고, 점점 더 많이 받아들이게 되었다. 거란 전기 통치자들은 한인을 효과적으로 통치하기 위해 유학을 받아들여야만 했다. 이들은 숭유존공(崇儒尊孔) 사상을 기본으로 하여 각급의 교육기구를 설립하는 데 크게 힘써 유학이 발전하게 되었다.

거란의 교육 발전 첫 단계는 유학이 전파되는 특징에 근거하여 대략 전후의 두 단계로 나눌 수 있다. 먼저 건국 초부터 태종 시기인 천현(天顯) 12년(937)까지는 거란인들이 유학과 접촉하고 이해하기 시작하는 단계이다. 다음으로는 태종 회동 원년(938)에서 경종 건형(乾亨) 5년(983)까지로 유학이 연운 16주의 한족 거주 지역에서 거란 영역 내의 기타 지역으로 전파되고 거란의 교육제도가 점차 확립되는 단계이다.[37]

태조는 거란 역사상 처음으로 한족의 예법(漢法)에 따라 장자인 야율배를 황태자로 책립하였지만, 그의 사후에 술률(述律)태후는 여전히 초원의 관습법에 따라 차자(次子)인 태종을 황제로 삼았다. 한화를 주장했던 야율배는 부득이하게 후당(後唐)에 투신하였다. 이와 같은 상황으로 볼 때 유학이 당시 거란 사회에 미친 영향은 매우 적었으며, 유학을 받아들이려는 사회적 수요도 거의 없어 아직까지 유학을 교육하는 기관은 건립되지 않았고, 제도도 정비되지 않았음을 알 수 있다.

중앙의 교육기구로 국자감 설치와 관련하여 『요사』 「백관지」 3에는 '상경의 국자감은 태조가 세웠다'라는 기사가 있다. 이를 근거로 거란 상경에 국자감이 신책 3년(918) 공자묘를 세운 것과 동시에 건립되었다고 해석한다.[38]

하지만 이 사료는 의문의 여지가 있다. 첫째 위에 서술한 바와 같이 당시 거란 사회에서는 국자감을 설치할 만큼 유학에 대한 수요가 많지 않았다. 태조 시기에는 거란 내의 한인들은 대개 노비 신분이었기 때문에 학문을 할 자격이 없었고, 거란인 중에는 유학을 배우고자 하는 이가 거의 없었다. 두 번째로 거란의 관직이 남면(南面)과 북면(北面)으로 분리되어 있었다는 것을 들 수 있다. 남면관은 한인을 담당하고, 북면관은 거란인을 다스렸다. 남면관제는 태종 시기에 처음 형성되었다. 회동 원년(938)에 태종은 '연운 16주를 차지하고, 당의 제도를 이용하여 남면에 삼성(三省)·육부(六部)·대원(臺院)·시감(寺監)·제위(諸衛)·동궁(東宮)의 관직을 설치하였다'[39]고 하는데, 이것이 거란에서 처음으로 남면관을 설치한 것이다. 태조 시기에는 거란 경내에 거주하는 한인에 대한 업무가 많지 않았기 때문에 '한인사(漢儿司)'를 두고 담당하게 하였다.[40] 따라서 태조 시기 유학을 교육하는 전담 교육기관인 국자감을 설립하였다고 단정하기 어렵다.[41]

이후 태종은 남경에 '태학(太學)'을 설립하여[42] 남경 유생들에게 공부할 수 있는 장소를 제공하였다. 유주 지역을 거란이 차지한 후 문화·교육 사업은 계속 발전하였다. '사람들은 재주가 많아서 우수한 자는 학문을 하였고, 그다음으로는 말을 타고 활 쏘는 기술을 익혔다'[43]는 기록으로 보아 유주는 거란에서 문화·교육이 가장 발달한 지역이었음을 알 수 있다.

도종은 청녕 원년(1055) 교육을 진흥시키고 교육 내용으로 유가 경전을 사용하라는 조서를 내렸다. '학교를 설치하여 인재를 기르고, 『오경』의 전소(傳疏)[44]를 배포하며, 박사(博士)와 조교(助敎)를 각기 1명씩 두도록 하라'[45]고 하였고, 『사기(史記)』·『한서(漢書)』를 공식적으로 배포하여 학생들이 학습하도록 하였다.

거란은 중요한 부(府)·주(州)·현(縣)에 학교를 설립하였고, 박사와 조교를 관원 신분으로 파견하여 지방 교육체계를 정비하였다. 서경(西京)의 봉성(奉聖)·귀화(歸化)·운(雲)·덕(德)·굉(宏)·울(蔚)·유(儒) 등 지방의 주학(州學)⁴⁶에도 교과 과정을 설치하였으며, 유가 경전을 주요 학습 과목으로 삼았다. 『오경』이 교재로 쓰였다는 점은 당·송과 유사한데, 거란도 경전을 통해 애국·충군 사상을 고취시키고 사회 기풍을 순화시키려 하였다.⁴⁷

거란 통치자들은 중앙과 지방에 다양한 종류의 학교를 설립하는 것 외에도 궁정 교육 또한 중시하였다. 종실 자제를 위한 전문적인 제왕문학관(諸王文學館)을 설치하고, 저명한 유학자들의 과목을 개설하였다. 따라서 양질의 교육을 받은 거란의 왕공(王公)과 귀족들의 문화 수준은 일반인들보다 높았다. 그 예로 앞서 본 바와 같이 야율배·성종·도종·야율융선(耶律隆先) 등은 모두 유학에 조예가 깊었다.

청녕 6년(1060)에는 '중경에 국자감을 설립하였으며, 공자에 제사를 지내라고 명령을 내렸다.'⁴⁸ 국자감 설립은 거란에서 유학 교육의 위상이 높아졌음을 보여 준다. '국자감 설립 후에 유학 교육이 확산되어 각지에서 관학과 사학이 세워졌다.'⁴⁹

이외에도 송과 마찬가지로 서원도 설립되었다. 한림학사(翰林學士) 형포박(邢抱樸)은 응주(應州)에 가서 용수(龍首)서원 등을 창설하였다. '학문을 하려고 하는 자는 한인에 국한되지 않았고 거란인도 있었다. 번한관(蕃漢官) 자손 중에 우수한 자는 반드시 중국의 서책을 배우도록 하였고, 경사(經史)를 익히도록 했다.'⁵⁰

그러나 서원에 대한 기록은 거의 남아 있지 않고, 개별적으로 유학 교육이 이루어진 것으로 보인다. 예를 들면, 소포노(蕭蒲奴)는 어렸을 때 가난하여 의원의 집에 고용되었는데 '의원이 글을 익히도록 가르치자 총명하고 민첩하여 공부하기를 즐겼다. 몇 년이 지나지 않아 경전과 역사책을 섭렵하였다'[51]고 한다. 야율포노(耶律蒲魯)는 '한문을 익힌 지 10년이 안 되어 경전과 서적에 널리 통달하였다'[52]고 한다. 또한 소한가노(蕭韓家奴)는 '어려서 학문하기를 좋아하여 약관(弱冠)에 남산(南山)에 들어가 공부하여 경사(經史)를 널리 섭렵하고, 거란 문자와 한자에 능통하였다'고 한다.[53]

학교 보급은 거란 사회의 문화 수준을 전체적으로 제고시켰고, 과거제 영향으로 날로 확대되었다. 성종 이후, 특히 도종과 천조제 때 거란 조정의 중요한 한인 관료, 즉 남추밀원(南樞密院)과 중서성(中書省) 장관과 관리들은 대개 진사 출신이었다.

거란의 유학 발전은 북방 변방 지역의 여러 민족의 교육제도 건립과 발전에도 큰 영향을 주었다. 예를 들어, 금대 초기의 학교제도와 과거제도 등은 거란의 영향을 받아 건립되었고, 점점 더 완비되었다.[54]

② 과거제 실시와 관리 양성

과거제는 중국 역대 왕조에서 인재를 선발하는 주요 방식이었다. 과거는 유학 경전 내용을 시험하고 입시자의 능력을 판단하는 것으로 유학 사상은 줄곧 통치 사상 중 주도적인 위치에 있었다. 과거시험을 통과하여 관리로 선발된 이들이 높은 학문을 바탕으로 유가 전통을 만들어 내었다.

거란이 건국할 당시에는 과거시험이 없었으나 몇 년이 지난 후 정권을 공고히 하기 위해서 실시되었다. '태조가 삭막(朔漠)⁵⁵ 지역에서 일어났을 때는 전쟁에 여념이 없었기 때문에 과거제를 실시하지 못하였다. 평화가 지속되면서 비로소 시작되었다'⁵⁶고 한다. 대체로 태종 회동(938~946) 초년에 연운 16주 지역에서 실시되기 시작했다고 보고 있다. 이는 『송사』「송기전(宋琪傳)」에 '진(晉) 고조(高祖)가 연 지역을 나누어 거란에 주었는데, 거란은 과거 공부(貢部)를 매년 개설하였다. (송)기가 과거에서 진사(進士)에 급제하였다.… 때는 천복(天福) 6년(941)이었다. 오대 후진의 천복 6년은 거란의 회동 4년이다. 또한 실방(室昉)은 회동 초(938)에 진사에 급제하여 노룡순포관(盧龍巡捕官)이 되었다'⁵⁷는 기록이 있다. 이로 미루어 거란 시기 과거는 정기적으로 실시된 것은 아니었을 것으로 보인다. 거란 초기 문헌은 사라진 것이 많아 오늘날 알 수 있는 태종 시기 진사는 겨우 두 명에 불과하다.⁵⁸

이후 태종은 중원을 공격하다 실패하고 돌아오는 길에 사망하였다. 태종의 뒤를 이은 세종과 목종은 거란 귀족 내부의 반란으로 정국이 불안정하여 과거제도를 제대로 실시할 만한 여력이 없었다.

이후 경종 보녕(保寧) 8년(976) 12월에 다시 '남경⁵⁹에 예부(禮部)의 공원(貢院, 과거시험장)을 복원하라는 조서를 내렸다'⁶⁰고는 하지만 이 시기 과거를 통한 관리 선발 범위는 여전히 연운 16주 지역에 한정되었다. 이때 유학경전 내용을 과거시험 보아 관리를 선발하고 유가 의례(儀禮) 형식을 차용하였다. 주로 한인을 위해 개설한 것이었으며, 목적 또한 한족 유사를 유치하여 정권을 공고히 하려는 것이었다. 그 이유는 한족 유사들이 성왕(聖王)의 도(道)를 가지고 천하를 다스리는 이상을 실현하는 데 편리한 방법을 제시하였기 때문이었다. 거란 통치자들의 유학 존중은 당시 거란의 한족 유사들이 가지고 있던 화이관을 변화시켰다.

성종 시기인 988년(통화 6)에 '공거(貢擧)를 실시하고, 최우수자 1인을 급제시키도록 하라'는 조서가 내려진 것이 거란 전 영역에서 과거를 통해 관리를 선발한 최초의 사건이다.[61] 처음에는 매년 진사를 뽑았는데 규정된 인원은 총 2~3인에 불과하였다. 거란과 송이 전연지맹을 맺은 후 사절의 왕래가 증가하면서 거란 조정은 외교 활동의 수준을 높이기 위해서 '해마다 뛰어난 인재와 문사(文史)에 총명한 자를 선발해서 송으로 보내는 사신을 준비하도록 하라'[62]고 하였다. 봉건왕조적 통치체제가 자리 잡으면서 각 방면에 문화적 수준을 갖춘 인재가 필요하게 되었다. 이에 과거의 범위가 확대되었고, 진사 급제자의 수도 증가하여 매년 수십 명에서 많을 때는 100여 명에 이르기도 하였다.[63] 흥종 때는 규정을 다시 정하여 응시자의 신분에 제한을 두기도 하였다.[64]

『요사』 권17 「성종기」 8과 『요사』 권26 「도종기」 6에는 '태평 5년(1025) 진사 72명을 뽑아 시를 짓게 하고, 그 능력의 우열을 정하여 장욱(張昱) 등 14명은 태자교서랑(太子校書郎)으로, 한란(韓欒) 등 58명을 숭문관교서랑(崇文館校書郎)으로 삼았다'고 하였고, '성종 태평(太平) 8년(1028)과 도종 수창(壽昌) 원년(1095)에 진사로 급제한 사람은 187명'이라는 기록으로 보아 유학을 기반으로 하는 과거제도가 자리 잡았음을 알 수 있다. 이에 따라 거란 왕조의 통치 집단이 확장되었고, 유학문화와 사상이 거란에서 주도적인 지위에 오를 수 있는 기초가 마련되었다.[65] 거란의 과거에는 '뛰어난 한인에게 관직을 주고, 중국의 제도를 모두 본받고자'[66] 하는 의지가 담겨 있었다.

거란 초에는 과거에 임할 수 있는 응시 자격을 엄격히 제한하여 한인에게만 참가 자격을 부여했지만 후에는 점점 확대되어 거란인들에게도 자격이 주어졌다. 도종 후기부터 통치가 부패하고 사회가 혼란해지면서 정부의 재정도 곤란하게 되었다. 이에 따라 과거제도가 제대로 실시되지 못하였고, 일부 부자들이 재물로 공명(功名)을 사게 되었다. 이러한 현상은 더욱 확대되어 학교 교육은 원래의 의의를 상실하고 점점 쇠퇴하게 되었다.

③ 유학 보급과 민중 교화

거란족은 1천 년이 넘는 유구한 역사를 가진 유목민족이다. 다른 중국 북방의 소수민족과 마찬가지로 초원과 넓은 사막에서 유목과 어렵을 주로 하였다. 건국 전에는 부족 단위로 이동하며 생활하였다. 『요사』에도, '대막(大漠) 지역은 매우 춥고, 바람이 세서, 목축과 물고기 잡이, 사냥 등으로 먹고, 모피로 옷을 해 입으며, 계절에 따라 옮겨 다니며, 말과 수레를 집으로 삼는다'[67]라고 기록되어 있다. 하지만 거란 왕조가 건립된 후에는 유학의 영향을 받아 생활방식·사상·관념·사회풍속 등 모든 면에서 큰 변화가 일어났다.

유학이 거란 왕조의 정치 지도 이념이 되면서 그 영향력이 점점 확대되어 충효와 절의 등 유학 사상의 도덕관념도 거란인 사이에 점점 퍼지게 되었다. 그리하여 '교화를 잘 받아 익숙해지면서 백성들이 예의를 따르는 새로운 국면이 출현하였다.'[68] 또한 흥종 중희 21년(1052)에 야율의선(耶律義先)이 황족의 정치와 종교를 관장한 대척은사(大惕隱司)의 척은(惕隱)에 임명된 후 족인들에게 경계하면서 이르기를, '국가의 삼부방(三父房)은 최고의 귀족들로, 무릇 천하 습속의 아름다움이 여기서부터 나오니 비록 작은 것이라도 불효와 불의를 해서는 안 된다'[69]라고 하였다. 이는 통치자의 전제정치를 강화하기 위하여 법률을 제정하고 예교로서 습속을 수정하여 상하귀천의 분별이 있도록 하는 것을 의미한다. 즉, 귀족들을 선두로 하여 유학이 주장하는 충효 등 도덕·윤리 관념을 솔선수범한 것으로 해석할 수 있다.

유학은 경종부터 거란 말기까지 건국 초기에 비해 신속하게 발전하였고, 다양한 방식으로 조정과 민간에 전파되었다. 거란 후기 유학의 발전과 유학자들의 활동은 전기에 비해 더욱 두드러졌다.[70] 유학 사상이 거란의 기본 국책이 되면서 백성을 교화하는 데 있어서도 '효제(孝悌)'와 '삼강오륜(三綱五倫)'을 백성들의 기본 윤리로 삼았다. 효제는 부모에게 효도하고, 형에게 공손한 것을 말한다. 이는 983년 성종이 내린 조서를 통해서도 알 수 있다. '백성 가운데 부모가 있는데도 별도의 호적을 갖고 따로 사는 자는 발각되면 죄를 받도록 한다. 또한 부모에게 효도하고 3대가 동거하는 자는 정문(旌門)을 세워 표창하도록 한다'[71]라고 하였다. 이는 백성들에게 유가의 덕목인 효제를 권장한 것이다. 효제 권장은 거란인이 충효를 비롯한 유학의 도덕관념을 점점 더 받아들이게 되는 계기가 되었다.

한편 여성사적 측면에서 보면 거란 중기 이후 일부 여성은 유교문화의 영향에 따라 삼강오륜의 예교 관념을 받아들이기 시작하였다. 남편의 관직에 위험이 닥치거나 남편이 먼저 죽으면, 여인들이 남편과 함께 동고동락하거나 혹은 수절(守節)을 위해 순사(殉死)하기도 하였다. 그뿐만 아니라 유가적 가족질서를 지킨 여성들을 미덕으로 표창하였다.

'형간(邢簡)의 처 진(陳)씨는 나이 겨우 15세 무렵에 경전의 뜻을 섭렵해 통하였으며… 시부모에게 효도하고, 부인들 사이가 화목하여 친족들이 귀히 받들었다. 아들 여섯을 낳아서는 진씨가 직접 경전을 가르쳤다. 뒤에 두 아들 형포박(邢抱樸)과 형포질(邢抱質)은 모두 어질어 재상의 지위에 올랐다. 통화 12년(994) 진씨가 죽자 예지(睿智) 황후는 이를 듣고 슬퍼하며, 노국(魯國) 부인을 추증하고, 비에 새겨, 그의 행실을 표창하였다.'72

이 기록에서 진씨가 아들에게 유학 경전을 가르쳤다는 것으로 보아 여성도 유학 교육을 받았음을 알 수 있다.

〈그림 3〉 '아이를 땅에 묻어 어머니를 봉양한다'는 내용의 화상석 효자도 (랴오닝성박물관 소장)
ⓒ김인희, 2019. 5

『요사』의 「열녀전(列女傳)」에는 현숙한 여인 2명과 열녀(烈女) 3명이 들어가 있다. 이는 정사(正史)의 편제에 맞추기 위한 것으로 보이지만 거란족의 씨족적 전통과 다른 유가적 이념의 영향을 받은 것으로 간주할 수 있다. 「열녀전」에 보면 '진씨는 경전을 아들들에게 가르쳐 모두 어진 정승이 되게 하였고, 야율씨는 자신의 한 몸을 깨끗이 지니고 시집가지 않은 채 군주에게 충성하였으니 어질다고 하였고, 소씨 세 사람의 절개는 열혈장부라도 못 할 일'이라고 하였으니 유학적 기준에 의한 평가임을 알 수 있다.

거란족은 원래 진부한 규칙과 풍습을 가지고 있었는데 유학 사상의 인·의·예·지·신·서(恕)·충·효·제 등이 보급되면서 거란 사회의 윤리·도덕적 기준이 되어 거란 사회의 문명과 발전을 촉진하였다[73]는 평가도 있다.

또 다른 연구에 따르면 "중원 봉건문명을 접수하고, 한족문화를 열심히 배워서 원래의 야만적이고 낙후되었던 습속을 버리고, 신속하게 중원 봉건문명과 나란히 가는 길로 나아갔다. 근래에 거란 무덤에서 발굴된 화상석(畫像石)에 그려져 있는 고사(故事)는 모두 중원 지역에서 광범위하게 퍼져 있던 '이십사효도(二十四孝圖)'에서 나온 것이다. 이는 유가의 『효경(孝經)』이 구체화하고 형상화되었다는 것을 보여 준다. 즉 거란 유학이 광범위하게 보급되어 사람들의 마음에 깊은 영향을 미쳤다"고 하였다.[74]

기존 연구에 따르면 거란인이 중국의 유학을 그대로 흡수했다는 관점에서 서술하고 있다. 하지만 이는 현재 중국 학계의 기본 시각으로 당시에 어느 정도의 영향을 미쳤는지에 대해서는 함부로 결론을 내릴 수 없다. 그리고 화상석을 예로 들어 유학이 민간에 보급되었다고 하는데 적절하지 않다. 왜냐하면 화상석은 상층 사회에서만 세울 수 있는 것으로 현존하는 화상석만을 예로 들어 일반인들이 유학을 수용하였다고 주장하는 것은 타당하지 않기 때문이다.

4
거란 유학의 거란족적 특징

거란 시기 통치의 기본 방침은 '한인의 제도로 한인을 통치한다(以漢制待漢人)'는 것이다. 거란의 유학 수용과 보급은 이 제도와 밀접하게 연관되어 있다. 이 제도를 실시한 이유는 거란이 건국을 전후하여 강대해졌고, 중원 정권은 혼전을 거듭하는 상황에서 거란의 지배 범위가 신속하게 확장되었기 때문이다. 회동 원년(938) 후진의 석경당(石敬瑭)은 자신이 황제가 되는 데 도움을 준 대가로 거란에 지금의 베이징과 허베이[河北], 산시[山西] 북부에 해당하는 연운 16주를 할양해 주었다. 이 지역의 경제·문화 수준은 거란 본국에 비하여 훨씬 높았기 때문에 이 지역 사람들은 거란에 한족문화를 보급하였다. 특히 유학을 통치에 이용하면서 유학은 거란인들에게 한층 더 쉽게 수용되었다.

유목 위주로 생활하던 거란인들은 연운 16주 지역을 획득한 초기에 이곳을 관리할 관리가 없었으며, 농경민족을 통치한 경험도 없었다. 이 지역 한인 사대부들 또한 이민족의 통치를 받길 원하지 않았다. 태종은 '새로 귀부한 사람들을 어루만지어 받아들인다'는 원칙으로 연운 16주 지역을 안정시켰고, 한편으로 중국의 제도를 참고하여 한족 관리를 채용하였다. 이는 '한인의 제도로 한인을 통치한다, 습속에 따라서 다스린다'는 원칙에 입각한 것이다.

『요사』「백관지」 서문에는 '태종에 이르러서 중국을 아울러 다스리게 되면서 관을 남·북으로 나누어 국제(國制)로 거란을 다스리고, 한제(漢制)로 한인을 대하였다. 국제는 간략하고 소박하였고, 한제는 명분을 지키는 경향이 굳게 남아 있었다. 거란은 관제를 북원과 남원으로 나누었다. 북면은 궁장(宮帳)·부족(部族)·속국(屬國) 정무를 다스리고, 남면은 한인의 주현(州縣)·조부(租賦)·군마(軍馬)의 일을 다스렸다. 관습에 따라서 다스리는 것이 적당하였다'[75]라고 기록되어 있다. 이와 같이 거란은 '일국양제'라는 이중체제적인 통치제도를 설립하여 국세를 안정시켰을 뿐 아니라 정권을 공고히 하였다. 또한 '이미 연운 16주를 얻어서 당의 제도를 이용하였으며, 다시 남면에 삼성·육부·대원(台院)·시감(寺監)·제위(諸衛)·동궁(東宮) 등 관을 설치하였다'[76]는 것은 거란에서 유학에 입각한 제도를 설치하였음을 의미한다.

앞서 본 바와 같이 행정·통치 면에서 관리 선발이 시작된 것은 태조 때부터다. 이는 명백하게 '정치를 행하는 것의 요체는 진실로 사람을 얻는다'라는 원칙에 입각하고 있다. 태조는 한연휘(韓延輝)·한지고(韓知古) 등 한인을 거란의 통치집단에 편입시켜 중요한 임무를 맡겼다. 유가에서 주장하는 '학문이 우수하면 관직에 임용한다'라는 관점에서 태종 시기에는 더욱 많은 인재를 선발하기 위해 유가의 과거제도를 개설하였다.

그러나 당시의 과거제도는 연운 16주 지역에 국한되었다. 거란족의 관리 임용제는 원래 자손 중에서 역량이 있는 자에게 전수되는 세선제(世選制)였다. 세선제란 특권을 가진 가문 중에서 몇몇 기준에 의해 선발한 합격자가 관직과 작위를 계승하는 것을 말한다. 거란 초기에는 황후족 중에서 북부재상을 세선하였지만 얼마 지나지 않아 이러한 유습은 사라지고 황제가 직접 임명한 것으로 보인다. 거란 말기로 가면 세선에 대한 기록은 보이지 않는다. 아마도 무인은 전공(戰功)에 따라 승진하고, 문인은 학교나 과거를 통하여 관계에 진출하여, 능력 여하에 따라 승진의 기회가 주어진 것으로 보인다.[77]

성종 시기가 되면서 과거제도가 완전히 갖추어졌다. 그뿐만 아니라 능력이 있으면 출신을 묻지 않고 등용하기도 하였다. 예를 들면, 야율한팔(耶律韓八)은 태평 연간(1021~1030)에 '대궐 옆을 지나가게 되었는데 미행을 나온 성종을 우연히 만나 대화를 나누었는데 성종은 그가 큰 재주가 있다는 것을 기억해 두었다가 후에 발탁했다'[78]는 기록이 있다. 성현(聖賢)의 재목을 구하기 위해서 성종은 '포로로 잡은 송인(宋人) 가운데 관리나 유생으로 능력이 있는 자와 여러 곳의 군(軍)에 있는 용감하고 건장한 자들을 널리 찾아 쓰도록 하라'[79]는 명령을 내렸다. 실제로 송에서 장군을 지냈던 왕계충(王繼忠)은 거란의 포로가 된 후 추밀사(樞密使)와 같은 요직에 오르기도 했다.[80]

거란은 초기에 거란인들의 상무 풍속을 유지하고, 통치 지위를 보호하고자 거란인들이 과거에 응시하는 것을 허락하지 않았다. 흥종 시기에는 종실인 야율서잠(耶律庶箴)이 아들인 야율포노(耶律蒲魯)에게 과거에 응시하도록 하여 '채찍 200대를 때렸다'는 기사가 보인다.[81] 이는 흥종 시기에도 응시 자격이 한인에 국한되어 있었음을 보여 준다. 그러나 한족문화의 영향력이 확대되면서 도종 이후에는 이 같은 제한이 없어졌다.

또한 관리의 청렴과 관계된 문제에 대해 여러 차례 처벌하라는 조서를 내리자 처벌제도도 마련하였다. 탐오(貪汚)하거나 뇌물을 받은 자는 법률적 제재를 내려 파관이나 영원히 관리가 되지 못하게 하는 조처가 있었다. 태평 6년(1026) 성종은 '북과 남의 각 부에 조서를 내려 주현(州縣)과 석렬(石烈), 미리(彌里)[82]의 관리를 자세히 살피게 하여 잘 다스리지 못한 자는 파면하도록 하라'고 하였고, 다시 조서를 내려 '대소의 관리 가운데 탐욕하거나 백성들에게 잔인한 자는 바로 파면시켜 종신토록 다시 쓰지 말라. 청렴하지 못하거나 정직하지 못한 자는 비록 중임을 맡고 있다고 해도 바로 교체할 것이며, 청렴하고 근면한 자가 낮은 자리에 있다면 마땅히 천거하여 선발하라. 왕족으로서 뇌물을 받은 것이 드러나면 일반 백성이 범한 것과 같이 처리하라'[83]고 하였는데, 이는 모두 유학사상의 영향을 잘 드러내 주는 대목이다.

거란 전기에는 정국이 혼란하고 반란과 찬탈이 끊이지 않아 세종과 목종은 비명에 죽었다. 그러나 유학의 도덕윤리 관념을 거란 사회가 보편적으로 받아들이면서 거란의 전제정치 또한 부단히 강화되었다. 도종 때는 엄격한 상하 등급제도가 실시되면서 황권도 전에 비해 공고해졌다.

거란 유학은 200여 년에 걸친 발전 과정을 통해 거란 사회의 여러 방면에 중요한 영향을 미쳤다. 우선 정치 방면에서 거란 통치자들은 유가가 주장한 인정 학설을 정치 지도 방침으로 삼아 공자의 인자(仁者)는 애인(愛人)한다는 인정 학설을 강조하고, 가혹한 정치와 폭정에 반대하였다. 이는 거란 초부터 황제와 조신들이 관철하려고 한 방침이었다.

태종은 일찍이 애민을 옹호하였고, 이치(吏治) 행정 방면에서 유가의 도덕 기준으로 관리를 승진시키거나 파면하는 것을 원칙으로 삼았다. 성종 때는 민족과 출신을 가리지 않고 어질고 능력 있는 자를 등용하였다. 법률 제도 측면에서도 거란 초기에는 같은 죄를 다른 법으로 다스리고 엄형(嚴刑, 엄격한 형벌)과 혹법(酷法, 가혹한 법)을 실시하였는데 점점 동일한 법률을 적용하고 너그럽게 적용하는 방식으로 바뀌었다. 마지막으로 사상·문화 측면으로는 유가의 삼강오륜(三綱五倫)을 신민(臣民)의 도덕 기준과 행위 준칙으로 삼았고, 충군과 애국, 근정(勤政)을 신하들의 행위 기준으로 삼았다. 또한 '효제'와 '삼강오상'의 학설로 백성들을 교화하였고, 백성들에게 효제 행위를 장려하였다.

거란족은 다른 북방계 민족에 비하여 문학을 좋아했다. 이는 종족의 성격적인 특성이나 재예(才藝)도 있겠지만 중요한 것은 일세의 문풍이라고 보는 시각도 있다.[84] 유가 사상의 영향을 크게 받은 거란 문인들의 작품이 『요사』 열전에 「문학전」 2권으로 따로 입전되어 있는데, 이는 원대에 편찬한 『요사』가 『송사』 열전과 비슷한 체제를 지향한 것이다. 「문학전」에 입전된 인물들을 '군자(君子)'로 표현하였듯이 유학자임은 분명하다. 『송사』에는 유학자들을 다룬 「도학전」 4권, 「유림전」 8권이 있고, 「문원전(文苑傳)」 7권이 입전되었다.

한편, 유학은 거란의 의례(儀禮)에도 영향을 미쳤다. 거란은 유가 의례를 기본으로 하는 중국의 제도를 모방하였지만, 한제(漢制)에 자국의 고유 습속을 접목하여 국가의례로 삼은 것으로 보인다. 이는 거란 민족 본래의 기풍과 고유문화를 보존하기 위해 특유의 모습으로 나타났다.[85] 거란 사람들은 스스로 '황조(皇朝)가 천하를 무(武)로 평정하였고, 문으로 지켰다'⁸⁶라고 하였는데, 거란 유학 교육의 발전과 흥성은 바로 문(文)을 기반으로 하였기 때문에 가능한 것이었다. 중국 학계에서는 '유학을 숭상하고 문을 중시함으로써 원래 상무(尙武) 기풍을 가지고 있던 거란족은 점점 더 문약해지게 되었다'⁸⁷고 지적하는데 유학을 통치에 이용한 결과 바로 문약해졌다는 인과관계는 성립할 수 없다. 거란 말기에 이르면 황제는 우매하고, 부패가 만연하여 사회모순이 격화되어 국력이 약화되었기 때문에 상대적으로 전투력이 우세한 금군에게 멸망한 것이지, 유학을 통치에 이용함으로써 문약해졌기 때문은 아니다.

거란국은 본 민족의 각종 습속과 민족문화를 견지했으며, 거란 유학은 거란문화와 유학을 융합한 것이었다. 따라서 거란 경내의 유학은 거란의 민족적 색채를 지니고 있었다. 예를 들면 거란국의 사계순수제(四季巡守制), 군민(軍民)을 통일한 군사제도 및 유목 방식과 농업 생산방식이 병존한 것 등은 유학을 도입하면서도 민족적 특색을 지키려 한 전형적인 예로서 지적되고 있다.⁸⁸

유학이 널리 퍼지는 과정에서 거란의 관학 교육은 중요한 작용을 일으켰다. 유학을 핵심으로 하는 학교 교육과 과거제도는 유학이 거란에 전파되는 데 결정적인 역할을 하였다. 특히 유학을 예제에 이용하여 거란족의 의례와 융합시켜 독창적인 것을 만들어 냈다. 이렇게 북방 유목 민족 가운데 첫 번째로 중원 유가문화를 접수한 거란은 유가문화가 확산되는 데 큰 공헌을 한 셈이다. 서하 등 이웃 나라에서도 이를 모방하였고, 모두 한족문화를 학습하였다. 거란은 말 위에서 천하를 얻은 다음 문(文)으로 다스리는 문치 사상을 확립하였으며, 이는 사회 발전의 수요에 상당히 부합하였다고 볼 수 있다.

5

유학을 통한
거란 제국 확립

　거란 시기 유학 사상은 여러 가지 방식을 통하여 전파되어 거란 정권을 공고하게 만들었고, 거란의 정치·경제·문화 제 방면의 발전에 기여하였다. 유학문화 사상은 거란 통치자들이 나라를 효과적으로 다스리고 안정시키기 위한 기본적인 국책의 하나가 되었고, 거란의 정치를 비롯한 사상과 문화, 사회습속, 도덕관념 등 사회의식에 적지 않은 영향을 미쳤다. 동시에 중국 북방 내지 동북아 지역으로 유학의 영향력을 확대시켰다.

　이상에서는 거란이 통치에 유학을 이용하였던 이유와 수용 과정을 유학 숭상, 학교제도와 과거제도, 거란국 내의 유학 수용 양상, 그리고 거란족적인 특징 등으로 나누어 고찰하였다. 거란 초기 태조는 한족 출신 인사들을 기용하고, 중국식 제도를 취하였다. 한족 유사들은 중원 왕조의 전장제도를 모범 삼아 유가에서 말하는 '예로써 국가를 통치하는' 원칙에 따라 태조가 남북면 관료제도와 법률제도, 예의제도 등을 제정하는 것을 도왔다. 초기 거란 통치자들은 한인을 효과적으로 통치하기 위해서는 한족 지식인들이 거란 정권에 귀부하도록 해야 했고, 그러기 위해서는 유학을 선양하지 않을 수 없었다.

유학을 수용한 이후 거란 귀족들은 유가 사상을 핵심으로 하는 중국 왕조의 통치 경험을 더욱 중시하게 되었다. 『요사』와 『거란국지』 등에 따르면 태조의 장자인 야율배(耶律倍)나 태종 등 한족문화에 통달했던 거란 귀족이 적지 않았다고 한다. 거란 통치자들은 유가 사상을 받들고 보급하기 위해서 자신들부터 유학 사상을 학습하고 유가 교육을 받았다. 성종과 흥종, 도종 재위 기간에는 유학이 발전하였으며, 특히 도종은 유학에 조예가 아주 깊었을 뿐만 아니라 평상시에도 학사들과 더불어 유학 경의(經義)에 대해 토론하였다. 도종은 거란족이 세운 거란 왕조는 유학을 통치에 이용하였기 때문에 송과 대등한 관계라고 주장하기도 하였다.

학교제도는 태조 시기부터 건립되었는데 국자학과 오경학(五經學)을 포괄하였다. 거란은 중요한 부·주·현에 학교를 설립하고 박사와 조교를 관원으로 파견하여 지방 교육체계를 만들었다. 유가 경전은 중요한 학습 과목이었다. 과거제도는 태종 때부터 실시되었으며, 성종에 이르러서는 자리를 잡았다. 이는 유학문화와 사상이 거란 사회에서 주도적인 지위에 오를 수 있는 기초를 마련했다고 할 수 있다.

유학이 거란 왕조의 정치적 지도 이념이 되면서 그 영향력이 점차 커졌다. 또한 충효와 절의 등 유학 사상의 도덕관념도 거란인에게 점점 받아들여지게 되었다. 그리하여 '교화를 잘 받아 익숙해지면서 백성들이 예의를 따르게 되는' 국면이 거란 사회에 출현하였다.

거란 통치의 기본 방침인 '한인의 제도로 한인을 통치하고, 각 민족의 습속에 따라 통치하는' 제도는 거란의 유학 수용 그리고 보급과 밀접한 관련이 있다. 거란은 '일국양제(一國兩制)'라는 이중체제적인 통치제도를 설립하여 국세를 안정시켰을 뿐 아니라 정권을 공고히 하였다. 인속이치 제도는 거란에서 유학 사상의 전파를 촉진하였다. 특히, 의례 면에서 유학을 기본으로 하는 한제에 자국의 고유 습속을 접목하여 국가의례로 삼았다. 이는 거란 민족 본래의 기풍과 고유문화를 보존하기 위한 것이었다.

한 왕조를 수립한 이후 육가(陸賈)가 한 고조에게 했던 '말 위에서 천하를 얻을 수는 있지만, 말 위에서 어찌 천하를 다스리겠습니까(居馬上得之 寧可以馬上治之)'라는 말에서도 보이듯이 정권을 잡는 방법과 통치하는 방법은 다를 수밖에 없다. 춘추전국 시대의 제자백가 가운데 유학이 국교로서 채택된 것은 이러한 사정과 관련이 있다. 유목민족의 입장에서도 왕조를 수립하고 통치 질서를 유지하는 데 유목민족적인 제도와 이념만으로는 어렵기 때문에 중국식 이념과 통치 방법을 채용하는 것은 당연한 수순이라 생각한다. 특히, 한족 거주 지역을 지배하기 위해서는 당연한 일이었다. 하지만 중국의 연구 시각에서 보이는 것처럼 한 문화의 수용을 전적으로 한화의 결과로 보아서는 안 된다. 기존에 남아 있는 사료 또한 한족 입장에서 저술되었다는 점도 간과해서는 안 된다.

제7장
북방 민족 최초의 정통왕조, 거란
-황제(黃帝) 후예설을 중심으로

김인희 · 동북아역사재단 연구위원

1
중국 학계의
거란 정통성에 대한 논란

후커썬[胡克森][1]은 중국의 정통관 변화를 3단계로 정리하였다.

"1단계는 중원 지역의 정통관이 생성되는 시기로 진(秦) 이전 시기다. 정통 여부는 혈통에 의거한 것이 아니라 중원 지역을 점령하고 중원문화의 표준을 갖추었느냐에 따라 결정되었다. 당시 화하민족은 완전히 정형화되고 성숙한 민족공동체가 아니었다. 2단계는 한족이 정통이라는 관념이 형성되는 시기로 진 이후부터 북송 이전까지다. 당시 소수민족 정권이나 한족 정권은 모두 한족 정권이 중화 정통이라 생각하였다. 소수민족 정권이 중원을 점령해도 정통이 아니라는 생각이 있었다. 3단계는 중화민족 통일 정통관(中華民族統一正統觀)이 발전하고, 형태가 완성된 시기로 송대부터 청대까지다. 이 시기는 이전과 비교해 뚜렷한 변화가 있었다. 소수민족 통치자가 공개적으로 자신이 정통이라고 주장하였으며, 한족 정권이 소수민족 정권을 정통으로 인정하기 시작하였다. 거란, 송,

금, 하(夏)대의 송은 거란과 금에 신하로 칭해졌다. 송의 최고 통치자는 사실상 소수민족 정권이 중화 정통임을 인정하여 한족만이 정통이라는 기반은 이미 심각하게 동요하였다."

진 이전에는 문화적인 개념이 정통 여부를 결정하는 중요한 요소였다면, 한 이후에는 종족적인 개념으로 정통 여부를 판가름하였다. 송대에 이르면 북방 민족과 한족이 남·북방을 각각 통치하게 되면서 각자 정통왕조임을 주장하는 단계에 이른다. 송은 한족 정권이었기 때문에 종족성을 강조하였고, 거란과 금은 문화적인 측면을 강조하였다. 심지어 도종 시기에는 거란은 자신이 정통왕조이며, 북송은 정통이 아니라고 하였다. 북송은 거란이 정통이 아니라고 생각했지만 세력이 약했기 때문에 묵인할 수밖에 없었다. 금은 한 걸음 더 나아가 남송을 정통왕조로 인정하지 않았으며, 심지어 남송을 만이(蠻夷)라고 폄하하였다.

북송 시기에는 북방 민족이 세운 국가가 처음으로 정통왕조로 등장한다. 그리고 이 시기는 북방 왕조와 한족 왕조가 모두 '정통'으로 인정되어, 단선적인 '정통'이 부정되고 다선적인 '정통'이 등장하는 시기이기도 하다. 거란에 의해 시작된 비한족 왕조의 정통성 주장은 이후 진화를 거듭하며 원·청대에 이르러서는 비한족 왕조가 유일한 중국의 정통왕조로 인정받게 된다. 거란에 의해 제기된 북방 민족의 정통왕조설은 근대 중화민족의 범위 설정에 있어 치열한 논란이 되는 계기가 되었으며, 현재의 중화민족 다원일체론으로 이어진다는 점에서 중요한 의미가 있다.

현재 중국 연구자들은 거란을 정통왕조로 인정하고, 페이샤오퉁[費孝通]의 중화민족 다원일체론에 입각하여 연구를 진행하고 있다. 즉, 중화민족은 다양한 기원을 가지고 있으며 결국 중화민족으로 통일되었는데 거란도 이러한 과정 중 일부라는 것이다. 대표적인 연구자로는 우위환[武玉環],[2] 청니나[程尼娜],[3] 정웨이[鄭煒]와 추이밍더[崔明德],[4] 자오융춘[趙永春],[5] 궁취안[宮權],[6] 천청청[陳程程][7] 등이 있다. 이들은 거란 정권의 중국관(中國觀), 한문화와 유가 사상 수용, 거란 황실의 염황 후예 주장 등을 근거로 거란인이 한화되었으며, 이러한 현상을 중화민족이 형성되는 과정 중 하나라고 하였다.

위의 연구자들과는 반대로 쑨웨이샹[孫偉祥]은 '거란 시기 한족이 거란화하는 현상을 중화민족 다원일체화 과정'[8]이라 하였으나, '총체적으로 중화민족은 하나의 문화 공동체'[9]라고 하여 역시 중화민족이 일체화되는 과정으로 보았다.

그러나 거란이 한족문화를 수용한 것을 단순히 한화 과정으로 보아서는 안 된다. 그 이유는 거란은 북송의 조공을 받는 국가로 북송을 정통왕조로 인정하지 않았으며, 자신이 정통이라 주장하였기 때문이다. 본고에서는 거란의 중국관, 한문화 수용, 염황 후예설을 한화의 결과가 아닌 거란이 정통왕조가 되기 위한 전략이라는 측면에서 살펴보도록 하겠다.

2

거란의 '중국관' 변화와 정통성

고대 중국에서 '중국'은 지리적·종족적·문화적·정치적 의미를 지닌 종합적인 개념이었다.

"'중국'이란 말은 비교적 광범위한 개념으로 중앙, 중앙의 성(城), 도성, 수도, 국가의 중심, 왕기(王畿), 한 나라의 중심, 천하의 중심, 중원 내지 중원 정권, 한족 내지 한족 정권이라는 다중적인 의미를 담고 있었다."[10]

'중국'이란 말이 처음 보이는 것은 서주 초기 허쭌[何尊] 명문의 '중앙에 거주한다[宅兹中或(國)]'라는 말이다. 이 문장에서 중역(중국)은 나라의 중앙에 있는 도성을 말하는 것으로 지리적 개념이 강하였다. 이후 '중국'의 범위는 넓어져 중원을 지칭하고, 마침내 중원 정권의 통치권이 미치는 지역을 의미하게 되었다. 춘추전국 시기 '중국'은 사이(四夷)에 비해 문화적으로 월등한 화하족을 지칭하게 되면서 문명과 야만을 구분하는 용어가 되었다. 이 시기 '중국'은 문화적 개념이 강하였다. 문화적 개념의 중국은 농경에 종사하며 문명화된 집단을 말하고, 이적은 유목에 종사하며 야만적인 집단을 말한다. 한 이후 '중국'은 사방의 사이(四夷)와 구별되는 한족 정권을 지칭하는 종족적 개념이 강한 용어가 되었다. 종족적 개념의 '중국'은 문화 수준에 관계없이 한족만을 정통으로 본다.

정치적 의미에서 '중국'은 중원 왕조가 건립한 정권을 지칭하였다. 따라서 송 이전의 '중국'에 대한 개념은 한족이 건립한 중원 왕조가 다스리는 문명화된 국가를 말하였다.

고대 중국에서 '중국'은 국명이 아니라 천하의 중심, 문화의 중심을 의미하는 것으로 강한 흡인력을 가지고 있었다. 고대 중국의 어떤 나라도 '중국'을 정식 국명으로 사용하지 않았기 때문에 여러 정권이 중국이라는 말을 사용하였다.

'춘추전국 시기 주(周), 위(衛), 제(齊), 노(魯), 진(晉), 송(宋) 등 국가는 모두 스스로 중국이라고 하였다. 진이 통일한 후 복수의 중국은 단수의 중국으로 변하였는데, 중국은 주로 화하인이 거주하며 정치와 종교가 영향을 미치는 지역을 의미하였다.'[11]

'화하(華夏)'라는 말은 『주서·무성』에 '중원의 화하족이든 먼 곳의 만맥(蠻貊)이든 주 무왕에 순종하지 않는 자가 없다'[12]에서 처음으로 등장한다. 당의 공영달(孔穎達)은 소(疏)에서 '화하는 중국이다'[13]라고 하였다. 『설문해자』에서는 "화(華)의 의미는 '번영하다'라는 뜻이고, 하(夏)는 '중국인'이라는 의미로, 고대 시기 화하족은 중앙에 거주하였기 때문에 습관적으로 중국이라 하였다."[14] 화하는 중원에 사는 사람들로 습관적으로 '중국'이라고 불렀다. "위진 시기에는 '중화(中華)'라는 말이 출현하였는데 초기에는 천문 방면에 사용하던 용어로 중국과 화하에서 한 자씩 취하여 형성된 것이다."¹⁵ 따라서 중화와 중국은 같은 개념임을 알 수 있다.

중화라는 말이 주변의 사이와 구별되는 선진적인 문명집단을 의미하는 등급 개념을 가지고 있는 것처럼 중국도 같은 의미를 가지고 있다. 진한 이후 '중국'이란 말은 본질적으로 나를 중심으로 하는 정치 개념으로 정권의 합법성과 유일성을 담보하고 있다. 따라서 어떤 국가가 '중국'이라 불린다는 것은 합법적이고 유일한 정통왕조임을 인정받는 것이라 할 수 있었다.

거란 초기 태조는 불교 숭배 정책을 필 것을 주장하는 대신들에게 "불교는 중국의 종교가 아니기 때문에 불교를 믿을 수 없다"¹⁶고 하였다. 이 문장을 통해 거란 초기 이미 스스로를 '중국'이라 인식하였음을 알 수 있다. "태조는 북방에서 황제(皇帝)가 되고 태종은 '중국'을 제압하였다"¹⁷ 또는 "태종은 동시에 중국을 제압하였다"¹⁸고 하는데, 이 문장의 '중국'은 석경당에게 뺏은 연운 16주를 말하는 것이다. 따라서 거란 초기 거란 통치자는 자신들이 중원에 진입하였기 때문에 중국이라는 의식을 가지고 있었음을 알 수 있다. 이 시기 '중국'은 지리적 개념이 강하였다.

거란의 '중국관'이 변하는 계기가 된 것은 전연지맹이다. 전연지맹(澶淵之盟)은 1004년에 북송을 침략한 거란의 성종이 북송의 진종과 전주(澶州)에서 체결한 강화조약을 말한다. 이 조약을 통하여 북송은 거란의 조공국이 되어 매년 은 10만 냥과 비단 20만 필을 바치고, 두 나라는 형제의 관계를 맺었다. 두 나라가 맺은 형제관계에서 북송의 진종은 형이고, 동생은 거란의 성종이었는데, 이는 실제 세력관계를 반영한 것이 아니었다. 당시 송 진종은 37세이고, 거란 성종은 12세였기 때문에 송을 형으로 인정한 것뿐이었다.

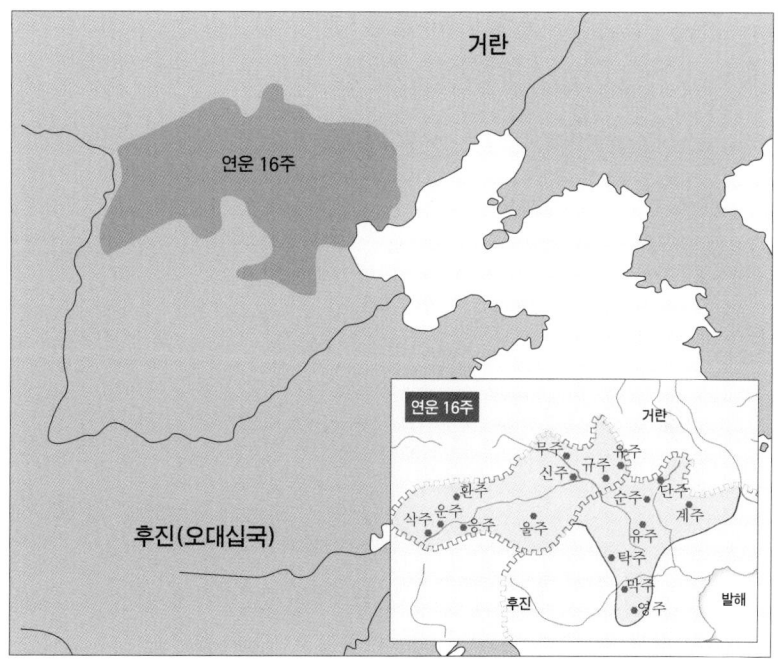

<그림 1> 연운 16주의 위치와 분포

연운 16주는 지금의 베이징과 허베이성[河北省], 산시성[山西省] 북부 일대로, 거란은 이곳을 획득하고 중국을 얻은 것이라 생각했다.

    북송과의 관계에서 자신감을 얻은 거란은 그동안 방치해 두었던 전국새(傳國璽)를 찾았다. 전국새는 진(秦) 이후 역대 황제가 대대로 전하던 국새를 말한다. 전국새는 진시황이 새긴 것으로 '하늘의 명을 받았다(受命于天)'라는 말을 새겨 넣었다고 한다. 중원 왕조에서 전국새는 황권의 상징으로, 국새(國璽)의 소유는 정권의 정통성 유무와 직결되는 문제였다.

    진이 멸망한 후 전국새는 한에 속하였다고 하는데 이후 행방을 알 수 없었다. 문헌 기록에 의하면 당이 멸망할 때 마지막 황제인 이종가(李從珂)가 전국새를 몸에 지니고 불에 타 죽어 사라지게 되었다고 한다. 석경당은 제위에 오른 후 다시 전국새를 새겼는데, 후진을 멸망시킨 거란 태종에게 바쳐 전국새는 거란에 속하게 되었다.[19] 그러나 이 시기 거란은 스스로 중국 정통이라 생각하지 않았기 때문에 이를 중시하지 않았다.

전연지맹 이후 송과의 관계에서 자신감을 얻은 성종은 전국새를 다시 찾았다. 성종은 1021년 7월 '골리(骨里)를 보내 후진이 바친 국새를 중경(中京)에서 취하였고,'[20] 전국새를 이용해 자신이 후진을 계승한 정통왕조임을 천명하고자 하였다. 전국새를 얻은 성종은 매우 기뻐하여 「전국새시(傳國璽詩)」[21]를 남겼다.

> 진(秦) 초기 좋은 옥으로 제작한 국새는 오랜 기간 제왕들이 일어나도록 도와주었다.
> 중원 왕조가 정권을 잃으니 국새는 우리 손에 들어왔다.
> 자손들은 국새를 소중히 지켜 조상들의 업적이 영원히 창성하게 하여라.

위 시를 보면 성종은 진시황이 제작하고 역대 정통왕조의 황제가 소유했던 전국새를 소유했으므로 거란을 정통왕조라 인식하였음을 볼 수 있다. 그리고 마지막 문장의 '조상'은 진시황을 비롯한 한·당·후진의 황제를 말하는 것으로 거란은 자신이 중원의 한족 왕조를 계승한 정통이라 인식하였음을 알 수 있다.

거란은 성종 대부터 자신은 북조, 북송은 남조라 부르기 시작하였다. '전연지맹을 맺은 이후 남북조라 칭하는 것이 제도화되었다. 송과 거란은 전연지맹을 맺을 때 쌍방은 국서에 남조·북조라는 이름으로 맹약을 맺었다.'[22] 거란은 자신을 북조, 북송을 남조라 하여 거란이 중국의 정통왕조 중 하나임을 천명하였으며, 이러한 흐름은 성종의 아들인 흥종으로 이어졌다.

'흥종은 1052년 송에 사신을 보내어 건원절(乾元節)을 축하하였는데, 이때 거란 국서(國書)에는 국호는 없고 남조·북조라 하였다.'[23]

흥종은 전국새를 가지고 있음을 더욱 적극적으로 홍보하였다. 그는 1038년 〈전국보가 있는 자가 정통이다(有傳國寶者爲正統)〉라는 시제를 과거시험 문제로 냈는데, 이는 국가의 공식 시험에서 거란이 정통왕조임을 만천하에 천명한 것이라 할 수 있다.

흥종을 이어 왕위를 계승한 도종은 스스로를 '중국'이라 칭하였다. 도종 시기 태자세마 유휘가 올린 상서에 의하면 '서쪽 변경에 여러 오랑캐가 난을 일으켜 병사들이 멀리 나가 지키는데 중국의 백성들이 군량과 마초를 신속히 운반하느라 지쳐 있습니다'[24]라고 하였다. 이 문장에서 말하는 '중국'은 거란을 말한다. 따라서 거란 후기인 도종 시기에는 스스로를 명확히 중국이라 칭하였음을 알 수 있다.

도종은 '중국'이라 칭할 뿐만 아니라 거란이 정통왕조임을 여러 차례 주장하며, '나는 문물을 잘 갖추어 중국과 다르지 않다'[25]라고 하였다. 이 문장의 의미는 중국과 같이 높은 수준의 문화를 가지고 있으므로 거란이 중국이라는 의미다. 도종 시기에 세운 「창건 정안사 비명(創建 靜安寺 碑銘)」에서는 '태조 천황제는 아주 오랫동안 정통을 이어 왔다'[26]라고 하였는데, 이는 태조 야율아보기가 중국의 정통을 이은 황제라는 의미다.

이 밖에 도종이 고려에 보낸 문서를 통해서도 거란이 중국 정통왕조임을 주장하고 있음을 알 수 있다. 고려 숙종 때 고려 태자 책봉을 위한 책문에서 '짐은 선대 일곱 성군의 큰 경륜을 계승하여 무궁히 이어질 나라의 정통을 계승했다'[27]라고 하였다. 그리고 고려왕을 책봉할 때 책명(册命)에서 말하기를 '짐이 삼가 조상의 업적을 이어받아 드높은 정통(正統)을 계승하였다'[28]라고 하였다. 고려왕에게 보낸 조서에서는 '짐이 정통을 계승해 많은 나라들을 통치해 왔다'[29]라고 하였다.

이외에도 "출토된 거란 문자에 의하면 국호를 '대중앙 거란 요국(大中央 契丹 遼國)' 또는 '대중앙 요 거란국(大中央 遼 契丹國)'이라 하였다. '거란 요국(契丹 遼國)'이나 '요 거란국(遼 契丹國)' 앞에 '대중앙(大中央)'이라 썼다. 중앙(中央)은 국호인 '중국(中國)'의 '중(中)'으로 볼 수 있다."[30] 따라서 거란 통치자들은 자신들이 천하의 중심인 중국이라 생각하였음을 알 수 있다.

거란의 마지막 황제인 천조제 시기인 1118년에 새긴 「선연대사묘비(鮮演大師墓碑)」에는 '대요 중국(大遼 中國)'이란 말이 있다. 같은 묘비에 '고려외방(高麗外邦), 승통경심(僧統傾心), 대요중국(大遼中國), 사도교수(師徒翹首)'"[31]라는 문장이 있는데, 고려(高麗)와 대요(大遼)가 대응하고, 외방(外邦)과 중국(中國)이 대응한다. 외방은 고대 제후국이 본국 외에 방국을 말하거나, 중원 지역 이외의 사방의 소수민족 지역을 지칭하는 말이다. 따라서 위 문장의 '중국'은 거란이 세상의 중심이며, 정치의 중심이라는 뜻이다. 천조제가 금에 쓴 투항서에도 '대요의 영토를 모두 점유하고 정통을 끝까지 유지하였다'[32]고 하여, 거란은 거란 말기까지 스스로 정통이라 인식하였음을 알 수 있다.

3

문화 중국과
거란의 정통왕조 만들기

1) 한족 회유의 필요성

거란 통치자들에게 있어 백성들로부터 정통왕조로 인정받는 것은 안정적이고 장기적인 통치를 위해 필수적인 요소였다.

'정통이란 황제의 지위가 명분이 있는지, 건립한 왕조가 하늘의 뜻을 따르고 사람들이 이에 응하는지와 관련된 것이다. 일단 정통으로 인정받으면 통치자는 도덕적으로 가장 높은 지점을 차지하게 되고, 아주 쉽게 백성들의 지지를 받으며, 황위와 건립한 왕조가 안정되게 된다.'[33]

거란은 거란족, 한족, 해족(奚族), 발해족 등으로 구성되었다. 관련 연구에 의하면 '거란 경내에는 20여 개 민족이 있었으며, 그중 거란과 해족은 12~15%, 한족은 65~70%를 차지하였으며, 그다음은 발해인이 많았고, 그 뒤를 이어 고구려인이 많았다'[34]고 한다.

한족은 인구가 가장 많아 전체 인구의 70%가량을 차지하고 거란족에 비해서는 5배 정도가 많다. 분포 지역도 매우 넓어 5경에 모두 거주하였다. 거란 경내의 한족은 대체로 3개의 근원을 가지고 있다. 하나는 연운 16주를 획득한 후 거란에 편입된 이들이다. 두 번째는 거란 건국 이후 중원에서 잡아 온 한족 포로다. 세 번째는 진한 이래로 이 지역에서 거주하던 한족 유민이다. 따라서 가장 많은 수를 차지하고, 거란에 의해 포로로 잡혀 온 이들이 다수를 차지하는 한족을 회유하는 것은 거란 통치자들에게 매우 중요한 과제였다. 탄치샹[譚其驤]은 당시 한족의 세력을 다음과 같이 묘사하였다.

'계(薊), 진(鎭), 정(定) 등 지역의 한족이 북쪽으로 이주됐는데, 이들은 포로 형식으로 이주하였지만 그 수가 많았기 때문에 경제적으로 무시할 수 없는 세력이 되었다. 거란은 비록 통치자이지만 인구가 매우 적었다.… 한족은 성곽이나 농경이 발달한 곳에 거주하며 세력을 형성하였다. 이러한 특징은 중경이나 동경만 그런 것이 아니라 거란의 근거지인 상경도 마찬가지였다. 당시 서양에서는 거란을 중국이라 하였는데 실제로 거란은 한족이 중심이었다. 거란과 발해인은 부차적인 것이었다.'[35]

거란이 통치한 화베이[華北]와 산시성[山西省] 일대는 거주민이 한족이고, 상경에 거주하는 한족도 대부분 남쪽에서 잡아 온 포로였다. '거란 시기 이민한 한족 인구는 225만 명보다 적지 않을 것이며, 이민자의 수는 이미 거란족을 멀리 초월하였다.'[36]

이들은 거란 통치자를 부정하였으며 도망하는 일도 발생하였다. 따라서 거란 통치자들에게 있어 한족이 거란의 통치를 인정하고, 거란의 백성으로서 역할을 다하도록 마음을 바꾸게 하는 것은 매우 중요한 일이었다.

거란 통치자들은 한족을 원활하게 통치하기 위하여 한족에 대한 유화정책을 폈다. 한족이 원래 농경민이었던 점을 감안하여 농업을 장려하는 정책을 실시하였다. 한성(漢城)을 짓고 한족들을 안치시켜 농경에 종사하도록 하였는데, 정착을 특징으로 하는 농경은 한족이 돌아갈 마음을 갖지 못하도록 하는 데 효과적이었다. 그리고 화이지변(華夷之辨) 의식을 약화시키기 위해 존공숭유(尊孔崇儒)를 기본 국책으로 삼고, 한족 지식인을 임용하였다. 유목을 중심으로 이동하는 거란인과 농경을 중심으로 정착생활을 하는 한족을 각기 다른 방식으로 통치하는 인속이치(因俗而治) 정책을 실시하여 생소한 거란족의 통치 방식으로 인한 한족들의 반발을 최소화하고자 하였다.

〈그림 2〉 '한 나라에 두 개의 제도, 조화를 이뤄 나라가 번성하다'라는 제목의 그림 ⓒ김인희, 2019. 5
위쪽에는 유목과 수렵 위주의 생활을 하는 거란족의 모습이, 아래쪽에는 농경에 종사하는 한족의 모습이 그려져 있다. 상경(上京)이 있었던 내몽골 바린좌기[巴林左旗] 거리의 〈거란대제(契丹大帝)〉 벽화상의 그림.

그러나 이와 같은 유화정책은 한계가 있었다. 본래 한족은 이(夷)에 대하여 '나와 같은 종족이 아니니 반드시 다른 마음을 가지고 있을 것이다(非我族類, 其心必異)'라는 전통 관념을 가지고 있어 심리적으로 완강하게 거부하였다. 또한 한족 정권인 송의 존재는 거란 지역 한족들의 마음을 동요시키기에 충분하였다. 한족들이 거란 통치자를 인정하고 거란국의 백성으로 살아가도록 하기 위해서는 근본적인 변화가 필요하였다. 따라서 거란 통치자들은 한족의 마음을 바꿀 또 다른 묘책을 강구하였다.

2) 문화 '중국'과 정통왕조

거란은 중원을 차지하고 강력한 정권을 세워 북송을 제압하였지만 한족이 아니었기 때문에 진정한 중국이 되는 데 한계가 있었다. 거란 통치자들은 종족적인 측면에서 동호 계통인 선비족의 후손이다. 따라서 이러한 한계를 극복하기 위해 문화적 개념의 중국을 적극적으로 수용하였다.

공자는 예(禮)로써 중국과 사이(四夷)를 구분하였다. 당대의 한유는 공자의 이러한 사상에 대해 "제후가 '이적(夷狄)'의 예속을 따른다면 이적이 될 것이고, 이적의 제후가 중원의 예속을 따른다면 중국이라 인정할 수 있다"[37]라고 하였는데, 거란은 이 말을 적극적으로 수용하였다. 한유의 말, 즉 이적과 화하를 구분하는 것은 종족이 아니라 문화적 수준이라는 것은 거란이 중국이 될 수 있는 기회를 제공하였다.

거란은 건국 초기부터 중원의 문화를 적극적으로 수용하였고, 중기에 이르러서는 유가문화가 번성하였다. 거란 통치자들은 유가문화를 통하여 문화적인 정통성을 쟁취하고자 하였다. 즉, 존공숭유(尊孔崇儒)하는 정책을 실시하여 화이지변 의식을 약화시키고, 자신이 화하문화의 전통을 계승하였음을 증명하고자 하였다.

태조는 불교를 숭배하고 제사하자는 대신들의 건의에는 동의하지 않고, 장자인 야율배의 제안에 매우 기뻐하여 바로 공자사당을 세우고 황태자로 하여금 봄가을로 제사하도록 하였다.[38] 그는 불교는 중국의 종교가 아니기 때문에 중국인인 거란은 불교를 믿을 수 없고, 중국의 대성인 공자가 성립한 유교를 믿어야 한다고 생각하였다. 그뿐만 아니라 한 고조 유방을 따라 자신의 성씨인 야율씨를 유씨로 바꾸기도 하였다. 태조는 거란을 중원의 정통왕조를 계승한 중국이라고 생각하였다.

"도종 시기 한족이 『논어』를 강의하였는데, '이적의 나라도 군주가 있다(夷狄之有君)'라는 문장에 이르렀을 때 두려워 감히 강의하지 못하였다. 도종은 이전의 훈육(獯鬻), 험윤(獫狁), 탕(蕩) 등은 예법이 없었으므로 이(夷)이다. 나는 문물을 잘 갖추어 중국과 다르지 않으니 어찌 싫어하겠는가?"[39]

위 문장으로 보아 도종은 거란이 이미 예법을 잘 갖추고 문명 수준이 높아졌으므로 이(夷)가 아니라 중국이라 생각하였음을 알 수 있다.

'거란인은 문화와 교육, 제도와 문물 등 방면에서 중원문명을 학습하고 전승하여 성당문명(盛唐文明)을 계승한 당 왕조의 합법적인 계승자가 되고자 하였다.'[40]

충분히 문명화된 거란은 송과 마찬가지로 중원의 정통을 계승한 왕조라 주장하였다.

4
황제 후예설과
거란의 정통왕조 만들기

1) 염황 관련 자료와 특징

거란 초기인 태조 시기 기록에 의하면 '거란의 선조는 염제의 후손으로 대대로 심길국에서 살았다'⁴¹라고 한다.『요사(遼史)』「세표(世表)」에도 거란이 염제의 후손이라는 기록이 있다.

'남북조 시기 우문주(宇文周)의『서(書)』를 고찰해 보면 요는 본래 염제의 후예이나 야율엄(耶律儼)이 요를 헌원의 후예라 하였다. 야율엄의『지(志)』는 늦게 출현한 것으로 주(周)의『서(書)』를 따르지 않았단 말인가? 염제의 후예는 갈오토(葛烏菟)라는 자를 말하는 것으로 대대로 변방의 영웅으로 활약하였는데 후에 모돈가한(冒頓可汗)의 습격을 받아 선비산을 근거지로 삼았기 때문에 선비씨라고 불렀다. 얼마 지나지 않아 모용연이 선비씨를 격파하고 그 부락을 우문(宇文), 고막해(庫莫奚), 거란(契丹) 등

으로 분할하였다. 거란이란 이름이 여기에서 처음 보이기 시작한다.'⁴²

『요사』는 탈탈(脫脫) 등 원의 사관이 쓴 전기체 사서로「세표」는 사관이 자신의 견해를 실은 것이다. 남북조 시기 우문주, 즉 북주의 기록을 근거로 '거란국은 염제의 후예가 맞다'라고 주장하였다. 그는 야율엄의 '거란이 황제의 후예'라는 기록을 후대에 등장한 것이므로 타당하지 않다고 보았다. 야율엄(?~1113)은 거란국 말기 한족 사관으로『황조실록(皇朝實錄)』70권을 편찬하였다. 그는『황조실록』을 쓸 때 성종 통화(統和) 9년(991), 흥종 중희(重熙) 14년(1045), 도종 대안(大安) 원년(元年, 1085)에 각각 편찬된『실록(實錄)』의 내용을 참고하였다. 따라서 원 사관들은 야율엄의 '거란국이 황제의 후예다'라는 주장은 성종 이후 거란국 통치자들의 입장으로 믿을 만하지 않다고 보았다. 거란이 염제의 후예인 이유에 대하여 염제의 후예인 갈오토가 거란족의 조상이기 때문이라고 하였다. 갈오토는 모돈가한의 습격을 받아 선비산에 숨어 살면서 선비족이 되었고, 이들이 모용연에 의해 우문, 고막해, 거란 등으로 분할되었으니 거란은 당연히 염제의 후예가 된다는 것이다.

거란 중기인 성종 시기에 이르면 황제의 후예라는 기록이 등장한다. 『원공국사승묘탑비(圓空國師勝妙塔碑)』에 의하면 '내(성종)가 위로 헌원황제로부터 아래로 주 무왕(武王) 희발(姬发)에 이르기까지'⁴³라 하여, 성종은 거란국이 황제를 계승하고 있음을 밝혔다. 성종 시기 제작된 묘지문에도 관련 기록이 남아 있다.「조광우묘지(趙匡禹墓志)」는 1019년에 제작된 것으로 '조상은 천수(天水) 사람으로 헌원의 후예이며, 백익(伯益)의 한 갈래다'⁴⁴라고 하였다. 여악(厲鶚)이 쓴『요사습유(遼史拾遺)』에서는『선부진지(宣府鎭志)』를 인용하여 통화 13년(995) 성종이 조서를 내려 '제주(諸州)에 공자묘(孔子廟), 봉성(奉聖)에 황제사(黃帝祠), 유주(儒州)에 순사(舜祠), 대핵산(大橫山)에 왕차중사(王次仲祠) 등을 새로 짓게 하였다'⁴⁵는 기록이 있다. 따라서 거란국 관원들은 성종의 명을 받아 봉성주(奉聖州)에 황제사를 건립하고 제사하였음을 알 수 있다. 봉성주는 현재 허베이성 장자커우시[張家口市] 줘루현[涿鹿縣]으로, 원래 있던 황제사를 증축하여 1998년 황제·염제·치우를 함께 모시는 중화삼조당을 건립하였다.

홍종 시기인 1039년 2월 17일에 제작된 「장사충묘지(張思忠墓志)」에도 '조상이 헌원으로부터 나왔기 때문에 성씨로 삼았다'⁴⁶라는 기록이 있다.

거란 말기인 도종 시기에는 황제와 관련된 자료가 다수 발견된다. 1063년 제작된 「장적묘지(張績墓志)」에서는 '조상이 헌원에서 나왔다'⁴⁷고 했으며, 1085년에 제작된 야율엄의 『황조실록』에서는 '거란국은 헌원의 후예다'⁴⁸라고 하였다. 1095년에 제작된 「영청공주묘지(永清公主墓志)」에는 '이 나라의 가계는 헌원황제의 후예다'⁴⁹라고 하였다. '영청공주는 경종의 세 번째 아들이며, 성종의 동생인 야율융유(耶律隆裕)의 손녀다. 영청공주의 아버지는 야율종희(耶律宗熙)로 성종·홍종·도종 3대를 살았다.'⁵⁰ 따라서 성종·홍종·도종 시기 거란 황실은 스스로 황제의 후예라고 생각하였음을 알 수 있다. 도종은 고려왕을 책봉하는 책명에서도 '헌원(軒轅)이 여러 제후를 세워서 처음으로 만국을 나누었고, 한나라가 처음으로 다른 성씨를 8명의 왕으로 책봉하였다. 짐은 삼가 조상의 업적을 이어받아 드높은 정통(正統)을 계승하였다'⁵¹라고 하였다.

위의 자료를 통해 볼 때 거란 중기인 성종 시기부터 황제 후예설이 등장하여 말기인 도종 시기에 이르면 관련 내용이 더욱 풍부해짐을 알 수 있다. 중기 이후에는 다양한 기록이 등장할 뿐만 아니라 황제 사당을 짓고 제사를 지내 거란 통치자가 실제로 황제를 조상으로 숭배하였음을 알 수 있다.

2) 만들어진 신화, 황제 후예설

거란은 초기에는 염제의 후예라고 주장하였으나 거란 중기인 성종 이후 황제의 후예라고 주장하기 시작하였다. '야율엄이 주장하는 황제 후예설은 거란 말기 천조제 시기 편찬한 『황조실록』에 출현한다'[52]는 주장도 있지만 앞에서 살펴 본 바와 같이 거란 중기인 성종 이후에 등장한다.

『요사』의 「세표」에서 원 사관들은 거란이 갈오토를 계승한 북주 우문선비(宇文鮮卑)의 후손임으로 염제의 후예라고 한다. 『주서』에 의하면 우문선비는 염제의 후예라고 한다. 서위(西魏) 정권의 우문태(宇文泰)는 '조상이 염제 신농씨에서 나왔으며, 황제에 의해 멸망하여 자손은 달아나 삭야(朔野)에 살았다'[53]고 하였다. 따라서 '우문태의 아들인 우문각(宇文覺)도 당연히 본래 신농씨에서 나왔다'[54]고 하였다. 거란의 기원을 우문선비라고 본다면 당연히 거란은 염제의 후예가 된다.

'야율엄은 『황조실록』을 편찬할 때 『진서(晉書)』, 『위서(魏書)』 등의 동호·모용선비·탁발선비는 황제의 후예라는 설을 채용하여 거란국은 황제의 후예라고 하였다.'[55] 『위서』에 의하면 '옛날 황제는 자식이 25명이 있었는데 혹은 나라 안의 제후국이 되었고, 혹은 나라 밖의 이민족 국가가 되었다. 창의의 아들은 북쪽 땅을 분봉 받았는데 선비산이 있기 때문에 산의 이름으로 민족명을 삼았다'[56]고 한다. 유웅씨는 황제를 말하는 것으로 모용선비는 황제의 후예가 된다.『위서』의 또 다른 기록에 의하면 '황제는 토덕왕(土德王)으로 북방의 습속에 의하면 토(土)는 탁(托)이라 발음하고, 후(后)는 발(跋)이라 하기 때문에 이를 성씨로 삼았다'[57]고 하여, 탁발씨(托跋氏)라는 민족명도 황제와 관련이 있다고 하였다.『진서』에 의하면 모용선비는 '조상은 유웅씨(有熊氏)의 후예로 대대로 북이(北夷)에 살았으며, 자몽(紫蒙)의 들에 도읍을 하였으며 동호라고 불렸다'[58]고 한다.

염제 후예설은 거란이 북주의 우문선비를 계승하였다고 본 것이고, 황제 후예설은 북주 이전의 탁발선비나 모용선비를 계승하였다고 본 결과다. 거란은 북주의 우문선비를 계승하였다고 보는 것이 일반론이지만 거란 통치자들은 중기에 이르면 자신들의 기원까지 바꾸어 가며 황제 후예설을 주장하였다. 사실 염제 후예설이나 황제 후예설은 모두 거란 통치자의 기원과 관련이 없다. 거란 통치자의 기원설화인 청우백마(青牛白馬)의 내용은 다음과 같다.

"영주(永州) 목엽산(木葉山)에 거란 시조묘를 세웠다. 기수가한(奇首可汗)의 사당은 남쪽에 있고, 가돈(可敦)의 사당은 북쪽에 있는데, 안에는 두 성인과 아들 8명의 신상을 세웠다. 전하는 바에 따르면 '신령한 사람이 백마를 타고 마우산(馬盂山)에서 토하(土河)를 따라 동쪽으로 향하였고, 천녀(天女)는 푸른 소가 끄는 수레를 타고 평지송림(平地松林)에서 출발하여 황하(潢河)를 따라 내려왔다. 목엽산(木葉山)에 이르러 두 물이 합류하는 곳에서 서로 만나 배우자가 되었으며, 8명의 아들을 낳았다. 그 후 점차 번성하여 8부족이 되었다. 전쟁을 하거나 봄가을에 제사를 지낼 때면 반드시 백마와 푸른 소를 바쳤는데, 이는 근본을 잊지 말라는 의미다."59

현재의 관점에서 보면 거란의 남성 시조는 토하 상류에 있는 마우산에서 북동쪽으로 향하고, 여성 시조는 황하 상류의 평지송림에서 동쪽으로 향하여 두 시조는 두 강이 합류하는 목엽산에서 만났음을 알 수 있다. 토하는 지금의 라오하하, 황하는 지금의 시라무룬하이다. 마우산은 라오하하 상류에 있는 산을 말하며, 평지송림은 시라무룬하 상류 일대를 말한다.

거란족의 기원에 관한 '청우백마' 신화는 윈난성[雲南省] 바오산[保山] 스뎬현[施甸縣]의 장씨종사(蔣氏宗祠) 사당에 그려져 있다. 이 그림은 「청우

〈그림 3〉「청우백마도(青牛白馬圖)」

백마를 타고 있는 남자는 곤발을 하여 거란족 남자임을 알 수 있다. 다만 여자가 타고 있는 소는 북방의 소가 아니라 남방의 물소로 바뀌어 뿔이 길고 휘어 있다.

백마도(青牛白馬圖)」라 하는데 왼쪽 여자는 푸른 소를 타고 있고, 오른쪽 남자는 백마를 타고 있다. 이들은 스스로 몽골군이 남정할 때 참여한 거란군의 후예라 한다.

윈난 스뎬현의 장문량(蔣文良) 가문의 족보인 『스뎬현 창관사 족보(施甸縣 長官司 族譜)』에 있는 시는 거란의 시조와 이후 조상들의 위대한 업적에 대해 읊고 있다. 그런데 이 시에서는 거란의 시조가 염제라고 한다.[60]

'거란의 조상은 염제에서 시작되었는데, 염제는 션지[审吉] 거란(契丹) 대요(大遼)의 황제(皇帝)로

백마는 남자를 태우고 토하(土河)에 이르고, 푸른 소는 여자를 태우고 황하(潢河)에 이르렀네.

첫 번째 조상은 목엽산(木葉山)에서 시작되고, 8부족의 후예는 황하로 이동해 왔네.

남쪽으로 정벌하여 황제(皇帝)에게 황금 말을 하사받고, 북쪽에서 전쟁을 하여 황제(皇帝)는 여섯 왕조의 신하에 봉하였네.'

위 문장에서 염제는 인간계를 다스리는 실제 황제(皇帝)로 묘사되어 있다. 그리고 염제 이후 이야기는 청우백마의 내용과 유사하다. 마지막 문단은 거란의 조상이 전쟁에서 뛰어난 전공을 세워 염제로부터 황금 말을 받고 관원이 되었다는 이야기다.

뤼푸장은 거란의 염황 후예설을 부정하는데 필자 또한 동의한다. 그는 '야율엄(耶律儼)의 황제설이든 원 사관들의 염제설이든 모두 한족문화의 영향을 받은 결과로, 청우백마설(青牛白馬說)이나 삼한설(三汗說) 같은

거란 본래의 전설과 비교할 때 후기의 설법이다. 야율엄이 주장하는 황제 후예설은 거란 말 천조제 시기에 편찬한 『황조실록』에 이르러 출현하는 것으로 야율엄이 허구로 만들어 낸 것이다'[61]라고 하였다.

3) 황제 후예설과 거란 통치자의 정통성

자오용춘은 "거란이 스스로 염황의 후손이라 하였으며, 역사상 한족과 거란 경내에 거주하는 한족이 염황의 후손이라는 것을 부정하지 않았다. 이는 거한일체(契漢一體) 사상을 보여 주는 것으로 '일체'는 거란과 한족이 모두 염황의 자손이라는 것으로, 결국 중국일체(中國一體)라는 의미가 담겨 있다"[62]고 하였다. 결론적으로 자오용춘은 '거란 황실이 스스로 염황의 후손이라 한 것을 한화의 결과'[63]로 보았음을 알 수 있다. 우웨이환도 '거란이 황제를 자신의 조상으로 본 것은 거란이 중화민족의 일원임을 인정한 것'[64]이라 하였다. 양수썬[楊樹森]은 위의 연구자들과는 달리 '거란은 자신의 정통 지위를 설명하기 위해 중화 밖에 있지 않고 스스로 염황의 자손이라 하였다'[65]라고 하였는데, 이는 매우 설득력 있는 주장이다.

거란 통치자들은 초기에는 염제 후예설을 주장하나 중기 이후 황제 후예설을 주장하는데, 그 이유는 자신들이 최초의 제왕인 황제를 계승한 정통왕조임을 주장하기 위해서다. 황제는 『상서』, 『시경』, 『논어』, 『맹자』 등의 고서에는 보이지 않고, 비교적 늦은 춘추 말기 문헌인 『좌전』, 『국어』 등에 비로소 등장한다. 금문 자료 중 '황제(黃帝)'라는 글자가 처음 등장하는 것은 전국시기 중기 제 위왕(威王, 기원전 356~기원전 321) 시기에 제작한 진후인제돈(陳侯因齊敦)이다. 문헌 자료와 금문 자료로 볼 때 황제는 춘추 말기에 등장하여 전국시대에 전성기를 이룬다.

사마천은 전국시대 유가 저작인 『대대례기(大戴禮記)』의 「제계(帝系)」와 「오제덕(五帝德)」을 참고로 하여 『사기·오제본기(史記·五帝本紀)』를 작성하였는데, 황제를 모든 고대 제왕의 가장 앞자리에 배치하였다. 이로써 전욱·제곡·요·순을 비롯한 하의 시조 우임금, 상의 시조 설, 주의 시조 직은 모두 황제의 후손이 되게 하였다. 사마천에 의해 황제는 모든 제왕의 시조가 되었다.

전통 사회에서 황제는 항상 제왕의 시조로서 군림하였으며, 모든 왕조는 황제의 후예임을 자처하였다. 선비족이 세운 북위는 황제에 대한 제사를 6차례 올렸는데, 효문제(孝文帝)는 천도하는 중에 황제묘를 보수하도록 하였다. 몽골족이 세운 원의 성조(成祖)는 삼황묘(三皇廟)를 건립하고 황제를 모셨으며, 만주족이 세운 청도 옛 습속을 이어 황제에 제사를 지냈다. 이들 북방 민족 정권이 황제의 후예라고 한 이유는 황제를 계승한 정통왕조임을 주장하기 위해서였다. 근대 이전의 황제는 모든 한족의 혈연적인 조상이 아니라 제왕의 시조일 뿐이었다.

근대 중국은 1890년대 중기부터 서양이 무력으로 세력을 확장하게 되면서 서양 사상이 직접적으로 중국 전통 사상에 충격을 가하였다. 이러한 상황 속에서 화하중심주의(華夏中心主義)는 파괴되기 시작하였고, 이를 대치할 새로운 관념이 필요하게 되었다. 당시 지식인들은 중국을 통합할 '민족'을 어떻게 발명해 낼 것인가 골몰하고 있었다. 서양의 일족일국(一族一國)에 영향을 받은 혁명파 지식인들은 한족을 중심으로 한 민족

관념을 확립하였으며, 한족을 단합시킬 하나의 구심점으로 '황제'를 찾아냈다. 20세기 초 혁명파 지식인들은 과거 '최초의 제왕'이라는 의미의 황제 관념을 활용하여, 혈통적인 의미의 '한족 시조'라는 새로운 황제 관념을 발명해 냈다. 따라서 황제가 중국 한족의 혈연적인 조상이 된 것은 근대 이후의 일이라 할 수 있다.

그렇다면 거란 통치자들이 스스로 황제의 후예임을 주장한 이유가 명확해진다. 자신들이 최초의 제왕인 황제의 후예이므로 당연히 중국의 정통왕조라는 것이다. 거란은 초기에는 스스로 중국이라고 생각하였으나 정통이라는 개념은 강하지 않았다. 그러나 성종에 이르러 정통 관념이 강해짐에 따라 황제 후예설을 주장하게 되었다. 염제는 최초의 제왕이 아닐 뿐만 아니라 황제에게 패배한 인물이었기 때문에 염제 후예설은 정통왕조를 주장하기에 적당하지 않았다. 거란의 황제 후예설은 최고 전성기인 성종 대에 등장하여 도종 시기 가장 번성한다. 거란 통치자들은 모든 제왕의 시조인 황제를 계승한 유일한 정통왕조가 되고자 하였다. 따라서 기존 연구자들의 주장처럼 거란이 황제 후예설을 주장한 것은 민족적 정체성을 잃고 한화된 결과가 아니며, 더욱이 중화민족으로 일체화되는 과정도 아니었음을 알 수 있다.

5
정통왕조가 되기 위한 거란의 선택

북송 태조는 즉위한 지 얼마 되지 않은 960년 관리들의 건의를 받아들여 오덕종시(五德終始) 학설에 근거하여, '북송은 후주(後周)의 목덕(木德)을 계승한 화덕(火德)을 정통사상으로 정하고 중국 유일의 정통왕조임을 천명하였다.'66 북송은 건립 후 정통이라 자부하였으나 거란의 세력이 강하였기 때문에 기존 중원 왕조가 번이(蕃夷)를 대하는 방식으로 거란을 대할 수 없었다. 특히 거란 중기인 성종 시기부터 거란은 대등한 관계를 요구하였는데 북송은 탐탁지 않았으나 거란의 정통 지위를 묵인할 수밖에 없었다.

거란 중후기 거란과 북송 사이에 정통 논쟁이 벌어졌다. 먼저 싸움을 건 것은 북송 정치가인 구양수(歐陽脩, 1007~1072)로, 그는 거란이 정통왕조가 아니라고 하였다. "구양수는 도덕과 업적, 두 측면에서 한 왕조의 역사적 지위를 설명하였는데 요·순·하·상·주·진·한·당은 정통이며,

천하를 통일한 나라라고 하였다. 하지만 거란의 정통 지위는 무시하였다. 『신오대사(新五代史)』를 쓸 때 거란 역사를 뒤쪽의 '사이부록(四夷附錄)'에 썼는데 이에 대해 거란 통치자들은 강한 불만을 품었다. 구양수는 송의 정통 지위를 적극적으로 수호하였다. 거란은 중원으로 들어와 전국을 통일하지 못하였고, 중원문명과의 거리도 멀기 때문에 정통이라 볼 수 없다고 하였다."[67]

당연히 송의 위와 같은 주장은 거란으로서는 받아들일 수 없는 것이었다. 도종 시기인 1096년 태자세마(太子洗馬) 유휘(劉輝)는 상서를 올려 다음과 같이 말하였다.

"송의 구양수가 『오대사(五代史)』를 편찬하였는데, 우리 왕조를 '사이부록'에 붙이고 함부로 폄하하고 헐뜯고 있습니다. 송인들은 우리 왕실의 관대함에 힘입어 화목하게 교류할 것을 허락받고 형제로서의 예를 다하여 왔습니다. 지금에 이르러 도리어 억측으로 역사를 쓰고 우리를 조금도 염두에 두고 있지 않습니다. 신은 조씨의 초기 사적을 우리나라 역사의 부록에 자세히 서술할 것을 제안합니다."[68]

거란의 한족 사관은 송나라가 사서를 편찬할 때 거란을 사이(四夷)에 넣은 것에 불만을 품고 같은 방법으로 조씨, 즉 송 왕실의 초기 사적을 상세하게 국사(國史)에 넣었다.

구양수는 거란이 한족이 아니고, 중원을 완전히 장악하지도 못했고, 문화적으로도 이적의 문화로 정통이 아니라고 하였다. 많은 부분을 지적하였지만 핵심은 거란이 중원의 한족 왕조가 아니라는 것이다. 송은 이전의 한족 중원 왕조를 계승하고, 한족문화를 가지고 있기 때문에 정통이라는 것이다. 송의 정통 판별 기준은 종족주의적인 것으로 한족 왕조를 정통으로 보았다.

이에 반하여 거란은 문화주의적 관점에서 정통임을 주장하였다. 거란은 초기에 자신들이 정통이라는 관념이 뚜렷하지 않았다. 그러나 전연지맹 이후 국세가 번창하면서 북송과 대등한 관계를 요구하여 자신을 북조, 북송을 남조라 불렀다. 그뿐만 아니라 이 시기 스스로 중국이라 부르고, 발달한 문화를 근거로 중국임을 주장하고, 황제 후예설을 주장하여 합법적인 정통왕조임을 주장하였다. 중국 학계에서는 거란이 중국이라 부르고, 유학을 수용하고, 황제 후예설을 주장한 것을 정체성을 잃고 한화한 것이라 한다. 그러나 이와 같은 정책은 문화주의적 입장에서 정통임을 주장하기 위한 것이었다. 거란은 피를 바꿔 한족이 될 수 없었기 때문에 문화주의적 관점에서 정통임을 주장할 수밖에 없었다.

거란과 송의 정통 지위를 둘러싼 논쟁은 원대까지 이어졌다. 원은 초기부터 거란·송·금의 역사서를 편찬하려 하였으나 중기까지 완성하지 못하였다. 그 이유는 누가 정통왕조인지 결론이 나지 않았기 때문이었다. 당시 두 가지 의견이 있었다. 하나는 송을 정통으로 보고 거란과 금을 『송사』에 편입하는 것이고, 다른 의견은 송을 『남사』, 거란과 금을 『북사』로 서술하여 평등한 역사적 지위를 부여하는 것이었다. 거란·송·금의 역사를 편찬하기 시작한 지 반세기가 지난 1343년 원 조정은 세 나라의 정통 문제에 대해 결론을 내리고 세 왕조 모두를 정통으로 인정하였다. 우승상(右丞相) 탈탈(脫脫)을 비롯한 사관들은 거란·송·금 세 나라 역사의 기년 계통을 정하고, 독립적으로 역사를 서술하는 것을 원칙으로 정했다. 이에 따라 거란·송·금의 역사는 모두 '정통'이라는 결론에 이르게 되었다. 이는 소수민족 정권도 정통이 될 수 있다는 관념이 최초로 등장한 것으로 매우 획기적인 사건이라 할 수 있다. 원은 그동안 한족 정권만이 정통이라는 단선적인 모델을 벗어나 다수의 정통 모델로 거란사·금사를 중국 정사 체계에 편입하였고, 이로써 거란·송·금은 모두 정통으로 인정받게 되었다.

그동안 중국 학계에서는 거란이 정통성을 확보하기 위해 실시한 정책에 대하여 민족적 색채를 잃고 한화한 것이라 하였다. 그러나 실제 자료를 보면 거란 통치자들은 민족성을 잃지 않기 위해 노력하였음을 알 수 있다. 야율아보기는 중국어를 할 수 있었지만 자신의 부족민 앞에서는 절대로 하지 않았다.

'나는 한어를 할 수 있으나 우리 부족민 앞에서는 절대로 하지 않는다. 그 이유는 한족을 본받아 겁이 많고 나약해지는 것을 두려워하기 때문이다.'[69]

거란이 인속이치 정책을 끝까지 유지하고, 거란 문자를 창제하여 거란어 보존에 힘쓰고, 거란 황제가 날발을 끝까지 유지한 것도 정체성을 잃지 않기 위한 노력이었다. 거란 통치자들은 민족문화와 정신을 유지하여 민족이 동화된 후에 발생할 부정적인 결과를 면하려 하였다.

거란과 이전 북방 왕조의 가장 큰 차이점은 자신의 민족성, 즉 정체성을 끝까지 지켰다는 것이다. 이전의 침투왕조는 지나친 한화로 인하여 민족성을 잃고, 심지어는 민족마저 잃고 사라져 버렸다. 이에 반해 거란은 자신의 민족성을 잃지 않은 상태에서 한족과 한족 지역을 효과적으로 통치하여 최초의 정복왕조가 되었다. 거란에 의해 시도된 정통왕조의 길은 금을 거쳐 원과 청에 이르러 완성되었다.

제8장
정복왕조의 길을 연, 거란

김인희 · 동북아역사재단 연구위원
윤영인 · 영산대학교 성심교양대학 교수

916년 건국한 이후 1125년 멸망할 때까지 209년간 지속된 거란은 한족을 비롯한 이민족을 효과적으로 통치하고자 한족의 사상과 통치 방식을 적극적으로 수용했으나 끝까지 자신의 정체성을 잃지 않았다. 이 책에서는 효율적 통치를 위한 한족문화 수용과 거란의 정체성 유지를 위한 전략을 어떠한 방식으로 구현했는지 살펴보았다.

윤영인은 먼저 우리가 정복왕조인 거란에 대한 편견을 가지고 있음을 지적하였다. 거란은 침략자 이미지가 강하나 실제로는 한족 왕조와 비교하여 공격적이지 않으며, 맹약을 통해 정치적 타협이 이루어진 후에는 국제질서와 평화를 유지하려 노력하였다. 또한 전쟁의 주요 목적은 영토 확장보다는 중원의 물자와 노동력 확보에 있었으며, 연운 16주를 장악한 이유도 전략적 요충지를 장악하여 중원의 위협에 대처하기 위한 것이었다. 성종 이후 거란이 다원적 국제질서의 맹약체제를 구축하면서 동아시아는 전쟁을 피하고 평화를 누릴 수 있었다. 그리고 거란은 천하관에 입각한 조공체제가 아닌 공존을 추구하였다.

위와 같은 연구를 통해 윤영인은 거란과 주변 국가의 관계는 다원적 국제질서와 세력 균형의 틀에서 접근할 때 올바른 이해를 할 수 있다고 하였다. 그리고 거란의 역사적 정체성은 '중국사에서의 요대'가 아닌 거란 중심적 시각에서의 접근이 필요함을 역설하였다.

이성규는 거란이 문자를 창제한 이유는 한족 통치와 자민족의 정체성 유지와 긴밀한 관련이 있음을 지적하였다. 알타이어족 언어를 사용하는 소수의 거란 통치자가 다수의 한족 언어를 사용하는 피통치 집단과 소통하기 위해서는 공동으로 사용할 문자 창제가 필요하였다. 그뿐만 아니라 거란은 각종 한문 서적을 거란어로 번역하고, 거란 문자로 자국 역사를 기술하고, 문학 창작에도 활용하였다. 거란 통치자들은 자신들의 언어를 보존하기 위하여 황제와 황후의 애책, 각종 묘지명과 비문을 거란 문자로 작성하였으며, 이러한 작업은 자신들의 정체성을 잃지 않기 위한 노력이었다. 그러나 거란 문자는 한자를 알아야만 사용할 수 있고, 글자 수가 너무 많으며, 복잡하다는 이유로 널리 사용되지 못하였다는 한계도 있었다.

거란은 북방 민족의 언어 보존 전통을 이어받아 자신들의 문자를 창제하고, 자신들의 언어를 잃지 않으려 노력하였다. 동시에 한족과 위구르족, 여진족 등이 자신들의 지역에서 자신들의 언어를 사용할 수 있도록 허락하는 포용정책도 실시하였다.

이유표는 군사제도의 특징을 북면관제와 남면관제를 중심으로 살펴보았다. 거란은 '인속이치'에 근거하여 유목 부족은 부족 전통을 따르게 하고, 한인과 발해인 등이 거주하는 지역에서는 주현제를 도입한 남면 관제를 실시하였다. 이는 기존 중국 왕조가 일원적인 중앙집권적 정책을 편 것과는 차이가 있다. 거란은 각 민족의 전통을 존중하였으나 불복하는 움직임이 보이면 강하게 통제하였다. 북남면관제에 따라 북추밀원은 거란인이 중심이 되고, 남추밀원은 한인이 주축이 되었다. 거란은 시종 북추밀원 장관을 놓치지 않았으며, 남추밀원은 한인의 전유물이었다. 그러나 흥종 이후 거란인이 남추밀원을 장악하기 시작했는데, 이는 이원적 체제를 유지하는 중에도 한인들이 독자적인 세력으로 성장하는 것을 견제하고자 하였음을 말한다. 이는 거란이 남면관 계통의 행정체계를 운용할 줄 알게 된 것으로, 거란이 진정한 정복왕조의 길로 나아가고 있었음을 말하는 것이다.

박지훈은 거란 통치자들이 유학을 수용한 원인과 유학의 거란화에 대한 연구를 진행하였다. 거란 초기 유학을 수용한 배경은 한인을 효과적으로 통치하고 한족 지식인들이 거란 정권에 귀부하도록 하기 위함이었다. 유학을 수용한 이후 거란 통치자들은 스스로 유가 사상을 학습하고, 학교를 설립하여 교육하였으며, 유학은 과거시험의 주요 내용이 되었다. 도종에 이르러서는 유학이 일반화되었는데, 도종은 유학 이념으로 통치함을 들어 송과 같은 문명국임을 주장하기도 한다. 거란은 단순히 유학을 수용하는 데 머무르지 않고 자국의 의례와 유학을 접목하여 국가적인 의례로 삼았다. 이는 거란족의 기풍과 고유문화를 보존하기 위한 것이었다.

거란은 유목민족적인 제도와 이념만으로 다수의 한족을 통치할 수 없었기 때문에 중국식 이념과 통치 방법을 채용하였을 뿐만 아니라 거란화를 시도하였다. 따라서 거란이 유학을 수용하였다는 점만을 들어 거란이 한화되었다는 시각은 재고되어야 한다.

김인희는 거란이 북방 민족 정권 중 최초로 중국의 정통왕조가 되고자 시도하였고, 일정 정도 성공을 거두었음을 지적하였다. 기존 중국 학계에서는 거란이 스스로 중국이라 부르고, 유학을 수용하고, 황제의 후예라 주장한 것은 한화의 결과라고 하였다. 그러나 거란의 위와 같은 정책은 거란 중기 이후 국세가 번창하게 됨에 따라 스스로 중국의 정통왕조가 되고자 시도한 결과임을 알 수 있었다. 이는 거란 통치자들이 인속이치, 날발, 거란 문자 창제 등을 통해 자신들의 정통성을 끝까지 지키려 한 것을 보면 알 수 있다. 북송이 종족주의적 관점에서 정통을 주장하였다면, 거란은 문화주의적 관점에서 정통을 주장하였다. 거란에 이르러 한족 정권만이 정통왕조라는 관념에 균열이 가기 시작하였으며, 이러한 균열은 계속되어 금을 거쳐 원과 청에 이르러서는 북방 정권이 중국의 정통왕조로 인정받게 된다. 따라서 거란이 북방 민족 정권의 정통왕조가 되고자 한 시도는 매우 도발적이고, 중국사의 지각 변화를 가져온 대단한 사건이었음을 알 수 있다.

비트포겔은 정복왕조는 한족 지역을 정복하고, 북방을 영토 구성에 있어 중요한 요소로 생각하고, 정치체제 설계에서 자민족의 정체성을 보존하는 것을 중요시했다고 지적하였다. 따라서 이들 정복왕조는 쉽게 한화되어 사라지지 않고, 한족을 장기간 효과적으로 통치할 수 있었다고 한다.

그동안 중국 학계에서는 정복왕조론은 제국주의 침략전쟁을 옹호하는 것이며, 중국의 남북 대립관계를 부각하여 민족 분열을 조장하는 이론이라 비판하였다. 이에 대한 대안으로 거란을 비롯한 정복왕조는 중화민족이 일체화되어 가는 과정의 하나라는 주장을 제기하였다.

본 연구팀은 거란의 대외관계, 언어와 문자, 군정제도, 유학 수용, 정통 논쟁에 대한 연구를 진행한 결과 거란을 단선적(單線的)으로 중화민족이 일체화되는 과정으로 이해할 수 없다는 결론을 내렸다. 거란 역사를 중국사의 한 시대로 설정하고, 일방적인 문화적 동화 현상(한화)이라는 단선적 발전의 틀에서 접근하는 것은 정복왕조의 역사적 특성과 중요성을 왜곡하는 것이다. 이러한 시각은 독자적인 세력과 문화권을 형성한 거란이 중원, 만주, 한반도, 나아가 내륙 아시아 여러 지역에 미친 영향을 간과하게 한다. 다민족 제국 거란은 필요에 따라 한족 제도와 전통문화를 부분적으로 활용하기도 했지만 거란과 한족의 전통 사이에는 긴장과 충돌이 존재하였다. 거란 제국은 정치·제도·사회·문화 등 모든 면에서 일원적(一元的) 체제였던 한족 왕조 송과는 근본적으로 달랐다. 정복왕조 거란은 지배자로서의 지위와 특권을 보장하고자 본래의 유목민족적 사회조직과 언어·전통·문화·종교에서 차별되는 이원(二元)적 체제를 시종일관 유지하였던 것이다.

따라서 거란은 자신의 민족성을 잃지 않은 상태에서 한족과 한족 지역을 효과적으로 통치하여 최초의 정복왕조가 될 수 있었다. 거란이 연 정복왕조의 문을 통해 이후 금·원·청은 중원으로 향하는 발걸음을 더욱 세차게 내딛을 수 있었다. 다시 말해 거란 멸망 이후 북방 지역에서 흥기한 국가들이 진정한 '정복왕조'로 성장할 수 있었던 것은, 바로 거란의 성장과 멸망이라는 역사적 경험을 통한 학습이 있었기 때문에 가능했다고 할 수 있다.

미주

제1장

1) Karl Wittfogel and Feng Chia-sheng(1949), The History of Chinese Society : Liao(907~1125), Philadelphia : American Philosophical Society, 1~32쪽.
2) 景愛(1989),「征服王朝論的產生與傳播」, 中國遼金史學會編『遼金史論集』第4輯, 書目文獻出版社.
3) 張博泉(1994),『中華一體的歷史軌迹』, 遼寧人民出版社.
4) 張博泉(1994),『中華一體的歷史軌迹』, 遼寧人民出版社, 611쪽.
5) 張博泉(1986),「中華一體論」,『吉林大學社會科學學報』第5期.
6) 屈文軍(2006),「論中國歷史上的北方民族政權-以遼, 西夏, 金, 元四朝爲重点」,『西北民族研究』第2期, 36쪽.

제2장

1)『契丹國志·太祖本紀』"建元曰神册, 國號契丹."
2)『新唐書』"至元魏, 自號曰契丹."

3) 即實, 「契丹小字字源擧隅」, 『民族語文』 1982年 3期.
4) 劉鳳翥, 「契丹小字道宗哀册篆盖的解讀」, 『民族研究』 1984年 第5期.
5) 張博泉, 「契丹, 遼名稱探源」, 『黑龍江民族叢刊(季刊)』 一九九九年 第四期 (总第五十九期).
6) 『金史·太祖紀』 "遼以賓鐵爲號, 取其堅也. 賓鐵雖堅, 終亦變壞, 惟金不變不壞. 金之色白, 完顔部色尚白."
7) 王惲, 『玉堂嘉話』 卷三, "契丹以其國産鑌鐵, 迺爲國號, 故女真稱金以勝之."
8) 張國慶(2006), 『遼代社會史研究』, 中國社會科學出版社, 13쪽.
9) 趙志偉·包瑞軍, 「契丹小字〈耶律智先墓志銘〉考釋」, 『民族語文』 2001年 第3期.
10) 劉浦江, 「遼朝國號考釋」, 『歷史研究』 2001年 第6期.
11) 劉浦江, 「遼朝國號考釋」, 『歷史研究』 2001年 第6期, 43쪽.
12) 『三國史記』 「高句麗本紀」 "小獸林王八年秋九月, 契丹犯北邊, 陷八部落."
13) 『魏書』 「契丹傳」 "在庫莫奚東, 異種同類, 俱竄於松漠之間. 登國中, 國軍大破之, 遂逃迸, 與庫莫奚分背."
14) 『遼史』 卷32 「营衛志·部族上」 古八部 "契丹之先, 曰奇首可汗, 生八子. 其後族属漸盛, 分爲八部, 居松漠之間. 今永州木葉山有契丹始祖廟, 奇首可汗可敦并八子像在焉. 潢河之西, 土河之北, 奇首可汗故壤也."
15) 徐俊(2000), 『中國古代王朝和政權名號探源』, 華中師範大學出版社, 255~261쪽.
16) 孟志東, 「達斡爾族源研究述評」, 『黑龍江民族叢刊』, 2000年 第2期.
17) 聞衡·黃維翰(1997), 「黑水先民傳」, 『黑龍江史志』; 李興盛(1987), 「『黑龍江鄉土錄』点校本代序」, 『黑河學刊』.
18) 陳述, 「試論達斡爾族的族源問題」, 『民族研究』, 1959年 第8期.
19) 沈滙, 「論契丹小字的創制餘解讀-兼論達斡爾族的族源」, 『中央民族大學學報(哲學社會科學版)』, 1980年 第4期; 劉鳳翥, 「從契丹小字解讀探達斡爲東胡之裔」, 『北方文物』, 1982年 第1期; 孟志東, 「'天书'解讀漫記之一」, 『內蒙古大學學報(哲學社會科學版)』, 2015年 第2期.
20) 王遲早·石美森·李輝, 「分子人類學視野下的達斡爾族族源研究」, 『北方民族大學學報(哲學社會科學版)』, 2018年 第5期, 115쪽.
21) 曹相, 「雲南契丹後裔探源」, 『雲南師範大學學報(哲學社會科學版)』, 1997年 第4期, pp.39~43.
22) 孟志東(1995), 『雲南契丹後裔研究』, 中國社會科學出版社.
23) 楊毓驤, 「迷踪七百年的契丹後裔在雲南」, 『雲南民族學院學報(哲學社會科學版)』, 1993年 第2期, 58쪽.
24) 黃震云, 「雲南'本人'與北方達斡爾人和契丹民族淵源通考」, 『遼東學院學報(社會科學学版)』 第17卷 第5期, 2015年 10月.

25) 『遼史·百官志』一 "至于太宗, 兼制中國, 官分南北, 以國制治契丹, 以漢制待漢人."
26) 『遼史·百官志』一 "遼國官制, 分北, 南院. 北面治宮帳, 部族, 属國之政, 南面治漢人州縣, 租賦, 軍馬之事."
27) 王玉亭·王燕趙(2013), 『遼文化與遼上京』, 內蒙古出版集團·內蒙古文化出版社, 2013, 127~128쪽.
28) 肖愛民(2014), 『遼朝政治中心研究』, 人民出版社, 54~57쪽.
29) 白俊瑞呐·李波, 「析契丹語的捺鉢」, 『內蒙古大學學報(人文社會科學版)』1998年 第4期.
30) 王明蓀(2010), 「春水秋山-契丹人的捺鉢生活」, 『故宮文物』325期, 臺北, 108쪽.
31) 『遼史·營衛志』 "天鵝未至, 才建帳于冰上, 鑿冰取魚."
32) 『遼史·地理志』 "國主春獵, 衛士皆衣墨綠, 各持連鎚鷹食刺鵝錐, 列水次, 相去五七步. 上風擊鼓, 驚鵝稍離水面. 國主親放海東青鶻擒之. 鵝墜, 恐鶻力不勝, 在列者以佩錐刺鵝, 急取其腦飼鶻. 得頭鵝者, 例賞銀絹."
33) 『遼史·穆宗紀』 "虞人沙剌迭偵鵝失期, 加炮烙鐵梳之刑而死."
34) 『遼史·本紀』第二 "太祖下" "至烏孤山以鵝祭天."
35) 『遼史·營衛志』 "皇帝得頭鵝, 薦廟, 羣臣各獻酒果, 舉樂."
36) 『遼史·本紀』 "統和十四年三月壬寅日, 高麗王来信請求與遼朝聯姻, 聖宗答應把駙馬蕭恒德女兒嫁給他. 庚戌日, 高麗又派童子十人来遼朝學習契丹語言."
37) 『遼史·營衛志』 "無常所, 多在吐兒山."
38) 『遼史·營衛志』 "與北南臣僚議國事, 暇日游獵."
39) 『遼史·營衛志』 "秋捺鉢, 曰伏虎林. 七月中旬自納凉处起牙帳, 入山射鹿及虎."
40) 『遼史·營衛志』 "冬捺鉢, 曰廣平淀, 在永州東南三十里.---與北南大臣會議國事, 時出校獵講武, 兼受南宋及諸國禮貢."
41) 『北史·契丹傳』 "父母死而悲哭者, 以爲不壯. 但以其尸置于山樹之上, 經三年後, 乃收其骨而焚之. 因酌而祝曰 '冬月時向陽食. 若我射獵時, 使我多得猪鹿.'"
42) 『房廷事實』 "北人喪葬之禮, 盖各不同……惟契丹一种特有異焉. 其富貴之家, 人有亡者, 以刃破腹, 取其腸胃滌之, 實以香藥鹽矾, 五采縫之. 又以尖葦筒剌于皮膚皮, 瀝其膏血且盡尽. 用金銀爲面具, 銅絲絡其手足. 耶律德光之死, 盖用此法, 時人目爲, 信有之也."
43) 『契丹國志·太宗紀』 "遼太宗攻晉歸途暴死, 國人剖其腹, 實鹽數斗, 載之北去, 晉人謂之帝羓."
44) 『遼史拾遺』 "房使耶律迪卒于滑. 房人倒悬其尸, 出滓穢口鼻中, 又以葦管刺皮膚出水, 以白矾塗尸令瘦, 但令支骨以歸."
45) 『房庭事實』 "用金銀爲面具, 銅絲絡其手足."
46) 內蒙古自治區文物考古研究所·哲里木盟博物館(1993), 『陳國公主墓』, 文物出版社, 32쪽과

채색도.
47) 內蒙古自治區文物考古硏究所·哲里木盟博物館(1993),『陳國公主墓』, 文物出版社, 채색도.
48) 中國社會科學院考古硏究所內蒙古工作隊,「內蒙古敖漢旗周家地墓地發掘簡報」,『考古』 1984年 第5期.
49) 劉冰,「試論遼代葬俗中的金属面具及相關問題」,『內蒙古文物考古』1994年 第1期.
50) 劉冰,「試論遼代葬俗中的金属面具及相關問題」,『內蒙古文物考古』1994年 第1期.
51) 靳楓毅,「夏家店上層文化及其族属問題」,『考古學報』1987年 第2期.
52) 翟德芳,「中國北方地區青銅短劍分群硏究」,『考古學報』1988年 第9期.
53) 朱泓,「夏家店上層文化居民的種族類型及相關問題」,『遼海文物學刊』1989年 第1期.
54) 郭淑云,「北方喪葬面具與薩滿教靈魂觀念」,『北方文物』2005年 第1期, 30쪽.
55)『說文解字·髟部』"髡, 剃也."
56) 李逸友,「契丹的髡髮習俗」,『文物』, 1983年 第9期; 張國慶,「遼代契丹人的髡髮習俗考述」, 『民俗硏究』, 1995年 第1期.

제3장

1) Paul Pelliot, *Notes on Marco Polo*, 216~229.
2) Colin Mackerras, *The Uighur Empire According to the T'ang Dynasty Histories*, 32~50; Michael Drompp, *Tang China and the Collapse of the Uighur Empire*, 202.
3) Edwin Pulleyblank, *The Background of the Rebellion of An Lu-shan*.
4) Michael Drompp, *Tang China and the Collapse of the Uighur Empire*, 22~33.
5) Pan Yihong, *Son of Heaven*, 287~321; Colin Mackerras, *The Uighur Empire*, 14~32.
6) 산시성(山西省) 일대를 말함.
7) 허베이성(河北省) 북부를 말함.
8) Naomi Standen, "Raiding and Frontier Society in the Five Dynasties", 160~91.
9)『遼史』, 1,2; Frederick W. Mote, *Imperial China 900~1800*, 10, 12, 38
10)『新五代史』, 72,886.
11) 10세기 초 거란의 역사는 사료의 부족으로 정확한 연대 추정이 어렵다.『遼史』에는 아보기가 등극한 해를 907년과 916년으로 서로 모순되게 기록하고 있다. 907년은 당이 멸망한 해로 거란의 정통성을 강조하기 위해 선택한 것으로 거란제국이 세워진 해는 그보다 10여 년 뒤로 보기도 한다.
12) 이후 후당의 장종(莊宗, 923~26)이 된다.

13) 지금의 베이징(北京)을 말한다.
14) 『遼史』, 1.12.
15) 『新五代史』, 72.
16) 『遼史』, 3.36.
17) 『舊五代史』, 75.985, 『遼史』, 3.38~39.
18) 『遼史』, 37. 437, 76.1252; Denis Twitchett and Klaus-Peter Tietze, "The Liao," 70.
19) 『遼史』, 4.44~45.
20) 韓茂莉(1999), 『遼金農業地理』, 社會科學文獻出版社.
21) 『遼史』, 3.41.
22) 『遼史』, 5.52.
23) 지금의 허난성(河南省) 카이펑(開封)을 말한다.
24) 보통 한문사료의 기록을 토대로 '요'(遼)는 제국의 국호로, '거란'을 민족 혹은 부족의 명칭으로, 그리고 '요'가 망한 후 거란 유민이 중앙유라시아에 세운 나라의 국호를 카라키타이 혹은 '서요'로 서로 다르게 부른다. 그러나 한문사료와는 달리 거란 문자와 여진 문자의 기록을 보면 거란의 국호는 시종일관 "哈喇契丹" 혹은 "大契丹", "契丹國", "契丹"이었고 야율대석이 중앙유라시아에 세운 나라 "카라키타이"는 거란의 원래 국호를 그대로 계승하여 사용한 것이었다(劉浦江, 「遼朝國號考釋」, 『歷史硏究』, 2001年 第2期, 40~43쪽; 劉鳳翥, 「從契丹文字的解讀談遼代契丹語中的雙國號—兼論"哈喇契丹"」, 『東北史硏究』, 2006 ; Michal Biran, 2005, *The Empire of the Qara Khitai in Eurasian History*, 215~17 참조).
25) 『遼史』, 4.58~59.
26) 『遼史』, 4.60.
27) 『遼史』, 5.66.
28) 『遼史』, 4.44~45.
29) 『遼史』, 7.87.
30) 『遼史』, 8.94.
31) 『遼史』, 8.95~96.
32) 『遼史』, 9.101.
33) 『遼史』, 9.101.
34) 『遼史』, 9.102; 傅樂煥(1984), 『遼史叢考』, 中華書局, 29~35쪽.
35) Jennifer Holmgren, "Marriage, Kinship, and Succession under the Ch'i-tan Rulers of the Liao Dynasty(907~1125), 44~91.
36) 『遼史』, 71.1202. "聖宗稱遼盛主, 后敎訓爲多."
37) 陶玉坤・薄音湖(2003), 「北宋對契丹歸明人的政策」, 『內蒙古社會學』, 24卷 6期, 32~33쪽.

38) "惟王久慕華風 素懷明略 效忠純之節 撫禮義之邦 而接彼犬戎 罹於蠱毒 舒泄積忿 其在玆乎"(高麗史 3:8b4-6). 하지만 몽골이 편찬한 『宋史』에는 경멸적인 '而接彼犬戎' 표현 대신 '而接彼邊疆'으로 기록되었다(『宋史』, 487.14038).
39) Nap-Yin Lau, "Waging War or Peace," 216.
40) 王曉波, 「宋眞宗對遼戰爭考之一 : 瀛洲與莫州之戰」, 『宋代文化硏究』, 1999年 00期; 王曉波, 「宋眞宗對遼戰爭考之二 : 遂城之戰」, 『宋代文化硏究』, 2000年 00期; 王曉波, 「宋眞宗對遼戰爭考之三 : 望都之戰」, 『宋代文化硏究』, 2001年 00期 참조.
41) 『遼史』, 14.159.
42) 『遼史』, 14.160; Nap-Yin Lau, "Waging War or Peace," 180.
43) Shui-lung Tsang, "War and Peace in Northern Sung China," 91~93.
44) 『遼史』, 14.160.
45) Karl Wittfogel and Feng Chia-sheng, *History of Chinese Society*, 326. "balanced hostility, neither one being strong enough to subjugate the other."
46) David C. Wright, *From War to Diplomatic Parity in Eleventh-Century China*, 94.
47) 『欽定重訂契丹國志』(『四庫全書』本), 卷20, 「宋眞宗誓書」, "維景德元年, 歲次甲辰十二月庚辰朔, 七日丙戌, 大宋皇帝, 謹致誓書於契丹皇帝闕下. 共遵誠信, 虔守歡盟. 以風土之宜, 助軍旅之費, 每歲以絹二十萬匹, 銀一十萬兩. 更不差使臣專往北朝, 只令三司差人, 搬送至雄州交割. 沿邊州軍, 各守疆界, 兩地人户, 不得交侵, 或有盜賊逋逃, 彼此無令停匿. 至於壟畆稼穡, 南北勿縱搔擾, 所有兩地城池, 並可依舊存守, 淘濠完葺, 一切如常. 即不得創築城隍, 開掘河道. 誓書之外, 各無所求, 必務協同, 庶存悠久."
48) Christian Schwarz-Schilling, *Der Friede von Shan-yüan* (1005 n. Chr.), 96.
49) 『續資治通鑑長編』, 70.1578, 137.3276; Robert Hartwell, "The Imperial Treasuries: Finance and Power in Song China," 57; Wong Hon-chiu, "Government Expenditures in Northern Sung China (960~1127)," 158; Denis Twitchett and Klaus-Peter Tietze. "The Liao," 110.
50) Shiba Yoshinobu, "Sung Foreign Trade," 98.
51) Jingshen Tao, *Two Sons of Heaven*, 20.
52) Nap-Yin Lau, "Waging War or Peace," 216, 218-19.
53) Shiba Yoshinobu, "Sung Foreign Trade: Its Scope and Organization"; 王曉波, 「對澶淵之盟的重新認識和評價」, 『四川大學學報』, 2003年 4期, 116~118쪽.
54) 『遼史』, 46.742, "遼境東接高麗, 南與梁唐晉漢周宋六代爲勁敵. 北鄰阻卜尢不姑大國以十數, 西制西夏党項吐渾回鶻等, 強國以百數... 居四戰之區, 虎踞其間, 莫敢與攖."
55) 『宋史』, 486.14030, "其心未嘗有臣順之實也."
56) 『遼史』, 115.1529, "論曰: 高麗·西夏之事遼, 雖嘗請婚下嫁, 烏足以得其固志哉? 三韓接壤, 反覆易知; 涼州負遠, 納叛侵疆, 乘隙輒[動; 貢使方往, 事釁隨生."

57) Arthur Waldron, *The Great Wall of China: from History to Myth*, 91~139.
58) Ruth Dunnell, "The Hsi Hsia," 168~172.
59) Jing-shen Tao, *Two Sons of Heaven*, 57~8, 63.
60) 『遼史』, 11.119, 12.134, 13.140.
61) 『宋史』, 485.13989~90.
62) 『宋史』, 10.205; 金渭顯, 「西夏與宋契丹之關係(986~1048)」, 『明知史論』 7 (1995), 85~92.
63) 지금의 산시성(陝西省) 즈단(志丹)에 위치한다.
64) 『宋史』, 186.4563.
65) 윤영인(2013), 「하-송의 5년 전쟁(1039~44)과 11세기 동아시아 세력 균형」, 『만주연구』, 16쪽.
66) 『續資治通鑑長編』, 134.3208.
67) 『續資治通鑑長編』, 134.3187.
68) 지금의 허베이성(河北省) 한단시(邯鄲市).
69) 『遼史』, 4.44~45, 『續資治通鑑長編』, 136.3260~5, 3267~8, 『宋史』, 11.214, 85.2105.
70) 『續資治通鑑長編』, 139.3342; Jing-shen Tao, "Yü Ching and Sung Policies toward Liao and Hsia", 116.
71) 『遼史』, 86.1323.
72) Lien-sheng Yang, "Historical Notes on the Chinese World Order," 21.
73) Ruth Dunnell, "The Hsi Hsia," 154~214, 『續資治通鑑長編』, 138.3330~3, 139.3343, 140.3358, 142.3403~5, 3408, 145.3500~1, 3507~8, 3513~15, 146.3536~7, 149.3613, 3616.
74) 『宋史』, 11.215.
75) 『續資治通鑑長編』, 149.3636~17.
76) 『遼史』, 19.230~31.
77) 『續資治通鑑長編』, 151.3668.
78) "서표(誓表)"와 "서조(誓詔)"의 "서(誓)"가 동맹을 맺은 당사자의 동등한 관계를 나타낸다면 "표(表)"와 "조(詔)"는 위계적인 관계를 반영한다고 보았다(Michael C. Rogers, "The Chinese World Order in Its Transmural Extension: The Case of Chin and Koryŏ," 8).
79) 여기서 "주(主)"는 대하 군주를 "왕(王)"으로 인정한 송과 "황제(皇帝)" 칭호를 요구한 대하의 타협이었다고 하겠다.
80) 『續資治通鑑長編』, 152.3705~6; 『宋史』, 11.219.
81) 『遼史』, 20.240~41.
82) 『高麗史』, 1:16b2.
83) 『高麗史』, 2:14a9~b1.

84) 『高麗史』, 1:14a8~b3, 16a8~9; 이근화(1987), 「고려 태조 대 북방정책의 수립과 그 성과」, 『박성봉 교수 회갑기념 논총』, (서울: 박성봉 교수 회갑기념논총 간행위원회), 155~176쪽.
85) 『高麗史』, 94:2b8.
86) 『遼史』, 10.115; 『高麗史』, 3:9b1~2.
87) 『高麗史』, 3:8b9~9a2, 10a3.
88) 『遼史』, 13:143; 『高麗史』, 94:2a4; 안주섭(2003), 『고려 거란 전쟁』, 경인문화사, 80쪽.
89) 『高麗史』, 3:26b4~27a6, 3:27b9~28a1, 94:4b4~5a2, 94:5b4~7.
90) 윤영인(2007), 「10-13세기 동북아시아 多元的 國際秩序에서의 冊封과 盟約」, 『東洋史學研究』 101집.
91) 『遼史』, 13:144~147; 『高麗史』, 3:27a6~7, 3:28b6~7.
92) 거란 경종(969~982)의 딸.
93) 『高麗史』, 3:28b7~8; 『遼史』, 13.147, 65.1002, 88.1342~43. 『고려사』는 거란이 "혼인을 허락[許嫁]"하였다고만 하였는데 거란 "공주"가 고려에 온 기록은 보이지 않는다(『高麗史』, 3:29b7~8; 『遼史』, 13.150, 115.1520).
94) 『遼史』, 15.168, 『高麗史』, 4:5a2~3.
95) 『高麗史』, 4:6a3~4, 127:9a9~10a7.
96) 『續資治通鑑長編』, 74.1695, 『遼史』, 15.169.
97) 『高麗史』, 4:28b8~29a3; 『遼史』, 16.185.
98) 『高麗史』, 4:29b1~3.
99) 이미지(2018), 『태평한 변방: 고려의 대거란 외교와 그 소산』, 경인문화사.
100) Wittfogel, *History of Chinese Society*, 389~95.
101) 『遼史』, 24.288.
102) 몽골고원의 케레이트부, 나이만부, 타타르부 등 부족의 총칭.
103) 한족의 문화론적 전통에서 주변 민족을 한화의 정도에 따라 "생"(날것의) 혹은 "숙"(익은)으로 표현하기도 하였는데 Lian-sheng Yang은 이를 각각 "uncivilized"와 "civilized"로 번역하였다(Lien-sheng Yang, "Historical Notes on the Chinese World Order," 12).
104) Herbert Franke, "Treaties between Sung and Chin", 60~68.
105) 『遼史』, 22.264.
106) 『遼史』, 22.270.
107) 『遼史』, 29.347.
108) 徐夢莘, 『三朝北盟會編』, 178권 7a; Wittfogel, *History of Chinese Society*, p.638. 劉浦江은 이 기록의 신빙성에 의문을 제시한다(侯仁之·周一良 主編(2001), 「遼朝亡國之後的契丹遺民」, 『燕京學報』 新10期, 北京大學出版社, 140쪽).

109) 『金史』, 4.82, 121.2638.
110) 『大金國志』, 14.107.
111) 『金史』, 132.2825, 133.2849~51.
112) 『金史』, 35.683, 486.14026.
113) 『宋史』, 50.1114, 134.2870~1.
114) Karl Wittfogel and Feng Chia-sheng, *History of Chinese Society*, American Philosophical Society, 647~8.
115) 李錫厚(2007), 「論"澶淵之盟"非"城下之盟"」, 『澶淵之盟新論』, 上海人民出版社, 18쪽; 黃震云, 「契丹的由來和遼代的建元(上,下)」, 『遼寧工程技術大學學報(社科版)』, 2003年 第1~2期, 60~61쪽.

제4장

1) 송기중(2003), 『역사비교언어학과 국어계통론』, 집문당, 28쪽.
2) 송기중(2003), 『역사비교언어학과 국어계통론』, 집문당, 194쪽.
3) 方東杰·曲赫(2013), 「遼時期契丹族語言文字的使用特点」, 『蘭台世界』 33期.
4) 『三國史記』 卷十八, 高句麗本紀 第六, 小獸林王 八年(378), 契丹犯北邊陷八部落.
5) 『三國史記』 卷十八, 高句麗本紀 第六, 廣開土王 元年(391), 九月, 北伐契丹, 虜男女五百口, 又招諭本國陷沒民口一萬而歸.
6) 資治通鑑 卷二百八十一, 後晋 天福二年二月 胡三省注: 契丹置通事以主中國人, 以知華俗通華言者爲之.
7) 新五代史 卷七十二, 四夷附錄 一, 契丹 上: 臣本漢人, 衣服飮食言語不同.
8) 遼史 卷六十四. 皇子表: 回鶻使至, 無能通其語者, 太后謂太祖曰, 迭剌聰敏可使, 遣迓之, 相從二旬, 能習其言與書, 因制契丹小字, 數少而該貫.
9) 大金國志 卷三十九, 初興風土: 女眞在契丹東北隅……與契丹言語不通, 而無文字.
10) 金史 卷六十六, 宗室傳:女直初無文字, 及破遼, 獲契丹'漢人, 始通契丹'漢字, 於是諸子皆學之'宗雄能以兩月盡通契丹大小字, 而完顔希尹乃依仿契丹字制女直字.
11) 高麗史 世家 卷第2, 太祖 26年 4月, 訓要十條: 契丹是禽獸之國, 風俗不同, 言語亦異, 衣冠制度, 愼勿效焉.
12) 高麗史 卷三, 世家 卷第三, 成宗 14年 9月, 遣童子十人於契丹, 習其語.
13) 遼史 卷七十三, 耶律曷魯傳: 契丹與奚言語相通, 實一國也.
14) 遼史 卷百十六, 國語解: 遼之初興, 與奚'室韋密邇, 土俗言語大概近俚° 至太祖'太宗, 奄有朔方, 其治雖參用漢法, 而先世奇首 遙輦之制尚多存者. 子孫相繼, 亦遵守而不易. 故史之所載, 官制' 宮衛' 部族' 地理, 率以國語爲之稱號.
15) 夷堅志 丙志 卷十八, 契丹誦詩: 契丹小兒初讀書, 先以俗語轉倒其文句以習之, 至有一字用兩三字者. 頃奉使金時, 接伴副使秘書少監王補 每爲予言以爲笑, 如"鳥宿池中樹, 僧敲月下門" 兩句, 其讀時則曰"月明里和尙門子打, 水底里樹上老鴉坐"大率如此. 補, 錦州人, 亦一契丹也.
16) 林幹(1989:112-116), 『東胡史』, 內蒙古人民出版社.
17) 魏書 卷七 下, 太和19年, 六月己亥, 詔不得以北俗之語言於朝廷, 若有違者免所居官.
18) 林幹(1989:112-116), 『東胡史』, 內蒙古人民出版社.
19) 顔氏家訓, 敎子: 齊朝有一士大夫, 嘗謂吾曰, 我有一兒, 年已十七, 頗曉書疏, 敎其鮮卑語及彈琵琶, 稍欲通解, 以此伏事公卿, 無不寵愛, 亦要事也.
20) 魏書 卷 4, 世祖紀 上: 初造新字千餘, 詔曰……今制定文字, 世所用者, 頒下遠近, 永爲楷式.
21) 詔曰「在昔帝軒, 創制造物, 乃命倉頡因鳥獸之跡以立文字'自玆以降, 隨時改作, 故篆隸草楷, 並行於世. 然經歷久遠, 傳習多失其眞, 故令文體錯謬, 會義不愜, 非所以示軌則於來世也.」
22) 林幹(1989:114), 『東胡史』, 內蒙古人民出版社.
23) 國語 十五卷, 國語 十卷, 鮮卑語 五卷, 國語物名 四卷(後魏 侯伏侯可悉陵撰), 國語眞歌 十卷, 國語雜物名 三卷(侯伏侯可悉陵撰), 國語十八傳 一卷, 國語御歌 十一卷, 鮮卑語 十卷, 國語號令 四卷, 國語雜文 十五卷, 鮮卑號令 一卷(周武帝撰), 雜號令 一卷.
24) 隋書 卷三十二, 經籍志: 后魏初定中原, 軍容號令, 皆以夷語, 後染華俗, 多不能通. 故錄其本言, 相傳敎習, 謂之國語.
25) Alexander Vovin(2018:303-313), INTERPRETATION OF THE HÜIS TOLGOI INSCRIPTION, Journal Asiatique 306,2(2018).
26) 정재훈(2016), 『돌궐 유목제국사』, 사계절, 618쪽.
27) Talat Tekin 저, 이용성 역(2008), 『돌궐비문연구』, 제이앤씨, 83~85쪽.
28) 정재훈(2005), 『위구르 유목제국사』, 문학과지성사, 377~457쪽.
29) 정재훈(2005), 『위구르 유목제국사』, 문학과지성사, 453~457쪽.
30) 南豊鉉(2009), 『古代韓國語硏究』, 시간의 물레, 39~49쪽.
31) Zaytsev, Viacheslav P.(2011:130~150), "A Manuscript Codex Written in the Khitan Large Script from the Collection of the Institute of Oriental Manuscripts, Russian Academy of Sciences"; in "Written Monuments of the Orient", № 2(15), autumn—winter 2011. — Moscow: "Nauka", "Vostochnaya Literatura" Publishers.
32) 淸格尔泰·吳英喆·吉如何(2017), 『契丹小字再硏究』, 內蒙古大學出版社, 341~353쪽.
33) 淸格尔泰·吳英喆·吉如何(2017), 『契丹小字再硏究』, 內蒙古大學出版社, 88쪽.

34) 清格尔泰·吳英喆·吉如何(2017), 『契丹小字再硏究』, 內蒙古大學出版社, 11쪽.
35) 包阿如那(2019), 「新發現契丹大字《維南瞻部洲大遼國銘》研究」, 中國內蒙古大學 博士學位論文, 57쪽.
36) 包阿如那(2019), 「新發現契丹大字《維南瞻部洲大遼國銘》研究」, 中國內蒙古大學 博士學位論文, 102쪽.
37) 陳文俊(2005), 「遼代契丹內境語言文字使用情況探析」, 中央民族大學 碩士學位論文, 17~20쪽.
38) 陳文俊(2005), 「遼代契丹內境語言文字使用情況探析」, 中央民族大學 碩士學位論文, 14쪽.
39) 陳文俊(2005), 「遼代契丹內境語言文字使用情況探析」, 中央民族大學 碩士學位論文, 18쪽.
40) 徐梦莘, 『三朝北盟會編』 卷20 "凡聚會處, 諸國人語言不能相通曉, 各爲漢語以證, 方能辯."
41) 陳文俊(2005), 「遼代契丹內境語言文字使用情況探析」, 中央民族大學 碩士學位論文, 19쪽.
42) 『契丹國志』 "연나라 사람 한연휘는 지략이 있을 뿐만 아니라 속문(거란문)과 거란어도 안다 (燕人韓延徽有智, 略, 頗知屬文與語)."
43) 『契丹國志』 二十四 "余尙書北語詩" "余靖尙書使契丹, 爲北語詩, 契丹愛之. 再往, 益親, 余詩云, 「夜筵設罷(侈盛也), 臣拜洗(受賜也), 兩朝厥荷(通好也), 情幹勒(厚重也), 微臣稚魯(拜舞也), 祝若統(福佑也), 聖壽鐵擺(崇高也), 俱可忒(無極也)」. 國主擧大杯, 謂余曰. 「能道此, 余爲卿飮」, 國主大笑, 遂爲釂觴."
44) 五代會要 "契丹本無文紀, 惟刻木爲信, 漢人之陷番者, 以隸書之半加減, 撰爲胡書."
45) 新五代史 卷72, 四夷附錄 "至阿保機, 稍幷服旁邇小國, 以多用漢人, 漢人教之以隸書之半增損之, 作文字數千, 以代刻木之約."
46) 1114년을 기준으로 거란 국경 내 전체 인구는 840만여 명이고 그중에서 거란인은 약 18% 정도였던 것으로 추정하고 있다. 馬尙云(2007), 「遼代"因俗而治"的民族政策與社會發展研究」, 內蒙古大學 博士學位論文, 16~17쪽.
47) 舊五代史 137 外國列傳1 "阿保機善漢語, 謂坤曰 : "吾解漢語, 歷口不敢言, 懼部人效我, 令兵士怯弱故也"."
48) 遼史 卷2 太祖紀 "神冊 五年 春正月 乙丑, 始制契丹大字…… 九月 壬寅, 大字成, 詔頒行之."
49) 신책(神冊)을 잘못 표기한 것으로 보인다.
50) 契丹國志 卷1 "天贊 六年 七月…… 渤海旣平, 乃制契丹文字三千餘言."
51) 遼史 卷六十四, 皇子表 "回鶻使至, 無能通其語者, 太后謂太祖曰: 迭剌聰敏可使, 遣迓之, 相從二旬, 能習其言與書, 因制契丹小字, 數少而該貫."
52) 遼史 卷 七十五, 耶律突呂不傳 "突呂不, 字鐸袞, 幼聰敏嗜學, 事太祖見器重, 及制契丹大字, 突呂不贊成爲多, 未幾爲文班林牙, 領國子博士, 知制誥."
53) 遼史 卷 七十六, 耶律魯不古傳 "耶律魯不古, 字信寧, 太祖從姪也, 初, 太祖制契丹國字, 魯不古以贊成功, 授林牙監修國史."

54) 陳文俊(2005),「遼代契丹境內語言文字使用情況探析」, 中央民族大學 碩士學位論文, 15~17쪽.
55) 이성규(2015),「거란 문자의 자료와 연구현황」,『몽골학』40호, 한국몽골학회.
56) Zaytsev, Viacheslav P.(2011:130~150), "A Manuscript Codex Written in the Khitan Large Script from the Collection of the Institute of Oriental Manuscripts, Russian Academy of Sciences"; in "Written Monuments of the Orient", № 2(15), autumn—winter 2011. ― Moscow: "Nauka", "Vostochnaya Literatura" Publishers.
57) 陳文俊(2005),「遼代契丹境內語言文字使用情況探析」, 中央民族大學 碩士學位論文, 27쪽.
58) 李錫厚·白濱(2016),『遼金西夏史』, 上海人民出版社, 401쪽.
59) 清格尔泰·吳英喆·吉如何(2017),『契丹小字再研究』, 內蒙古大學出版社, 5~17쪽.
60) 包阿如那(2019),「新發現契丹大字《維南瞻部洲大遼國銘》研究」, 中國內蒙古大學博士學位論文, 34~38쪽.
61) 邱樹林 主編(2010),『遼金史辭典』, 山東教育出版社, 408~409쪽.
62) 遼史 卷二 太祖 耶律阿保機 下 "九月丙申朔, 次古回鶻城, 勒石紀功."
63) 遼史 卷二 太祖 耶律阿保機 下 "甲子, 詔礱闢遏可汗故碑, 以契丹, 突厥, 漢字紀其功."
64) 金史 卷73, 希尹傳 "金人初無文字, 國勢日強, 與鄰國交好, 乃用契丹字. 太祖命希尹撰本國字, 備制度. 希尹乃依仿漢人楷字, 因契丹字制度, 合本國語, 制女直字"天輔三年八月, 字書成, 太祖大悅, 命頒行之. 賜希尹馬一匹衣一襲. 其後熙宗亦制女直字, 與希尹所制字俱行用. 希尹所撰謂之女直大字, 熙宗所撰謂之小字."
65) 金史 卷9, 章宗紀 "明昌二年, 4月 癸巳 諭有司, 自今女直字直譯為漢字, 國史院專寫契丹字者罷之…十二月…乙酉, 詔罷契丹字."

제5장

1) Thomas J. Barfield, 윤영인 역(2009),『위태로운 변경: 기원전 221년에서 기원후 1757년까지의 유목제국과 중원』, 서울, 동북아역사재단.
2) 서진 혜제(惠帝, 259-306) 원강(元康) 원년(291)부터 광희(光熙) 원년(306)까지, 여러 사마씨 제후왕들의 정권다툼이 일어났는데, 그 주요 세력인 여남왕(汝南王) 사마량(司馬亮), 초왕(楚王) 사마위(司馬瑋), 조왕(趙王) 사마륜(司馬倫), 제왕(齊王) 사마경(司馬冏), 장사왕(長沙王) 사마예(司馬乂), 성도왕(成都王) 사마영(司馬穎), 하간왕(河間王) 사마옹(司馬顒), 동해왕(東海王) 사마월(司馬越) 등 여덟 왕을『진서(晉書)』에서 하나의 열전으로 다루었다. 따라서 사가들은 이 시기의 혼란을 '팔왕의 난'으로 일컬었다.
3) 이 시기 화북을 비롯한 중원의 주변에는 '오호'뿐만 아니라 한족(漢族), 정령족(丁零族) 등

도 나라를 세웠고, 또 그 숫자 또한 16국을 상회한다. 그러나 학계에서는 주요 세력인 '흉노, 선비, 저, 갈, 강'을 '오호'로, 북위(北魏, 386~534) 말 최홍(崔鴻, 478~525)이 편찬한 『십육국춘추(十六國春秋)』를 따서 '오호십육국' 시기라 부른다.

4) 『魏書』(1974), 中華書局, 179쪽. 『魏書』 권7하 「高祖孝文帝紀」 "二十年(496)春正月丁卯, 詔改姓為元氏."

5) 북위(北魏)의 한화정책에도 불구하고 선비족 내부에서는 자신들의 전통을 지키고자 하는 노력이 진행되기도 하였다. 관련 내용은 최진열의 『북위황제 순행과 호한사회』(서울대학교출판문화원, 2011)와 『효문제의 '한화' 정책과 낙양 호인사회』(한울아카데미, 2016) 참고.

6) '오대십국'은 '오대(五代, 907~960)'와 '십국(十國, 902~979)'의 병칭으로, '오대'는 『구오대사(舊五代史)』, 『신오대사(新五代史)』에 편입된 중원 국가로 '후량(後梁, 907~923), 후당(後唐, 923~936), 후진(後晉, 936~947), 후한(後漢, 947~950), 후주(後周, 951~960)'의 다섯 정권을 일컫고, '십국'은 그 주변의 '남오(南吳, 902~937), 남당(南唐, 937~975), 오월(吳越, 907~978), 민(閩, 909~945), 남한(南漢, 917~971), 전촉(前蜀, 907~925), 후촉(後蜀, 934~966), 남초(南楚, 907~951), 남평(南平, 924~963), 북한(北漢, 951~979)'의 열 정권을 일컫는다. 이 가운데는 후당, 후진, 후한, 북한 등 사타족이 세운 정권이 포함되어 있다.

7) K. A. Wittfogel, *History of Chinese society: Liao, 907~1125*, Philadelphia: American Philosophical Society, 1949.

8) 라티모어(Owen Lattimore, 1900~1989)는 소수민족이 중국을 침입한 정도는 당시 중국의 쇠약과 부족 침입자의 강성한 정도에 따라 결정된 것이 아니라는 것을 강조하였다. 유목민족의 중국 정복은 대초원에서 온 것이 아니라 초원의 변경지대에서 온 것으로, 유목 침략자는 순수한 전형적인 유목민족이 아니라 아시아 내륙 변강에서 농경문화에 인접한 혼합문화 민족이라는 것이다(Owen Lattimore, *Inner Asian frontiers of China*, Boton: Beacon press, 1940).

9) 석경당(石敬瑭)이 거란의 원조에 힘입어 후당을 멸망시키고 후진을 세웠을 때, 거란에 대가로 할양한 탁(涿)·계(薊)·단(檀)·순(順)·영(瀛)·막(莫)·울(蔚)·삭(朔)·응(應)·신(新)·규(嬀)·유(儒)·무(武)·환(寰)·유(幽)·운(雲)의 16주(州)를 말한다.

10) 『史記』(1959) 권33, 「魯周公世家」, 中華書局, 1524쪽.

11) 『史記』(1959) 권33, 「魯周公世家」, 1524쪽, "夫政不簡不易, 民不有近, 平易近民, 民必歸之."

12) 『遼史』(1974) 권45 「百官志一」, 北京, 中華書局, 685쪽. "北面治宮帳·部族·屬國之政."

13) 『遼史』(1974) 권45 「百官志一」, 686쪽, "契丹北樞密院. 掌兵機·武銓·羣牧之政, 凡契丹軍馬皆屬焉."

14) 『遼史』(1974) 권45 「百官志一」, 690쪽, "北宰相府. 掌佐理軍國之大政 … 南宰相府. 掌佐理

15) 『遼史』(1974) 권45 「百官志一」, 693~694쪽, "宣徽北院. 太宗會同元年置, 掌北院御前祇應之事 … 宣徽南院. 會同元年置, 掌南院御前祇應之事."
16) 『遼史』(1974) 권45 「百官志一」, 695쪽, "夷離畢院. 掌刑獄."
17) 『遼史』(1974) 권45 「百官志一」, 695~696쪽, "大林牙院. 掌文翰之事."
18) 『遼史』(1974) 권45 「百官志一」, 696쪽, "敵烈麻都司. 掌禮儀."
19) 이를 '내사부족(內四部族)'이라 이른다. 『요사』 「궁위지」의 이른바 '요련구장족(遙輦九帳族), 횡장삼부방족(橫帳三父房族), 국구장 발리·을실기족(國舅帳拔里·乙室已族), 국구별족(國舅別族)'이 그것이다. '요련구장족'은 야율아보기 이전 거란을 이끌던 요련씨(遙輦氏) 9대 지도자의 장족으로 요련와가한(遙輦洼可汗), 조오가한(阻午可汗), 호랄가한(胡剌可汗), 소가한(蘇可汗), 선질가한(鮮質可汗), 소고가한(昭古可汗), 야란가한(耶瀾可汗), 파랄가한(巴剌可汗), 흔덕근가한(痕德菫可汗)의 아홉 장을 일컫는다. 이들을 '요련장(遙輦帳)' 혹은 '요련구장'이라고도 한다. '횡장삼부방', 야율아보기의 조부인 균덕실(勻德實)의 차자 암목(巖木)의 일족인 '맹부방(孟父房)', 그 동생 석로(釋魯)의 일족인 '중부방(仲父房)', 그리고 작은아들 덕조(德祖)의 장자 야율아보기의 일족을 '횡장(橫帳)', 그리고 덕조의 다른 아들인 '날갈(剌葛)', '질랄(迭剌)', '인저석(寅底石)', '안서(安瑞)', '소(蘇)' 등의 일족을 '계부방(季父房)'으로 일컫는데, 이 '일장·삼부방(一帳·三父房)'을 총칭하여 '사장황족(四帳皇族)' 혹은 '황족장'으로 일컫기도 한다. '국구장발리·을실기족'은 후족인 소씨 일족으로 흔히 '국구장(國舅帳)'이라고 하고, '국구별부'는 거란 세종의 외삼촌 탑열갈(塔列葛)의 일족이다. 『遼史』 권33 「宮衛志下」, 383-384쪽, "遼內四部族: 遙輦九帳族, 橫帳三父房族, 國舅帳拔里·乙室已族, 國舅別部." '乙室已族'의 '已'는 원래 '巳'로 표기되어 있으나, '乙室已'의 '已'에 해당되는 거란 소자가 'ki' 음가로 나타나는 점을 반영하여, '已'로 수정한다.
20) 『遼史』(1974) 권46 「百官志二」, 723~729쪽
21) '대왕'은 본래 '이리근(夷離菫)'이라 하였다. 『遼史』(1974) 권46 「百官志二」, 723쪽, "某部大王. 本名夷離菫."
22) 『遼史』(1974) 권46 「百官志二」, 726쪽, "五院部. 有知五院事, 在朝曰北大王院. 六院部. 有知六院事, 在朝曰南大王院. 乙室部. 在朝曰乙室王府……奚六部. 在朝曰奚王府."
23) 『遼史』(1974) 권46 「百官志二」, 725쪽.
24) 『遼史』(1974) 권45 「百官志一」, 694쪽, "大于越府. 無職掌, 班百僚之上, 非有大功德者不授, 遼國尊官, 猶南面之有三公."
25) 야율갈로(872~918)의 자(字)는 공온(控溫) 또는 홍은(洪隱)으로 거란 질랄부(迭剌部) 사람이다. 야율아보기의 동족 형제로, 거란 개국 21공신 가운데 첫 번째로, 아로돈우월(阿魯敦于越)로 책봉되었다.

26) 야율옥질(915~973)의 자(字)는 적련(敵輦)으로 거란 황족으로 태조, 태종, 세종, 목종, 경종의 다섯 황제를 섬기며 큰 공을 세웠고, 그 공으로 우월(于越)이 되었다.
27) 야율인선(1013~1072)의 자(字)는 규린(糺隣)이며 남부재상을 역임했던 연왕(燕王) 야율괴인(耶律瑰引)의 아들로 서하(西夏)와의 전쟁에서 공을 세웠다. 야율중원(耶律重元)의 반란을 평정하여 도종(道宗) 함옹(咸雍, 1065~1074) 원년(1065) 우월이 되었다.
28) 『遼史』(1974) 권45 「百官志一」, 685쪽, "南面治漢人州縣·租賦·軍馬之事."
29) 『遼史』(1974) 권47 「百官志三」, 北京, 中華書局, 1974년, 773쪽, "太祖初有漢兒司, 韓知古總知漢兒司事, 太宗入汴, 因晉置樞密院, 掌漢人兵馬之政焉, 初兼尚書省."
30) 『遼史』(1974) 권47, 「百官志三」, 中書省" 初名政事省"太祖置官, 世宗天祿四年建政事省, 興宗重熙十三年改中書省"774쪽.
31) 楊若薇(1991), 『契丹王朝政治軍事制度硏究』, 中國社會科學出版社.
32) 『遼史』(1974) 권45 「百官志一」, 686쪽, "以其牙帳居大內帳殿之北, 故名北院."
33) 『遼史』(1974) 권45 「百官志一」, 688쪽, "以其牙帳居大內之南, 故名南院."
34) 紀楠楠(2013), 『遼代民族政策硏究』, 東北師範大學博士學位論文.
35) 『遼史』(1974) 권33 「宮衛志下」, 392~393쪽. "......猶唐人之有羈縻州也."
36) 이른바 '내사부족(內四部族)'을 제외한 부족은 북남재상부가 관할하도록 하였다. 그러나 북남재상부가 관할하는 부족이 한곳에 모여 있는 것은 아니었다. 예컨대 북재상부가 관할하는 오원부와 육원부는 남쪽에, 품부(品部)와 돌려불부(突呂不部)는 서북로초토사(西北路招討使)에 속하였고, 오외부(烏隗部)는 동북 방향에 있었다. 남재상부가 관할하는 을실부는 서남쪽의 원앙박(鴛鴦泊)에, 저특부(楮特部)는 서북로초토사에 속하였으며, 돌거부(突擧部)는 북쪽에 있었다(紀楠楠(2013), 『遼代民族政策硏究』, 東北師範大學博士學位論文, 40쪽).
37) 예컨대, 황족장(皇族帳) 출신의 야율질리(耶律迭里)가 남원이리근(南院夷離董)에 임명되었고, 아보기의 종질(從姪) 야율노불고(耶律魯不古)가 북원대왕에 임명되었고, 그리고 국구장(國舅帳) 소간(蕭干)이 돌려불부절도사(突呂不部節度使)에, 황족장 출신의 야율탑불(耶律塔不)이 특면부절도사(特免部節度使)에 임명되었던 사례 등이 있다.
38) 孫世芳(1970), 『宣府鎭志』 권20 「風俗考」, 『中國方志叢書』本, 臺北, 成文出版社, 1970, 215쪽, "漢人仍用漢法, 國人不得輕易其俗."
39) 『遼史』(1974) 권17 「聖宗紀」, 204쪽, "初, 東遼之地, 自神冊來附, 未有榷酤鹽麴之法, 關市之征亦甚寬弛. 馮延休·韓紹勳相繼以燕地平山之法繩之, 民不堪命."
40) 余靖(2005), 『武溪集』 권18 「契丹官儀」, 『欽定四庫全書薈要』本, 長春, 吉林出版集團, 177쪽, "領燕中職事者, 雖蕃人亦漢服, 謂之漢官."
41) 대표적인 사례가 발해 주현의 폐지와 발해인의 강제 이주다. 양위수(楊雨舒)의 연구에 의하

면, 발해 옛 땅의 '5경 5부 62주' 가운데, 도읍이었던 '천복성(天福城, 곧 발해 상경용천부)' 외 7부와 7주가 폐지되었고, 3부와 19주가 다른 곳으로 옮겨졌으며, 지금까지 알려진 112개 발해현 가운데 17주의 78현이 폐지되었다고 한다(楊雨舒, 「東丹南遷芻議」, 『社會科學戰線』 1993年 第5期, 190~196쪽). 그 이후에도 거란은 종종 발해인을 도처로 이주시켜 그 결속력을 약화시켰는데, 성종(聖宗)은 세 차례나 발해인을 상경(上京)과 중경(中京) 등지로 이주시켰다고 한다(王德忠(2010), 『中國歷史統一趨勢硏究—從唐末五代分裂到元朝大一統』, 北京, 商務印書館, 318~319쪽).

42) 거란 초기에 매일 기병을 사방으로 내보내 약탈을 해 와 군수품으로 제공하였는데, 이것을 타초곡이라 하였다(김위현 외 번역(2012), 『국역 요사』, 단국대학교출판부, 586쪽, 각주25).

43) 『遼史』(1974) 권32 「兵衛志上」, 397쪽, "國兵制, 凡民年十五以上, 五十以下, 隸兵籍. 每正軍一名, 馬三疋, 打草穀·守營鋪家丁各一人."

44) 『資治通鑑』(1956) 권224 「唐紀四十」, '代宗大曆元年十二月', 北京, 中華書局, 7193쪽 "永泰二年, 始以中人掌樞密用事"; 馬端臨, 『文獻通考』(1986) 권58 「職官考十二·樞密院」, 北京, 中華書局, 1523쪽 "唐代宗永泰中, 置內樞密使, 始以宦官爲之."

45) 리훙빈(李鴻濱)의 연구에 의하면, 당 선종(宣宗, 810~859, 재위: 846~859) 이후 추밀기구가 확대되어 '원(院)'이 되었고, 소종(昭宗, 867~904, 재위: 888~904) 시기에 상하(上下, 혹은 동서東西) 이원(二院)이 설치되었다고 한다(李鴻濱, 「唐代樞密使考略」, 『文獻』 1991年 第3期, 84쪽).

46) 張正明(1979), 『契丹史略』, 北京, 中華書局, 150쪽; 蔡美彪(1979), 『中國通史』(6), 「宋遼金元時期」, 北京, 人民出版社, 42쪽.

47) 劉冰 主编(2006), 『赤峰博物館文物典藏』, 遠方出版社, 132쪽.

48) 『遼史』(1974) 권47 「百官志三」, 773쪽, "太祖初有漢兒司, 韓知古總知漢兒司事, 太宗入汴, 因晉置樞密院, 掌漢人兵馬之政焉, 初兼尚書省."

49) 『資治通鑑』(1956) 권281 「後晉紀二」, 北京, 中華書局, 9185쪽, "是歲契丹改元會同, 國號大遼, 公卿庶官, 皆仿中國, 參用中國人, 以趙延壽爲樞密使, 尋兼政事令."

50) 津田左右吉(1918), 「遼の制度の二重體系」, 『滿鮮地理歷史研究報告』 第五, 東京帝國大學文科大學, 230쪽(https://dl.ndl.go.jp/info:ndljp/pid/950948/122?tocOpened=1), 접속일: 2020년 2월 4일; 島田正郎(1990), 「遼朝的特點」, 『遼金契丹女眞史譯文集』, 長春, 吉林文史出版社, 112쪽.

51) 張博泉, 「關於遼代樞密院的幾個問題」, 『北方文物』 1984年 第1期, 6쪽; 楊樹森(1984), 『遼史簡編』, 瀋陽, 遼寧人民出版社, 56~62쪽.

52) 『遼史』(1974) 권45 「百官志一」, 686~690쪽; 『遼史』(1974) 권47 「百官志三」, 773~774쪽.

53) 楊若薇(1991), 『契丹王朝政治軍事制度研究』, 北京, 中國社會科學出版社, 128쪽.

54) 『金史』(1975) 권55, 「百官志一」, 北京, 中華書局, 1216쪽, "漢官之制, 自平州人不樂爲猛安謀克之官, 始置長吏以下. 天輔七年以左企弓行樞密院於廣寧, 尚踵遼南院之舊"; 같은 책, 1239쪽, "樞密院(天輔七年, 始置於廣寧府. 天會三年下燕山, 初以左企弓爲使, 後以劉彥宗. 初猶如遼南院之制, 後則否), 泰和六年嘗改爲元帥府."
55) 島田正郎(1970), 「遼代宰相考」, 『大陸雜志』 第41卷 第3期.
56) 탕퉁톈(唐統天)은 야율아보기 이전의 북남재상은 황권을 위한 관료기구가 아닌 요련씨(遙輦氏) 정권을 대표하는 성격을 지녔다고 파악했다(唐統天, 「關於北南宰相府的幾個問題」, 『民族研究』 1988年 第5期.
57) 黃爲放, 「遼代北面宰相制度研究」, 『長春師範學院學報』 2011年 第6期.
58) 何天明, 「試探遼代北宰相府的職能」, 『內蒙古社會科學』 1998年 第1期; 黃爲放, 「遼代北面宰相制度研究」, 『長春師範學院學報』 2011年 第6期.
59) 한인 실방(室昉), 유성(劉晟), 한덕양(韓德讓) 등이 북부재상을 역임하였고, 발해인 대강예(大康乂), 한인 두방(杜防) 등이 남부재상을 역임하였다.
60) 『遼史』(1974) 권32 「宮衛志中」, 376쪽, "五月, 納涼行在所, 南·北臣僚會議."
61) 何天明, 「試探遼代北宰相府的職能」, 『內蒙古社會科學』 1998年 第1期.
62) 경사(京師) 장안(長安)과 동도(東都) 낙양(洛陽)을 이른다.
63) 『舊唐書』(1975) 권9 「玄宗紀下」, 北京, 中華書局, 234쪽, "秋七月癸丑朔, 丁卯, 詔以皇太子諱充天下兵馬元帥. 都統朔方·河東·河北·平盧等節度兵馬, 收復兩京."
64) 송 흠종(欽宗, 1100~1156) 정강(靖康, 1126~1127) 연간, 금군(金軍)이 개봉(開封)을 포위하자, 강왕(康王) 조구(趙構, 1107~1187, 남송 개국 황제 고종, 재위: 1127~1162)를 천하병마대원수로 임명하여 금군을 막게 하였다(『宋史』(1985) 권47 「欽宗紀」, 北京, 中華書局, 434쪽).
65) 『遼史』(1974) 권46 「百官志二」, 735쪽. "天下兵馬大元帥. 太子親王總軍政."
66) 『遼史』(1974) 권46 「百官志二」, 735쪽. "大元帥府. 大臣總軍馬之政", "都元帥府. 大將總軍馬之事."
67) 거란의 '천하병마대원수'와 황위 계승의 관계에 대해서는 차이메이뱌오(蔡美彪)의 「論遼朝的天下兵馬大元帥與皇位繼承」, 『中國民族史研究』 第4輯, 改革出版社, 1992년, 23~39쪽) 참조.
68) '천하병마대원수'를 실질적인 군사 통솔자가 아닌 황위 계승사에 대한 명호(名號)로 이해하기도 한다. 치우징자(邱靖嘉)는 거란 흥종 이후 이러한 특징이 두드러짐을 지적한 바 있다(邱靖嘉, 「再論遼朝的"天下兵馬大元帥"與皇位繼承─兼談遼代皇儲名號的特徵」, 『民族研究』 2015年 第2期).
69) 邵國田 主編(2004), 『敖漢文物精華』, 內蒙古文化出版社, 240쪽.
70) 『遼史』 권32 「百官志二」, 783쪽, "太宗選天下精甲三十萬爲皮室軍. 初, 太祖以行營爲宮, 選

諸部豪健千餘人, 置爲腹心部, 耶律老古以功爲右皮室詳穩. 則皮室軍自太祖時已有, 即腹心部是也."

71) 양뤄웨이(楊若薇)는 '전전도점검'이 설치된 이후, 피실군이 숙위를 담당했다는 기록을 찾을 수 없는 것과 거란 중기 이후 황제를 따라 출정하기도 했지만 단독 출정을 하거나 변지를 둔수하는 기록이 보이는 것을 통해, 그 성격에 변화가 있음을 지적하였다(楊若薇(1991), 『契丹王朝政治軍事制度研究』, 224~227쪽).

72) 高井康典行(2016), 『渤海と藩鎭 - 遼代地方統治の研究』, 汲古書院, 161쪽.

73) 『遼史』(1974) 권31, 「宮衛志上」, 361쪽, "居有宮衛, 謂之斡魯朵."

74) 『遼史』(1974) 권31, 「宮衛志上」, 362쪽, "遼國之法, 天子踐位置宮衛, 分州縣, 析部族, 設官府, 籍戶口, 備兵馬. 崩則宮從后妃宮帳, 以奉陵寢. 有調發, 則丁壯從戎事, 老弱居守."

75) 한덕양은 통화(統和) 19년(1001) '덕창(德昌)'이라는 이름을 하사받았고, 22년(1004) 야율씨를 사성 받았으며, 28년(1010) 융운(耶律隆運)이라는 이름을 하사받았다(『遼史』 권82 「耶律隆運」, 1289쪽, "統和十九年, 賜名德昌. 二十二年, 賜姓耶律. 二十八年, 復賜名隆運).

76) 〈표 1〉은 리꿰이지(李桂芝) 저, 나영남, 조복현 옮김의 『요·금의 역사』(신서원, 2014) 107쪽 각주 18의 '요대 알로타 현황표'를 기초로 작성된 것이다.

77) 양뤄웨이는 알로타 주현 또한 일반 주현과 같은 성격으로 파악하기도 하였다(楊若薇(1991), 『契丹王朝政治軍事制度研究』, 北京, 中國社會科學出版社).

78) 『舊五代史』(1976) 권113 「周書」 권5 「太祖紀」, 1495쪽, "丙戌, 以宣徽北院使兼樞密副使鄭仁誨爲澶州節度使, 以殿前都指揮使李重進領泗州防禦使, 以客省使向訓爲內客省使."

79) 『舊五代史』(1976) 권113 「周書」 권7 「世宗紀」, 1551쪽, "壬申, 以滑州節度使兼殿前都指揮使·駙馬都尉張永德爲殿前都點檢."

80) 『遼史』(1974) 권7 「穆宗紀」, 84쪽.

81) 『遼史』(1974) 권8 「景宗紀」, 89쪽, "己巳, 穆宗遇弒 … 以殿前都檢點耶律夷臘·右皮室詳穩蕭烏里只宿衛不嚴, 斬之."

82) 楊若薇(1991), 『契丹王朝政治軍事制度研究』, 北京, 中國社會科學出版社.

83) 『遼史』(1974) 권5 「世宗紀」, 64쪽, "癸未, 始置北院樞密使, 以安搏爲之."

84) 『遼史』(1974) 권5 「世宗紀」, 64쪽, "九月壬子朔……高勳爲南院樞密使."

85) 『遼史』(1974) 권8 「景宗紀」, 90쪽, "三月丙戌, 入上京, 以蕭思溫爲北院樞密……甲午, 以北院樞密使蕭思溫兼北府宰相."

86) 『遼史』(1974) 권79 「室昉」, 1271쪽, "保寧間……遷工部尚書, 尋改樞密副使, 參知政事. 頃之, 拜樞密使, 兼北府宰相, 加同政事門下平章事."

87) 『遼史』(1974) 권82 「耶律隆運」, 1290쪽, "室昉致政, 以隆運代爲北府宰相, 仍領樞密使, 監修國史, 賜興化功臣."

88) 홍종(興宗) 중희(重熙, 1032~1055) 연간의 소혜(蕭惠), 도종(道宗) 청녕(淸寧, 1055-1064) 연간의 소아랄(蕭阿剌) 등이 있다.
89) 소달불야(蕭撻不也)는 도종(道宗) 대강(大康) 6년(1080)에서 대안(大安) 원년(1085)간, '북부재상 겸 북원추밀사사', '북부재상 겸 남원추밀사사' 등을 역임하였다.
90) 최익주는 이러한 현상을 거란인의 관료적 능력과 학문적 소양이 한인 관료와 큰 차이가 없다는 점에서 기인한 것으로 파악하면서, 더 나아가 적어도 고위관료체계 내에서의 이원적 지배 원칙이 무의미해졌다는 점을 지적하였다(최익주(1991), 「요대 추밀원에 대한 검토」, 『인문연구』(12), 113~129쪽).

제6장

1) 武玉環(1996), 「遼代儒學的發展及其歷史作用」, 『吉林大學社會科學學報』, 1996年 第5期, 14~18쪽.
2) 鄭毅(2014), 「遼朝統治者的"崇儒"理念與政治實踐」, 『理論學』 2014年 第12期, 123~124쪽.
3) 叢澂洋(2014), 「儒學在遼代的傳播及其影響和作用」, 『瀋陽師範大學學報(社會科學版)』 2014年 第4期, 99~102쪽.
4) 朴志焄(2010), 「송요시기 민족융합론에 대한 시각과 비판: 최근 중국의 연구성과를 중심으로」, 『역사문화연구』, 35, 163~198쪽.
5) 鄭毅(2014), 「遼朝統治者的"崇儒"理念與政治實踐」, 『理論學』 2014年 第12期, 123쪽.
6) 『遼史』 卷72 列傳 第2 「宗室」 「耶律倍」 "倍初市書至萬卷, 藏於醫巫閭絶頂之望海堂. 通陰陽, 知音律, 精醫藥・砭槪之術. 工遼・漢文章, 嘗譯陰符經, 善畫本國人物, 如射騎・獵雪騎・千鹿圖, 皆入宋秘府".
7) 『遼史』 卷72 「耶律倍」 "時太祖問侍臣曰: '受命之君, 當事天敬神. 有大功德者, 朕欲祀之, 何先?' 皆以佛對. 太祖曰: '佛非中國教.' 倍曰: '孔子大聖, 萬世所尊, 宜先.' 太祖大悅, 即建孔子廟, 詔皇太子春秋釋奠."
8) 『遼史』 卷1 「太祖紀」 上.
9) 『遼史』 卷2 「太祖紀」 下.
10) 『遼史』 卷2 「太祖紀」 下.
11) 日本東亞研究所 編, 서병국 옮김(1991), 『이민족의 중국통치사』(대륙연구소 출판부), 76쪽.
12) 葉隆禮, 『契丹國志』 卷1 「太祖大聖皇帝」(上海: 上海古籍出版社, 1985). "又得燕人韓延徽, 有智略, 頗知屬文. 與語悅之, 遂以爲謀主, 舉動訪焉. 延徽始教契丹建牙開府, 築城郭, 立市裏以處漢人, 使各有配偶, 墾藝荒田. 由是漢人各安生業, 逃亡者益少, 契丹威服諸國, 於延徽有力焉."
13) 顧宏義(1998),「遼代儒學傳播與教育的發展」,『華東師範大學學報(教育科學版)』1998年 第3期), 89쪽.
14) 武玉環(1996),「遼代儒學的發展及其歷史作用」,『吉林大學社會科學學報』1996年 第5期, 15쪽.
15) 鄭毅(2014),「遼朝統治者的"崇儒"理念與政治實踐」,『理論學』2014年 第12期, 123쪽; 이석현(2009),「요의 민족 정책과 한족사인」, (류영표(외),『북방 민족과 중원왕조의 민족인식』, 동북아역사재단), 76~115쪽 참조.
16) 汴京: 오늘날 허난성 카이펑(開封)을 말한다.
17) 『遼史』卷103 列傳 第33「文學」上. "遼起松漠, 太祖以兵經略方內, 禮文之事固所未遑. 及太宗入汴, 取晉圖書·禮器而北, 然後制度漸以修舉. 至景·聖間, 則科目聿興, 士有由下僚擢升侍從, 駸駸崇儒之美."
18) 『遼史』卷59 志第28「食貨」上.
19) 『全遼文』卷9「蕭義墓志銘」. "申威令以制其豪強, 修仁政以養其疲癃."
20) 『遼史』卷96「耶律仁先」.
21) 『契丹國志』卷4「世宗天授皇帝」.
22) 『遼史』卷72「耶律倍」.
23) 『遼史』卷72「耶律倍」.
24) 박지훈(2017),「요대 承天 蕭太后의 섭정」,『역사문화연구』64, 113~144쪽.
25) 『契丹國志』卷7「聖宗天輔皇帝」.
26) 金帶: 높은 관리가 허리에 매는 띠로 황금으로 장식한다.
27) 『契丹國志』卷7「聖宗天輔皇帝」.
28) 『契丹國志』卷7「聖宗天輔皇帝」.
29) 『全遼文』卷I「聖宗諭高麗興化鎮敕」.
30) 『遼史』卷103「文學」上「蕭韓家奴傳」.
31) 『遼史』卷23「道宗紀」5.
32) 洪皓,『松漠紀聞』卷17. 이와 비슷한 내용은『契丹國志』卷9「道宗天福皇帝」에도 수록되어 있는데 도종이 죽은 다음 짧은 평가와 더불어 그 예로서 들고 있다. 즉, 庚辰壽昌六年. 宋元符三年. 帝崩, 在位四十七年, 廟號道宗, 諡天福皇帝. 帝聰達明睿, 端嚴若神, 觀書通其大略, 神領心解. 嘗有漢人講論語, 至「北辰居其所而衆星拱之」, 帝曰:「吾聞北極之下為中國, 此豈其地耶?」又講至「夷狄之有君」, 疾讀不敢講. 又曰:「上世獯鬻·獫狁蕩無禮法, 故謂之『夷』, 吾修文物, 彬彬不異中華, 何嫌之有?」卒令講之.
33) 박지훈(2013),「遼의 自國에 대한 인식과 중국관」,『역사문화연구』48, 47~48쪽.

34) 西順藏(1969),「敎學の世界 : 周濂溪の學」,『中國思想論集』, 東京, 筑摩書房, 177쪽.
35) 박지훈(2002),「北宋代 華夷論의 性格」,『梨花史學研究』29, 59~81쪽.
36)『遼史』卷21,「道宗紀」1.
37) 顧宏義(1998),「遼代儒學傳播與敎育的發展」,『華東師範大學學報(敎育科學版)』1998年 第3期, 89쪽.
38) 陳述(1987),「遼代敎育史論證」,『遼金史論集』1, 上海, 上海古籍出版社, 141쪽.
39)『遼史』卷47「百官志」3 "旣得燕代十有六州, 乃用唐制, 復設南面三省·六部·台院·寺監·諸衛·東宮之官."
40)『遼史』卷47「百官志」3.
41) 顧宏義(1998),「遼代儒學傳播與敎育的發展」,『華東師範大學學報(敎育科學版)』1998年 第3期, 90쪽.
42)『遼史』卷48「百官志」4.
43)『契丹國志』卷22,「四京本末」.
44) 傳疏: 유가 경전에 자세하게 단 註釋
45)『遼史』卷21「道宗紀」1.
46) 州學: 지방에 설치한 학교. 지방의 단위에 따라 府學, 縣學 등이 있다.
47) 金渭顯(2004),『契丹社會文化史論』(경인문화사), 13~14쪽.
48)『遼史』卷21「道宗紀」1.
49) 厲鶚(2009),『遼史拾遺』卷7「宣府鎭志」, 北京, 國家圖書館出版社.
50) 江少虞(1981),『宋朝事實類苑』卷77, 上海, 上海古籍出版社.
51)『遼史』卷87「蕭蒲奴」
52)『遼史』卷89「耶律蒲魯傳」.
53)『遼史』卷103「蕭韓家奴傳」.
54) 顧宏義(1998),「遼代儒學傳播與敎育的發展」,『華東師範大學學報(敎育科學版)』1998年 第3期, 95쪽.
55) 朔漠: 북쪽 사막, 여기에서는 거란의 발상지를 의미함.
56)『契丹國志』卷23「試士科制」"太祖龍興朔漠之區, 倥偬干戈, 未有科目. 數世後, 承平日久, 始有開闢."
57)『遼史』卷79「室昉傳」.
58) 顧宏義(1998),「遼代儒學傳播與敎育的發展」,『華東師範大學學報(敎育科學版)』1998年 第3期, 90쪽.
59) 유주(幽州)로 지금의 베이징을 말한다.
60)『遼史』卷8「景宗紀」上.

61) 『遼史』 卷12 「聖宗紀」 3.
62) 江少虞, 『宋朝事實類苑』 권77.
63) 顧宏義(1998), 「遼代儒學傳播與教育的發展」, 『華東師範大學學報(教育科學版)』 1998年 第3期, 92쪽.
64) 『遼史』 卷20 「興宗紀」 3.
65) 叢溆洋(2014), 「儒學在遼代的傳播及其影響和作用」, 『瀋陽師範大學學報(社會科學版)』 2014年 第4期, 100쪽.
66) 江少虞, 『宋朝事實類苑』 卷77.
67) 『遼史』 卷32 志第2 「營衛志」 中.
68) 『遼史』 卷103 「蕭韓家奴傳」.
69) 『遼史』 卷45 「百官志」 1.
70) 武玉環(1996), 「遼代儒學的發展及其歷史作用」, 『吉林大學社會科學學報』 1996年 第5期, 15쪽.
71) 『遼史』 卷10 「聖宗紀」 1.
72) 『遼史』 卷107 列傳第37 「列女傳」.
73) 叢溆洋(2014), 「儒學在遼代的傳播及其影響和作用」, 『瀋陽師範大學學報(社會科學版)』 2014年 第4期, 101쪽.
74) 武玉環(1996), 「遼代儒學的發展及其歷史作用」, 『吉林大學社會科學學報』 1996年 第5期, 17쪽.
75) 『遼史』 卷45, 「百官志」 1 〈序言〉. "至於太宗, 兼制中國, 官分南·北, 以國制治契丹, 以漢制待漢人. 國制簡樸, 漢制由沿名之風固存也. 遼國官制, 分北·南院. 北面治宮帳·部族·屬國之政, 南面治漢人州縣·租賦·軍馬之事. 因俗而治, 得其宜矣."
76) 『遼史』 卷47 「百官志」 3. "既得燕代十有六州, 乃用唐制, 復設南面三省·六部·台院·寺監·諸衛·東宮之官."
77) 金渭顯(2004), 『契丹社會文化史論』, 경인문화사, 30쪽.
78) 『遼史』 卷91 「耶律韓八傳」. "囊衣匹馬行於宮側, 遇聖宗微行出市, 才始見售."
79) 『全遼文』 卷1 「諭舉拔人才詔」. "所俘宋人, 有官吏儒生抱器能者, 諸道軍有勇健者, 具以名聞."
80) 『遼史』 卷81 「王繼忠傳」.
81) 『遼史』 卷89 「耶律蒲魯傳」.
82) 石烈: 지방의 단위, 鄕에 해당. 彌里: 작은 鄕.
83) 『遼史』 卷17 「聖宗紀」 8.
84) 金渭顯(2004), 『契丹社會文化史論』, 경인문화사, 17~18쪽.
85) 金渭顯(2004), 『契丹社會文化史論』, 경인문화사, 72쪽.
86) 『全遼文』 卷11 「靈感寺釋迦佛舍利塔碑銘」. "皇朝定天下以武, 守天下以文"
87) 顧宏義(1998), 「遼代儒學傳播與教育的發展」, 『華東師範大學學報(教育科學版)』 1998年 第

3期, 95쪽.
88) 王淑琴(2016),「論遼代契丹國儒學傳播中的民族思想」,『貴州民族研究』2016年 第2期, 176쪽.

제7장

1) 胡克森,「論中國古代正統觀的演變與中華民族融合之關係」,『史學理論研究』1999年 4期.
2) 武玉環,「論契丹民族華夷同風的社會觀」,『史學集刊』1998年 第1期.
3) 程尼娜,「遼金王朝與中華多元一體的關係」,『史學集刊』2006年 第1期.
4) 鄭煒·崔明德,「遼金时期民族關係思想的發展與中華民族多元一體格局的形成」,『中南民族大學學報(人文社會科學版)』, 2010年 第4期.
5) 趙永春,「中國多元一體與遼金史研究」,『中央民族大學學報(哲學社會科學版)』2011年 第3期.
6) 宮權(2008),『宋元時期中華民族多元一體化進程研究』, 山東大學 碩士學位論文.
7) 陳程程(2014),『遼代契丹人漢化問題研究-以風俗文化爲中心』, 遼寧大學 碩士學位論文.
8) 孫偉祥·张金花,「略論遼朝漢人契丹化問題」,『遼寧工程技術大學學報(社會科學版)』2015年 第17卷 第3期.
9) 陳程程(2014),『遼代契丹人漢化問題研究-以風俗文化爲中心』, 遼寧大學 碩士學位論文.
10) 趙永春,「中國古代的'中國'與'國號'的背離與重合」,『學習與探索』2008年 第4期.
11) 羅志田,「先秦的五服制與古代的天下中國觀」,『學人』第10輯.
12) 『周書·武成』"華夏蠻貊, 罔不率俾."
13) 孔穎達, 『孔穎達疏』"華夏爲中國也."
14) 『說文解字』"華, 意爲榮, 夏, 意爲中國之人, 古時華夏族居于中央之地, 故習稱中國."
15) 王樹民,「中華名號朔源」,『中國歷史地理論叢』, 1985年 第1期.
16) 脫脫 等,『遼史』卷一 "大臣們多主張先敬祀佛教, 遼太祖不同意, 說, 佛非中國教. 遼太祖長子耶律倍說, 孔子大聖, 萬世所尊, 宜. 遼太祖聽後, 非常高興, 立即建孔子廟, 詔皇太子春秋釋奠."
17) 脫脫 等,『遼史』卷 五十六「儀衛志」二 "太祖帝北方, 太宗制中國."
18) 脫脫 等,『遼史』卷一 "太宗兼制中國."
19) 脫脫 等,『遼史』卷57「儀衛志」三 "會同九年, 太宗伐晉, 末帝表上傳國寶一, 金印三, 天子符瑞于是歸遼."
20) 脫脫 等,『遼史』卷十六「成宗」"遣骨里取石晉所上玉璽于中京."
21) 佚名,『全遼文』卷一 "一時制美玉, 千載助興王. 中原既失鹿, 此寶歸北方. 子孫宜慎守, 世業當永昌."

22) 趙永春,「遼人自稱北朝考論」,『史學集刊』2008年 第5期, 21쪽.
23) 畢沅,『續資治通鑑·宋紀五十二』"宋 仁宗 皇祐 四年(遼 重熙 二十一年) 夏, 四月, 丙戌, 遼遣使来賀乾元節, 其國書始去國號, 稱南北朝."
24)『遼史』卷104「劉輝傳」"西邊諸番爲患, 士卒远戍, 中國之民疲于飛挽."
25) 洪皓,『松漠紀聞』"大遼道宗朝, 有漢人講『論語』----至夷狄之有君, 疾讀不敢講. (道宗)則又曰, '上世獯鬻獫狁蕩無禮法, 故謂之夷. 吾修文物彬彬, 不異中華(中國), 何嫌之有!'"
26) 向南(1995),『遼代石刻文編』, 河北教育出版社, 360쪽. "今太祖天皇帝, 總百年(一作紹百世) 之正統統."
27) 鄭麟趾,『高麗史』卷11「肅宗世家十一」"朕荷七聖之丕圖. 紹百王之正統."
28) 鄭麟趾,『高麗史』卷11「肅宗世家十二」"朕祇遹先猷, 紹隆正統."
29) 鄭麟趾,『高麗史』卷11「肅宗世家十二」"朕紹開正統, 奄宅多方."
30) 劉鳳翥,「從契丹文字的解讀談遼代契丹語中的雙國號―兼論'哈喇契丹'」,『東北史研究』2006年 第2期; 劉鳳翥,「從契丹文字的解讀探討遼代中晚期的國號」,『遼金契丹女眞史研究』2006年 第2期.
31) 向南(1995),『遼代石刻文編』, 河北教育出版社, 668쪽.
32) 佚名(2001),「遼主耶律延禧降表」,『大金吊伐錄』, 中華書局, 508쪽.
33) 温中華,「淺析契丹與北宋的正統之爭」,『文史雜志』2011年 第6期, 16쪽.
34) 項春松(1996),『遼代歷史與考古』, 內蒙古人民出版社.
35) 譚其驤(1987),「遼代'東蒙', '南滿'境內之民族雜處-滿蒙民族史之一頁」,『長水集』上, 人民出版社, 256~257쪽.
36) 楊福瑞,「遼朝移民問題研究」,『昭烏達蒙族師專學報(漢文哲學社會科學版)』2002年 第5期.
37) 韓愈(1935),『韓愈·韓昌黎全集』卷十一「原道」, 世界書局, 174쪽. "諸侯用夷禮則夷之, 進于中國則中國之."
38) 脫脫 等,『遼史』卷一 "大臣們多主張先敬祀佛教, 遼太祖不同意, 說, 佛非中國教, 遼太祖長子耶律倍說, 孔子大聖, 萬世所尊, 宜. 遼太祖聽後, 非常高興, 立即建孔子廟, 詔皇太子春秋釋奠."
39) 洪皓,『松漠紀聞』"大遼道宗朝, 有漢人講『論語』---至夷狄之有君, 疾讀不敢講. (道宗)則又曰, '上世獯鬻獫狁蕩無禮法, 故謂之夷. 吾修文物彬彬, 不異中華(中國), 何嫌之有!'"
40) 李文軍,「論遼代契丹的正統化運動」,『內蒙古社會科學(漢文版)』2009年 第1期.
41) 脫脫 等,『遼史』卷二「太祖下」"遼之先, 出自炎帝, 世爲審吉國."
42) 脫脫 等,『遼史』卷六十三「世表」"考之宇文周之書, 遼本炎帝之後, 而耶律儼稱遼爲軒轅後. 儼志晚出, 盡從周書. 蓋炎帝之裔曰葛烏菟者, 世雄朔陲, 後爲冒頓可汗所襲, 保鮮卑山以居, 號鮮卑氏. 旣而慕容燕破之, 析其部曰宇文, 曰庫莫奚, 曰契丹. 契丹之名, 昉見于此."
43) 陳述(1982),『全遼文』, 中華書局, 15쪽. "朕聞上從軒皇, 下逮周發."

44) 向南(1995),『遼代石刻文編』,河北教育出版社, 299쪽. "其先天水人也, 軒轅之後."
45) 厲鶚,『遼史拾遺』, "諸州孔子廟及奉聖黃帝祠, 儒州舜祠, 大翮山王次仲祠, 俱爲一新."
46) 向南(1995),『遼代石刻文編』,河北教育出版社, 215쪽. "其先自軒轅世, 因爲氏焉."
47) 陳述(1982),『全遼文』,中華書局, 179쪽. "其先出自軒轅."
48) 脫脫 等,『遼史』卷六十三「世表」"稱遼爲軒轅後."
49) 〈永淸公主墓志〉"蓋國家系軒轅皇帝之後."
50) 袁海波·李宇峰,「遼代漢文〈永淸公主墓志〉考釋」,『中國歷史文物』2004年 第5期.
51) 鄭麟趾,『高麗史』卷11「肅宗世家十二」"軒立諸侯, 肇分于萬國, 漢封異姓, 始建於八王."
52) 劉浦江(2002),「契丹族的歷史記憶-以'靑牛白馬'說爲中心」,『漆俠先生紀念文集』,河北大學出版社, 168쪽.
53) 令狐德棻 等(1971),『周書』卷1「文帝紀上」,中華書局, 1쪽. "其先出自炎帝神農氏, 爲黃帝所滅, 子孫遁居朔野."
54) 令狐德棻 等,『周書』卷3「孝閔帝紀」"予本自神農."
55) 趙永春,「中國多元一體與遼金史研究」,『中央民族大學學報(哲學社會科學版)』2011年 第3期, 32쪽.
56) 『魏書·序紀』"昔黃帝有子二十五人, 或內列諸華, 或外分荒服. 昌意少子, 受封北土, 國有大鮮卑山, 因以爲號."
57) 『魏書·序紀』"黃帝以土德王, 北俗謂土爲托, 爲后爲跋, 故以爲氏."
58) 『晉書·慕容廆載記』"其先有熊氏之苗裔, 世居北夷, 邑于紫蒙之野, 號曰東東胡."
59) 『遼史』37卷「地理志·永州」"(永州)有木葉山, 上建契丹始祖廟. 奇首可汗在南廟, 可敦在北廟, 繪塑二聖幷八子神像. 相傳有神人乘白馬, 自馬盂山浮土河而東, 有天女駕靑牛車由平地松林泛潢河而下. 至木葉山, 二水合流, 相遇爲配偶, 生八子. 其後族屬漸盛, 分爲八部. 每行軍及春秋時祭, 必用白馬靑牛, 示不忘本云."
60) 達福興,「雲南契丹後裔研究述評」,『保山學院學報』2018年 6月.
61) 劉浦江(2002),「契丹族的歷史記憶-靑牛白馬說爲中心」,『漆俠先生紀念文集』,河北大學出版社, 168쪽.
62) 趙永春,「中國多元一體與遼金史研究」,『中央民族大學學報(哲學社會科學版)』2011年 第3期.
63) 趙永春,「契丹自稱炎黃子孫考論」,『西南大學學報(社會科學版)』2012年 第8卷 第6期.
64) 武玉環,「論契丹民族華夷同風的社會觀」,『史學集刊』1998年 第1期, 12쪽.
65) 楊樹森(1987),「遼代史學述略」,『遼金史論集』第3輯, 書目文獻出版社, 187쪽.
66) 李燾,『續資治通鑑資長編』卷一 建隆 元年 三月 壬戌 "有司言國家受周禪, 周木德, 木生火, 當以火德王, 色尚赤, 臘用戌, 從之."
67) 溫中華,「淺析契丹與北宋的正統之爭」,『文史雜志』2011年 第6期, 16~17쪽.

68) 『遼史』 卷104 「劉輝傳」 "宋歐陽脩編五代史, 附我朝于四夷, 妄加貶訾. 且宋人賴我朝寬大, 許通和好, 得盡兄弟之禮. 今反令臣下妄意作史, 恬不經意. 臣請以趙氏初起事迹, 詳附國史."
69) 歐陽脩, 『新五代史』 卷72 「四夷附錄」 "吾能漢語, 然絶不道于部人, 懼其效漢而怯弱也."

찾아보기

ㄱ

5경 59, 60

가돈 30, 262
가한 69
갈오토 259, 261
거란 169
거란 5경 44
거란 대자 141~143, 145~147, 152, 154, 155, 158, 159, 163
거란 대자 묘지명 156
거란 문자 127, 129, 141, 142, 148, 152, 154, 155, 158~161, 163, 212, 252
거란 문자 묘지명 158
거란 소자 141, 145, 147, 152, 154, 155, 159, 160
거란 소자 묘지명 157
거란 요국 252
거란 태조 160
거란 태조의 기공비 158
거란 태종 90, 91, 214
거란 흥종 야율종진 194
거란국지 25
거란남추밀원 182
거란북추밀원 182
거란어 126, 129~132, 141, 148~151, 160
거란의 교육제도 220
거란인 151, 176, 177, 194
거란족 41, 193, 253
거란추밀원 173, 198
거란행궁도부서사 188
경성설 60
경종 94, 97
고구려 128, 139
고량하 전역 193
고려 105, 110, 111, 112, 120

고려어 130
고막해 29, 30, 258
곤발 77
공자묘 220
과거제 223
곽위 92
광평정 67
구결 139
구르칸 116
구양수 268, 269
국자감 220, 222
국제 232
귀족회의 192, 197, 198
금 116, 117, 154, 160
금속 가면 71, 75, 76
기공비 32
기수 131
기수가한 30, 262

ㄴ

날발 60, 61, 68, 175, 190, 194, 204
날발설 60
남경 44, 54, 55
남경성 54, 55
남당 91
남면관 42, 43, 67, 173, 174, 176~178, 182, 191, 195, 196, 221
남북대립론 18
남원 43
남원추밀부사 193, 194
남원추밀사 174, 183, 192~194
남재상 183
남조 102, 250
남추밀사 198
남추밀원 174, 182, 191, 192, 193, 198

노룡 86, 91
노룡절도사 86, 88, 119

ㄷ

다워얼족 39, 40
대거란 25, 27, 28
대금 115
대요 25, 27, 28
대요 중국 252
대요국 145
대우월 174
대일통 197
대임아원 174
대중앙 거란 요국 252
대중앙 요 거란국 252
대하 105, 106~108, 116, 117, 120
도종 103, 114, 218, 244, 257
돌궐 136~138, 140, 162, 163, 170
돌궐인 137
동경 44, 49
동경성 49, 51
동날발 67
동단국 178
동호 85, 128, 261
동호족 76
두아연 66
두어연 66

ㄹ

룬 문자 137, 138, 140

ㅁ

마우산 263
만주 문자 139
만주족 169

모돈가한 259
모용선비 261, 262
목엽산 263
목종 93
몽골 문자 139
몽골어 129, 132, 148

ㅂ

발해국 144
발해인 151, 172, 176, 178, 204
발해족 41
번런 39, 40
복호림 67
봉국사 51
북남면관 197
북남면관 제도 171
북남선휘원 173
북남신료대회 184, 192, 198
북남원추밀사 192
북남재상 192
북남재상부 173, 180, 183, 184, 192, 198
북남추밀원 180, 183
북면관 42, 43, 67, 173, 176, 177, 182, 191, 195, 221
북부재상 193
북원 43
북원추밀부사 193
북원추밀사 173, 183, 192, 215
북위 133, 134, 136, 140, 162, 170, 195, 207
북재상 183
북조 95, 102, 250
북추밀사 198
북추밀원 173, 180, 182, 191~193, 198
북한 93, 94
브라흐미 문자 140

비트포겔 17, 19, 100, 171

ㅅ

사계순수제 236
산융 76
삼우월 174
삼한설 264
상경 44, 59, 60, 62
상경성 45, 49
생여진 115
샤자뎬 상층문화 75, 76
서경 44, 56
서경성 58
서요 39, 117, 154
서하 105, 117, 160
서하 문자 160
석경당 25, 36, 55, 90, 91, 248, 249
석중귀 91
선비 85, 127, 128, 169, 170, 171
선비산 258
선비어 132, 133, 134, 140, 162
선비족 133, 139, 259
성종 97, 99, 102, 120, 217
성종회송서서 100
세선제 233
세종 92
소그드 문자 136, 138, 140
소그드인 138
소씨 183, 184
소연연 51
소작황후 216
소황후 36
송막 30
송진종서서 100
수영포가정 180

수장 71
숙신계 41
숙여진 115
술률태후 220
술율평 36
승천 황태후 36, 97, 99
승천황후 193
신라 139
실위 29, 131, 172

ㅇ

아골타 115
아보기 32, 87, 89, 90, 151
알로타 180, 186, 187, 195
야율고 158
야율기묘지명 143
야율대석 39, 116
야율덕광 36, 72, 90
야율돌여불 152
야율로불고 152
야율배 32, 49, 90, 191, 208, 214, 220. 238
야율씨 183, 184, 193, 198
야율아보기 31, 39, 41, 88, 149, 151, 163, 174, 184, 204, 208, 251, 271
야율엄 258, 259, 261, 265
야율융서 36
야율융운 193
야율자가노 156
야율직로고 39
여진 112, 115, 120, 130, 163, 169
여진 문자 160
여진 소자 160
여진어 126, 130
여진족 111
역조공 108

연운 16주 25, 36, 41, 91, 93, 98, 101, 115, 119, 120, 131, 148, 150, 151, 171, 211, 231, 233, 248
염제 264, 267
염제 후예설 262, 265
염제의 후예(후손) 258, 259, 261
염황 후예설 245, 264
염황의 후손 265
예맥계 41
오호십육국 170
완안희윤 130
요 거란국 252
요련 131
요사 25
우문 258
우문부 29
우문선비 261, 262
우임 복식 80
위구르 138, 140, 152, 162, 163
위구르 문자 139, 140, 145
위구르어 126, 129, 130
유승 93
유연 127
유인공 86, 88
유주 89
유휘 269
응천태후 90
이두 139
이리필원 173
이존욱 89
인속이치 42~44, 171, 173, 176, 197, 271

ㅈ

적열 172
적열마도사 174

전국새 249, 250, 251
전국새시 250
전연의 맹약 101, 102, 105, 112, 119
전연지맹 37, 51, 248, 250, 270
전전도점검 190
전전도점검사 180, 186, 190, 195
정복왕조 19, 20, 91, 171, 198, 199
정복왕조론 17~20, 199
정복형 왕조 17, 20
정안국 111
정통 253
정통왕조 244, 251, 270
정통관 243
정통성 271
제왕문학관 222
제포 32, 72
조공 111
조공과 책봉 111
조복 114, 172
종웅 130
좌임 복식 80
중경 44, 51, 52, 60
중경성 51, 52, 53
중국 246, 247, 248, 251
중국 정통 250
중국관 248
중국일체 265
중화 247, 248
중화 정통 243
중화민족 18, 19, 20, 267
중화민족 다원일체론 18, 19
중화민족 통일 정통관 243
중화일체론 18, 19
지남원추밀사 193
지추밀사사 193

질랄 130, 145, 152, 154, 159

ㅊ

천조제 38, 115, 219, 252
천하병마대원수부 180, 185, 195
천하병마원수 185
청동 가면 77
청우백마 262
청우백마도 263
청우백마설 264
추날발 67
추밀부사 193
추밀사 181, 183
추밀원 181
춘날발 61, 62, 68
침투왕조 171
침투형 왕조 17, 19, 20

ㅋ

카라키타이 27, 28, 117
퀼 테긴 비문 137
카라키탄 27
키타이 26
키탄 26

ㅌ

타초곡 180
탁발선비 170, 261, 262
태종 238
태학 221
토마스 바필드 169
토하 30, 263

ㅍ

팔왕의 난 170

페이샤오퉁 18
피실군 180, 186, 187, 190, 195

ㅎ

하날발 66, 67
하동절도사 90
한덕양 193, 216
한성 255
한어 126, 129, 130, 133, 136, 149, 163
한연휘 204, 211, 232
한인 151, 172~178, 183, 193, 204, 225, 234
한인사 221
한인추밀원 174, 182, 183, 198
한인행궁도부서사 188
한제 232, 235
한족 41, 253, 254, 256
한지고 232
합라거란 27
해 131
해인 177
해족 41, 131, 132, 172
행국 60

행궁 60
행영 60
향찰 139
헌원 258, 260
화이관 225
화이사상 212
화하중심주의 266
황제 259, 260, 267
황제 후예설 262, 265, 270
황제사 260
황제의 후예 259, 261, 267
황하 30, 263
후당 90
후발해 111
후주 93
후진 91, 92, 171
흉노 127, 133, 170
흉노어 133
홍종 217, 233

동북아역사재단 연구총서 109

움직이는 국가, 거란
— 거란의 통치전략 연구

초판 1쇄 인쇄	2020년 7월 20일
초판 1쇄 발행	2020년 7월 30일

엮은이	김인희
펴낸이	김도형
펴낸곳	동북아역사재단
등 록	제312-2004-050호(2004년 10월 18일)
주 소	서울시 서대문구 통일로 81, NH농협생명빌딩
전 화	02-2012-6065
팩 스	02-2012-6189
홈페이지	www.nahf.or.kr
제작·인쇄	청아출판사

ⓒ 동북아역사재단, 2020

ISBN 978-89-6187-549-3   93910

- 이 책의 출판권 및 저작권은 동북아역사재단이 가지고 있습니다.
  저작권법으로 보호를 받는 저작물이므로 어떤 형태나 어떤 방법으로도 무단전재와 무단복제를 금합니다.
- 이 도서의 국립중앙도서관 출판예정도서목록(CIP)은 서지정보유통지원시스템 홈페이지
  (http://seoji.nl.go.kr)와 국가자료종합목록시스템(http://www.nl.go.kr/kolisnet)에서 이용하실 수 있습니다.
  (CIP제어번호 : CIP2020030316)
- 책값은 뒤표지에 있습니다. 잘못된 책은 바꾸어 드립니다.